武庫川女子大学経営学部教授 岸本義之 Yoshiyuki Kishimoto

GLOBAL

グローバル メガトレンド 10

MEGA

社会課題にビジネスチャンスを探る105の視点

TRENDS 10

BOW BOOKS

はじめに

この本は「若い人」向けに書いています。

大学に入る前の人は、どの大学・学部を受けるべきかを考えているでしょう。大学に入った人は、就活でどのような方面に行くべきかを考えているでしょう。社会人になった人は、「はたしてこのままでいいのだろうか」という疑問を持っているでしょう。

そういう人たちの多くが考えていることは、「どこに行けば生活は安泰なのか」みたいなことかもしれません。その裏側にある考えは「このままだと世の中は悪くなっていきそうだ」ということでしょう。

この本では、**「意外と世の中は明るくなっていく」**こと、**「自分の未来を切り開くのは自分だ」**ということを示していこうと思っています。「若い人」であればあるほど、自分次第で自分の未来は明るくなっていきますし、しかも世の中を明るくしていけるようになります。

世界は大きな社会課題であふれている

「若い人」の多くは、学校の先生や周囲の大人たちから、いろいろと悲観的なことを聞かされてきたことでしょう。「地球環境はどんどん悪化している」「それは人間が工業化を推し進めすぎたからだ」「昔は高度成長だったが、そんな時代は日本にはもう来ない」「就職氷河期という大変な時期があり、正社員になれなかった人は悲惨になった」「AIによって人間の仕事はどんどん奪われていく」。

そんなことを聞かされていると、将来に明るい希望は持てませんよね。実際に、世界は大きな社会課題であふれています。社会課題とは、個人レベルや企業レベルではなく、世の中全体、さらには世界全体が影響を受けてしまうような大きな問題のことを指します。この本の第3章以降では、10の社会課題について解説をしていきます。しかも、これらの社会課題は今後30年も40年も続くと想定されているものばかりです。でも心配には及びません。30年も40年もかかるかもしれませんが、人類はきっとこれらの課題を解決できるはずです。

社会課題はビジネスチャンス

高校の先生などの中には「ビジネスが地球環境を破壊したのだ」という、アンチ・ビジネスな意見を話した人もいたのではないでしょうか。それ自体は正しい指摘ではあるのですが、**「ビジネスこそが地球環境を破壊から救う」**ということも、今まで起きたことなのです。

例えば、高度成長期の真っただ中の1970年代、日本は「公害」問題に苦しんでいました。天気予報では「光化学スモッグ注意報」が夏場になると毎日のように報じられていました。これは自動車の排気ガスや工場の煙突から出る煙などが紫外線で変化してできる物質が、のどや目の痛みを引き起こすというものです。

現在は、光化学スモッグという言葉はほとんど聞かれなくなりました。これは自動車業界が低公害化の努力を続けたからです。1970年にアメリカでは、当時世界一厳しかったマスキー法という排出ガス規制法が発効されましたが、これを最初にクリアしたのは日本のホンダでした。排気ガス中の有害物質を少なくできるＣＶＣＣエンジンを開発し、それを搭載した初代シビックを１９７３年に発売したのです。このシビックは日本だけでなくアメリカでも大ヒットとなり、ホンダが世界の大手自動車メーカーの一角になるきっかけとなりました。その後、他の自動車メーカーも技術開発を続け、排気ガス中の窒素酸化物が激減し、光化学スモッグ被害が減少したのです。

これは企業同士が熾烈な競争を行っていたために、切磋琢磨が起こり、技術開発が加速したことを表しています。企業が全て国有化されていて、企業間の競争も全く起きないという場合（昔の中国やソ連など）は、このような進化は起きにくかったのです。

企業は「儲けを最大化する」ために仕事をしているのですが、よその企業と同じことだけをしていたら、安売り競争になるだけで儲かりません。よそとは違う「役に立つ」ことができることで、大きな儲けが得られるわけです。**「社会課題」を解決することは、世の中の多くの人の「役に立つ」わけですから、大きなビジネスチャンスになります。**

この本で紹介している１０の社会課題は、グローバル、すなわち地球規模で、今後３０年か４０年は続くと考えられているものですから、裏を返すと、ものすごく大きなビジネスチャンスなのです。「意外と世の中は明るくなっていく」という根拠は、ここにあります。

グローバルなコンサルティングから経営学の授業へ

さて、ここで著者である私と、この本の成り立ちについて紹介しましょう。

私（岸本義之）は、２０２０年から武庫川女子大学の経営学部教授を務めていますが、その前はずっと外資系の経営コンサルティング会社で、大企業向けに経営問題の解決にあたっていました。私が大学の経営学科を卒業したのは１９８６年のことですが、その当時はバブル経済の始まりかけでした。大手銀行（２０行近くあったのです）が数百人ずつの大量採用を始めた時期で、私の周囲の友人の多くは銀行の内定を得ていました。

当時英語が全く話せなかった私は、いつかアメリカのビジネススクール（経営学の大学院）に留学したいと考えたのですが、企業での職務経験がないと入学できないということだったので、外資系企業に入って職務経験を積み、英語も勉強しようと考えました。そこで、当時日本に進出したばかりで社員もまだ10人程度しかいないブーズ・アレン・アンド・ハミルトンに入社し、5年間そこで働いたのちに、アメリカのノースウェスタン大学ケロッグ・ビジネススクールに2年間留学しました。

大学でも経営学を勉強していた私ですが、アメリカのビジネススクールの教育のレベルは段違いに高いもので衝撃を受けました。「日本はアメリカに絶対かなわない」だろうと思ったほどです。卒業後はマッキンゼー日本支社に入社してコンサルタントを続けたのですが、「いつかは自分もビジネス教育をする側になろう」と考えました。そこでマッキンゼー退職後に慶應義塾大学ビジネススクールの博士課程に通い、主専攻マーケティング、副専攻ファイナンスで勉強しました。課程修了後は古巣のブーズ・アレンに戻って役員（パートナーと呼ばれる）になったのですが、縁あって早稲田大学ビジネススクールの客員教授として、社会人の大学院生向けにファイナンスの授業を受け持つことになりました。

その約１０年後の２０１７年の暮れに、慶應での指導教授だった嶋口充輝先生から「経営学部を今から作るという大学があるんだけど、興味ある?」と聞かれ、「はい」と即答しました。経営学部の設置準備委員となった私はカリキュラムの編成に参画したのですが、その時に「経営環境論」という授業を入れたいと提案し、自分で教えることになりました。

この「経営環境論」のもとになったのは、ブーズ・アレンの欧州のコンサルタントたちが企業向けに作成していた資料にあった考えです。グローバルな大企業にとっての大きなビジネスチャンスは、グローバルで起きている社会課題(これをグローバル・メガトレンドと呼んでいました)の中にあると考え、中長期の戦略を策定する際の指針にしていたのです。

この資料に感銘を受けた私は、日本の企業向けにもこの考えを紹介したのですが、日本の大企業は「向こう3年」の中期経営計画を立てるのに手一杯で、「向こう30年」の話はあまり受けませんでした。たしかに、50代、60代の経営幹部は、30年先、40年先の話には全く興味なんかありませんよね。彼らには「今の強み」(言い換えれば過去の遺産としての強み)をどれだけ温存させるかの方が重要なのでした。それはそれで重要なので、否定はしませんでしたけれど。

武庫川女子大学の経営学部は2020年4月に、コロナ禍で対面授業のできない中でスタートし、「経営環境論」(学生向けに資料をほとんど書き換えました)は2年生前期の選択授業として2021年から行うようになりました。今年(2023年)は190人の学年中で約160人が履修するという人気授業となり、毎回全員に提出してもらっているコメントシートでは多くの質問が寄せられ、そのほとんどに翌週には回答しました。「若い人」が、何を理解でき、何を理解できにくかったのかが、非常によくわかりました。
2023年の7月に、この内容を書籍にしたいと考えた私は、ビジネス書の出版企画で有名な干場弓子さんを紹介してもらいました。干場さんはちょうど、若い世代にスタートアップを促すシリーズを出版しようとしていたそうで、あまりにもタイミングよく両者の意向が一致したため、8月の1か月でこの本を書きあげるにいたったのです。

「若い人」がこの本を読むにあたって

この本の構成について紹介しましょう。第1章と第2章は、社会課題とビジネスチャンスの関係について解説しています。第3章から第12章までは、10の社会課題について説明しています。

ここで一つ注意しておいていただきたいのは、この本は「未来予測」の本ではないということです。今後30年から40年は続きそうな社会課題は今の時点でもう見えていて、それが大きく変わることは多分ないとは思いますが、解決策としての技術革新について、何がどれだけの速さで起こるのかは予測が非常に難しいものです。多くの「未来予測」が外れる主な理由は、技術の進化が予想外に進むためです。なので、この本では社会課題そのものにテーマを絞り、「未来予測」を当てにいくことはしていません。

第13章ではビジネスモデルの話をしています。社会課題を解決するのは技術だけではありません。従来型の技術だけでも、使い方を直すだけで社会課題は解決するかもしれません。ビジネスとしてのやり方には結構工夫の余地があり、経営学ではそれをビジネスモデルと呼んでいます。

最後に第１４章では、「自分の未来を切り開くには」というテーマで話をしています。起業家になるつもりでいる人には、この話をする必要はないかもしれませんが、大部分の人は、そこまでは考えていないでしょう。「このままだと世の中は悪くなっていきそうだ」「世の中は変えられないんだし、仕方ない」と思っているかもしれませんが、そんなことはありません。ビジネスチャンスという「強い追い風」が吹く分野があるということは、自分がそこに陣取ることができれば「明るい未来に近づく」ことができるということです。

日本の大企業の多くは前述のように、過去の遺産としての「今の強み」を温存させることを優先させてしまうわけですから、それと違うことをしていけば「明るい未来を切り開く」こともできます。自ら起業しないまでも、起業家的な人たちが社会課題の解決のために作った企業に就職・転職することでもいいわけです。

実際に、皆さんの中には、社内起業的な新規事業に携わることになり、テーマ探しをしている最中という方もいるかもしれません。そういう方には、まさにこの本の１０の社会課題は大きなヒントになることでしょう。

この本は、基本的には社会課題を解説するのですが、「若い人」には「過去の経緯」を理解しておくことも重要です。企業の経営幹部であれば若い頃の体験なので当然知っているようなことも、「生まれる前の話」の人には通じません。なので、この本では「過去の経緯」のコーナーをその都度設けて解説します。あと、「技術の課題」についても各章でその都度少しずつ解説します。技術は日々進歩するので、解説した内容もどんどん古くなるかもしれません。それは、そのつもりで読んでください。この本に書かれていない技術が、急に天下を取ることは十分にあり得ます。

さあ、「意外と世の中は明るくなっていく」ことと、「自分の未来を切り開くのは自分だ」ということを、示していきましょう。

岸本 義之

GLOBAL
MEGA
TRENDS

グローバル メガトレンド10

目次

Chapter 1

世界は大きな社会課題であふれている 027

Chapter 2

社会課題こそがビジネスチャンス

Chapter 3

Chapter 4

有限な天然資源をどう活かすのか 113

メガトレンド❷

Chapter 6

メガトレンド❹

移民とメガシティ化という人口移動

Chapter 7

Chapter 8

Chapter 10

メガトレンド❽

個人へのパワーシフトが進む　281

Chapter 11

メガトレンド❾ ライフスタイルの多様化が進む

Chapter 13 ビジネスモデルを考える 359

Chapter 14

自分の未来を切り開くには 375

chapter 1

世界は大きな社会課題であふれている

1 長期的な流れと短期的な波の違い

コロナ禍は短期的な波

2020年2月28日、安倍首相（当時）は、全国全ての小中学校や高校などに3月2日から春休みに入るまで臨時休校とするよう要請し、さらに4月7日には最初の緊急事態宣言が7都府県（16日には全国）に出され、日本の多くの学校は登校禁止になってしまいました。この時期に学生だった皆さんは、本来望んでいたような学生生活を送れず、長期間にわたって不自由な状態に置かれてしまったことでしょう。

このコロナ禍は、多くの人々に甚大な影響を与えました。大学を9月入学にしたらよいのではないかという検討が政府で始まったとも2020年4月頃に報じられましたが、そういう検討をしていた人々の目論見は大外れとなり、2023年5月（感染法上の分類が2類から5類へと変更）にいたるまで約3年もの間、日本ではコロナ禍による行動制限が続いてしまいました。9月入学案というのは、コロナ禍が夏頃に終わったら（高校3年生の1学期を秋から再開したとして）、翌年の夏前に入試をすればいいという着想だったのでしょうが、そんなに早くは終わらなかったわけです。

3年も続いたわけですから、コロナ禍を長期的な出来事ととらえている人も少なくないかと思います。しかし、3年というのは「短期的な波」の分類に入れるべきものです。コロナ禍で外食や旅行の業界は大打撃を受けましたが、2023年5月以降、これらの業界の需要は回復し、逆に大幅な人手不足になりました。

3年程度で不景気から好景気を繰り返すというのは、割とよく起きていることです。好景気だと商品がよく売れるので、小売店などにある在庫が適正水準より下回るようになります（そうなると欠品が起きて、買いたいお客さんが来ても売るものがないということになります）。すると、小売店はメーカーから商品仕入れを増やそうと注文を増やします。その注文を受けたメーカーは増産の手配をしますが、実際に出荷が増えるまで若干の時間のずれが生じます。どうにか小売店の在庫が適正水準に回復できたとすると、今度はメーカーが増産を続けてしまって適正水準以上に在庫が増えてしまうので、小売店は注文を絞ります（こうした在庫水準の変動による景気変動の波のことを経済学者キチンの名をとって、**キチンの波**と呼びます）。こうした波は3年程度（正確に何か月になるのかは、波のたびに違うので予測が難しいようです）で起こると言われています。

ちなみに、景気のサイクルには、このほかに企業の設備投資が10年程度で増えたり減ったりするサイクル（**ジュグラーの波**）、建築需要が20年程度で増減するサイクル（**クズネッツの波**）、大きな技術革新が起こる50年程度のサイクル（**コンドラチェフの波**）というものもあります。

コロナ禍は、結局のところ、過ぎれば元に戻るという側面が大きく、変化がそのまま定着するわけではありません（テレワークも結局定着したとは言えませんでした）。なので、振れ幅がものすごく大きくて、多くの人々に甚大な影響は与えたものの、やはり「短期的」な「波」なのです。

技術革新などは長期的な流れ

先ほどちょっと触れた「コンドラチェフの波」は、大きな技術革新が数十年に一度程度の割合で出現し、人々の生活を大きく変えるという現象を指しています。例えばジェームズ・ワットが1769年に発明した蒸気機関は、のちの産業革命につながる大発明でした。エンジン自動車は1885年にダイムラーによる特許出願があり、1908年にヘンリー・フォードが最初の大量生産（モデルT）に成功しました。世界初の原子力発電所が稼働したのは1951年のことで、インターネットが商業用に使われ始めたのは1989年のことでした。

このような大規模な変化は、元に戻ることがありません。いったん大きな変化が起こると、その影響は数十年も続くこともあります。蒸気機関は、蒸気船や蒸気機関車という移動手段の革命を起こし、さらに工場での大量生産も可能にしました。この変化が元に戻ることはなく、移動手段はより高速化し、大量生産や工場自動化はさらに進んでいきました。インターネット以降のデジタル化の流れは止まることがなく、スマートフォンがさらに進化することはあっても、昔の通信手段に戻るなどということはないでしょう。

技術革新は、何らかの必要性があって起こるものです。便利な商品を使って豊かな生活をしたいという人々の願いがあったからこそ、様々な商品の大量生産を行うことが必要になり、その工場で大量のエネルギーを使う必要性があったからこそ、動力源としての蒸気機関（ボイラー）という技術革新が起こったのです。人々が長距離を短時間で移動し、貨物を長距離運送したいという願いがあったからこそ、蒸気船や蒸気機関車、エンジン自動車、飛行機などの輸送手段が登場してきたのです。なので、このような変化は「波」（元に戻って繰り返す）ではなく「流れ」（元には戻らない）と呼ぶべきなのです。

環境問題なども長期的な流れ

地球温暖化が問題として取り上げられるようになったのは、１９８５年の世界会議（フィラハ会議）であり、１９８８年の「気候変動に関する政府間パネル」設立以来とされています。「気候変動枠組条約」が国連総会で採択されたのは１９９２年です。この問題は取り上げられ始めてから、世界的な流れになるまでに２０年以上かかりましたが、今では引き返せない流れになっています。なにしろ今すぐに二酸化炭素排出の削減を始めたとしても、５０年後、１００年後の地球温暖化を「減速」させることにしかならないわけですから、今後ずっと続いていく「流れ」ということになります。

高齢化問題も、長期的な流れです。日本だけではなく世界の多くの国で、少子化が始まっており、寿命もどんどん延びています。大量に子供が生まれるとか、大量に高齢者が死亡するなどのことが起きない限り、高齢化問題は今後数十年（またはそれ以上）続くことが想定されています。

実は、このような大きな社会課題は、今後ずっと続くことがすでに想定されています。それがこの本の第3章以降で紹介する10のテーマになるのですが、これらは全て長期的な大きな流れ（英語ではメガトレンドと呼びます）なのです。なにしろ今後数十年（控えめに見て30年）も続く流れなのですから、これの予測を大きく間違うということはほぼありません。逆説的に思えるかもしれませんが、社会課題に関する長期的な大きな流れの方が、短期的な波よりも、予測が当たるということなのです。

「未来予測」は当たらないとよく言われるのですが、その理由の一つは、3年程度の短期的な未来は予測しても当たらないことにあります。感染症だけでなく、戦争が急に起きることもあります（戦争そのものは、さすがにいつか終わるので「波」に分類できるものです）。天候不順による農作物の不作も予測は難しいですし、為替や金利などの経済条件について3年先を予測しても当たりません。先進国での選挙でも予想外のことが起こります(トランプ氏が大統領になったり、イギリスがEUを離脱したり)。しかし、長期的な社会課題は、急に消えたりはしませんから、予測可能です。

「未来予測」が当たらないもう一つの理由は、技術革新を当てることが難しい点にあります。例えば、電気自動車は1830年代に発明されていて、1890年代には、自動車の有力な技術の一つだったそうです（蒸気機関、内燃機関と電気の三つ）。しかし、ヘンリー・フォードがモデルTという自動車の大量生産を成功させたことにより、一時は全世界の自動車販売の50％が同社製となり、内燃機関（エンジン）という技術が急速に普及して、電気自動車という技術は表舞台から姿をいったん消してしまいました。エンジンが急速に低コスト化するということは、それ以前には予想できていなかったことですが、フォードが前代未聞の大量生産に踏み切ったことで実現し、世界を席巻したのです。このような技術革新は、予測してもなかなか当たりません。

とはいうものの、長期的な社会課題だけならば、予測可能なのです。短期的な波の予測は当てられなくても、30年先のこととなれば「元に戻る」波が10回くらい繰り返されるだけですから、波の影響はあまり関係なくなります。むしろ、今起きている社会課題が、今後数十年ずっと続いていくわけですし、その影響力が非常に大きいので、これについてきちんと考えるべきなのです。なので、この本では長期的な流れとしてのグローバルな社会課題について見ていくことにします。

「未来予測」を当てにいくことはしませんが、課題のありかを示すことができれば、どこに「追い風」が吹くのかは当たるでしょう。

2 グローバルに大きな社会課題は、もうわかっている

この本では10の社会課題について取り上げていきます。ここでは簡単に、その10の社会課題がどういうものかを紹介しておきましょう。これらの社会課題は、もうすでに多くの人が認識しているもので、しかも相当に大きな課題です。なので、すぐに解決することはなく、今後30年たっても、40年たっても、人類の課題として続いている可能性が高いものです。

❶地球温暖化と環境問題

先ほどもすでに触れましたが、地球温暖化がグローバルに大きな社会課題の一つであることは、疑いがありません。のちに有名になる京都議定書（温室効果ガスの削減目標を定めたものです）が採択されたのは、1997年の第3回気候変動枠組条約締約国会議（COP3）でしたが、当時はまだ一般的に知られるものではありませんでした。2006年にアル・ゴア氏（元アメリカ副大統領）が『不都合な真実』という映画と書籍で自説を主張した当時は、地球が温暖化しているという指摘も、それを止めな

図1-1 過去50年の気温の上昇（1951-1980年と2011-2020年の平均の比較）

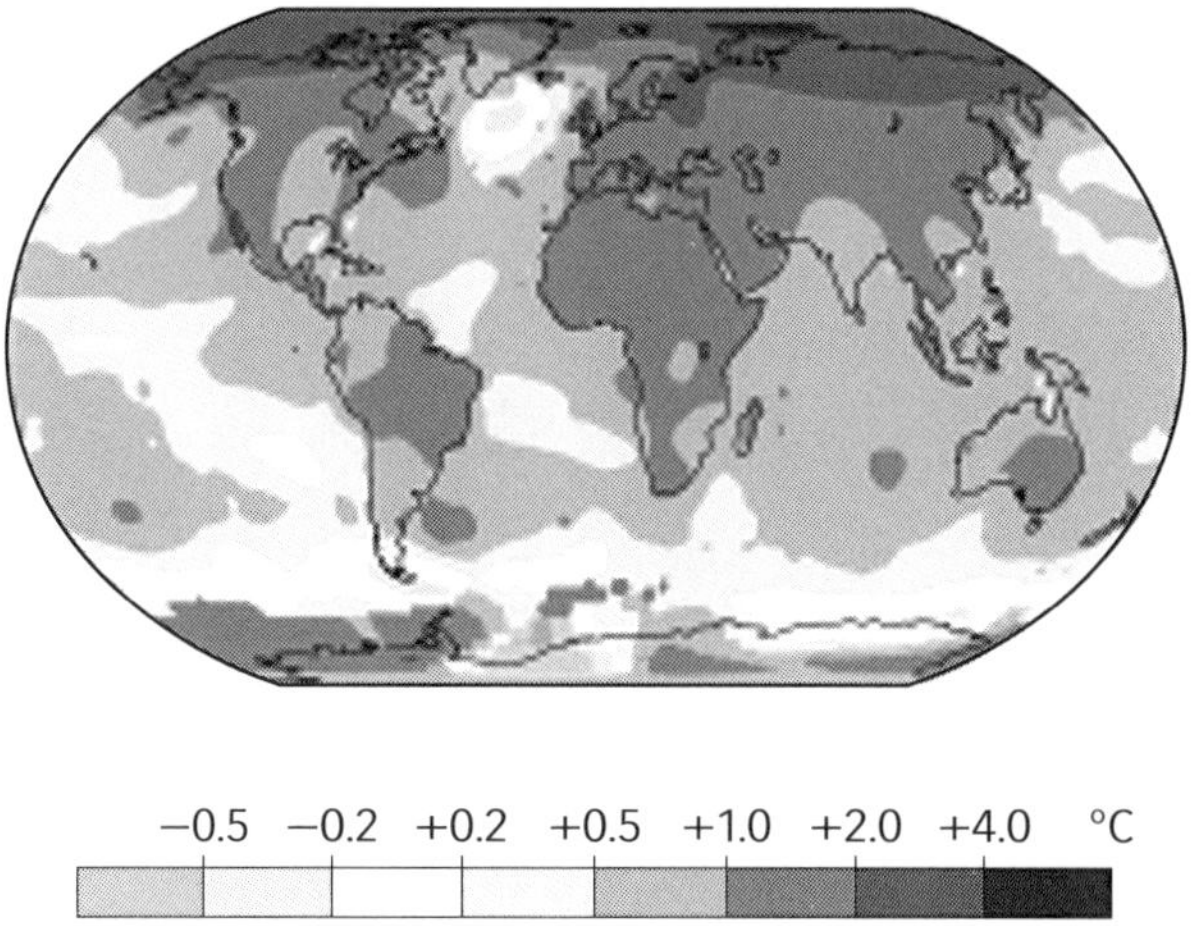

出所：NASA　Earth Observatory

いと大変なことになるという主張も、まだ半信半疑で受け止められていた感じでした。

２０１５年にパリ協定が採択されたのは、第２１回気候変動枠組条約締約国会議（ＣＯＰ２１）でのことで、この時に排出量削減目標の策定義務化などが定められましたが、この頃には地球温暖化が重要問題だという認識が世界中に広がっていました。１９５１年から１９８０年までの平均と比較して、２０１１年から２０２０年の平均気温は、北半球で顕著に高くなっているというデータも出ています（図１−１）。

この問題は、まさに長期的に継続してしまうものです。今から改善策に手を付けたとしても、地球の気温が下がるわけではありません。気温の上昇速度を遅くすることができるだけです。しかも、今から対策を始めないと、

2100年には、1950年よりも4度も気温が上がってしまうと言われています。

❷有限な天然資源をどう活かすのか

20世紀に人類は石油などの天然資源を大量に消費してきました。石油などを燃やすと二酸化炭素が排出されるので、それが地球温暖化につながるのですが、そもそも石油は有限なはずであり、それを枯渇させてしまうことになったらどうするのか、という問題意識は以前からありました。

1970年代には、「あと30年で石油資源は枯渇する」という試算が発表されるなど、かなり悲観的な予測が行われました。それから50年以上たった現在も石油は枯渇していないのですが、これは企業がビジネスチャンスを追求した結果です。つまり、新たな技術によって石油資源の埋蔵量はもっと多いと確認され、石油採掘技術が向上して（今まで掘れないとされた場所が掘れるようになり）採掘可能量も大きく増加したのです。また、従来型の石油資源に代わる新たなエネルギー源の技術も開発され、省エネルギーの技術も進化して、石油を以前ほど消費しなくても済むようになってきました。

しかし、石油や天然ガスなどの燃料は、化石に由来するもの（古代の生物が地層の深くで圧力を受けて油分が染み出したもの）であり、有限な物質であることに変わりありません。まだあと50年以上使えるとしても、100年後には使えないのであれば、未来の子孫たちに石油を残すことができません。

図1-2 世界のエネルギー消費

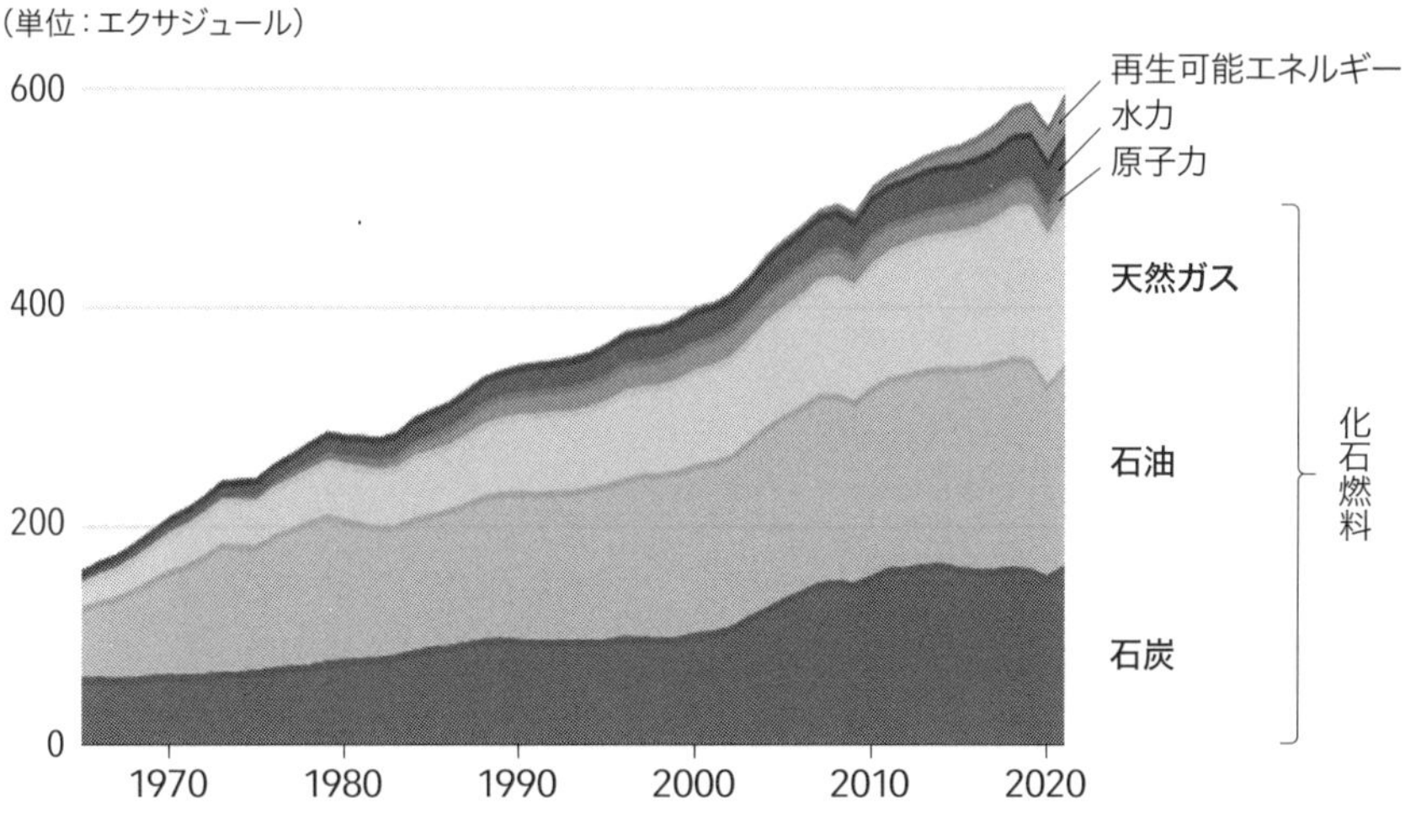

出典：BP Statistical Review of World Energy 2022

太陽光発電や風力発電などの再生可能エネルギーの普及が進んできている、と聞いていることと思いますが、それでも世界のエネルギー消費量に占める再生可能エネルギーの比率はまだ微々たるものでしかありません（図1－2）。現時点でエネルギー消費の大部分は化石燃料（石炭、石油、天然ガス）なのです。地球温暖化の防止だけではなく、天然資源を守るためにも、新たなエネルギーの開発を進めていかないといけません。

❸人口問題と少子化・高齢化

人口の予測は、最も確実に当たる「未来予測」だと言われています。５０年後の老人の数は、今の若者の数から計算すればわかります（よほどの疫病でもない限り、その予測より大きく減ることはありません）。２０年後

図1-3 世界の地域別人口構成

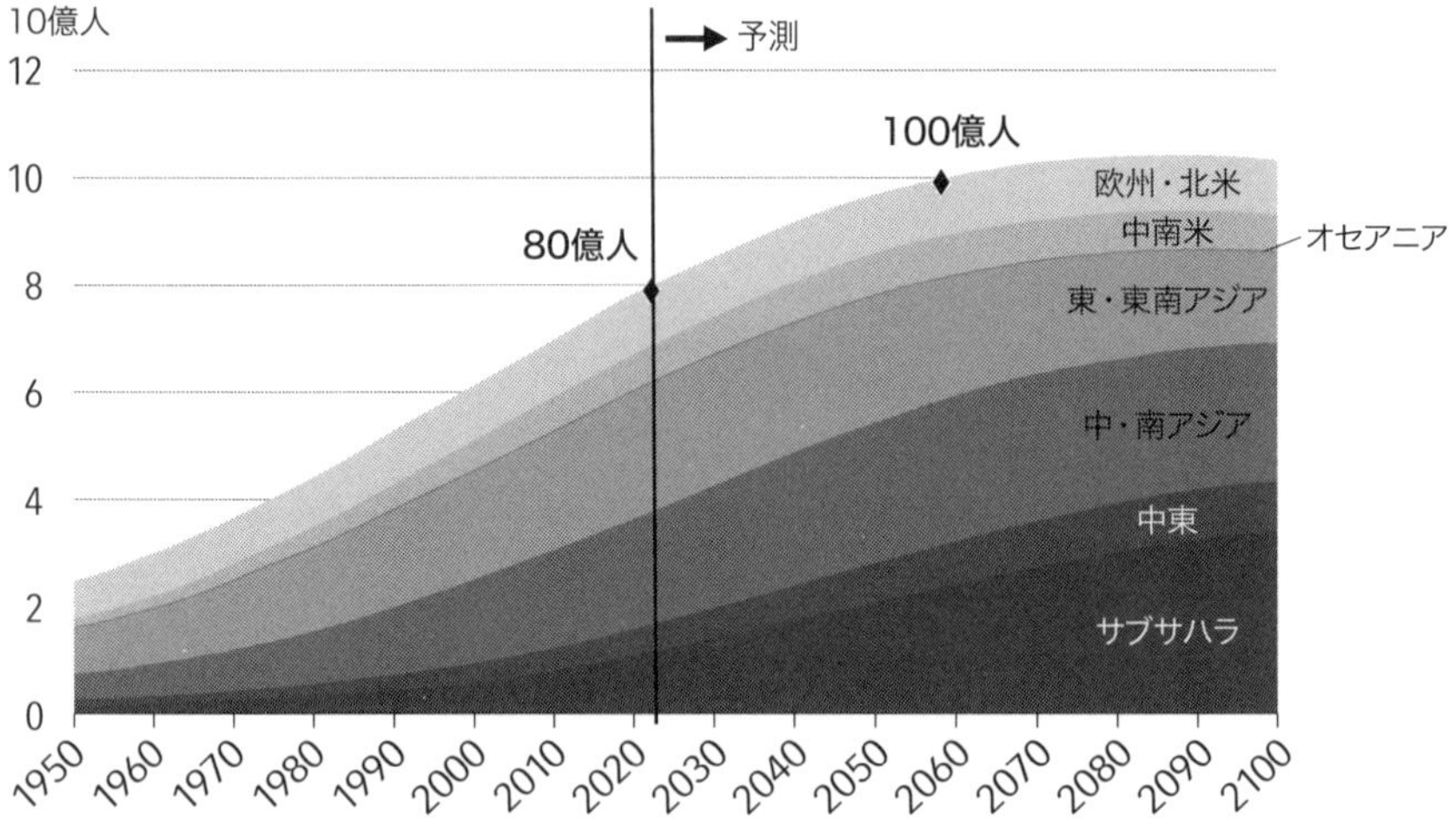

出所：国連　2022　https://population.un.org/dataportal

の成人の数も、今の新生児の数から計算すればわかりますし、新生児の数の予測も比較的容易です（親になり得る適齢期の人口と、最近の出生率の傾向から予測できます）。ただし、政府による新生児の数の予測は、「もっと多くしないといけない」という意識があるために、多めに予測してしまって間違うということが繰り返されているようですが。

こうした人口予測によると、日本の人口は減少に転じ、高齢化も少子化もさらに進むことがわかるのですが、世界的に見ると人口はまだ増え続けます。それは、新興国の中にまだまだ出生率が高い国が多いからです。

2022年の世界の人口は80億人ですが、2058年には100億人へと増加するというのが、現時点の予測です。人口の伸びの多くはサブサハラ（サハラ砂漠より南に位置するアフリカ諸国）から来るという予測になっています（図1－3）。

新興国などで人口がさらに増えるということは、食糧不足という問題を引き起こします。また、先進国では日本同様の高齢化が起きるのですが、そうなると医療費負担の問題や、介護人材の不足といった問題が起こります。先進国などで出生率が2・1を下回ると人口が減ることになります（親2人から生まれる人数は2人より多くないと人口が維持できませんが、ギリギリ2人だと子供のうちに死んでしまう人の分、人口が減ってしまいます）。人口が減ると人手不足になりますし、納税者の数も減ってしまいます。

人口は増えても大変ですが、減っても大変です。しかも世界の多くの国で人口問題が起きることが確実なのです。

❹移民とメガシティ化という人口移動

人口問題は、数の問題と年齢構成の問題だけではありません。新興国から先進国への人口移動が起こり、移民問題を引き起こしています（「移民」とは経済的な理由で海外へ移動する人、「難民」とは母国にいると政治的な迫害を受ける可能性があるので海外へ移動しようとする人を指します）。移民問題は、先進国と新興国の間に所得格差が続く限り、起こり続けます。

ちなみに先進国とは、慣習的には「20世紀のうちに経済成長を成し遂げていた国」というような意味合いで使われている言葉で、アメリカ、カナダ、西ヨーロッパ諸国、日本、韓国、オーストラリア、ニュージーランドといったような国が含まれます。また、ODA（政府開発援助）を与えている側の国という定義をすることもあり、一人当たり国民所得が一定額以上の国という定義をすることもありますが、結果として同じような国々が先進国に分類されます。

中国は、世界第二位の経済大国と呼ばれるようになっていますが、20世紀のうちにそうなっていたわけではないので、慣習的に新興国と呼ばれています。ちなみに、今もODAを受け取る側の国であり、一人当たり国民所得も低い側に入っています。

移民が増えることで、先進国、特に欧米で、文化的衝突とナショナリズム問題が起きています。アメリカではトランプ氏が大統領時代に、「メキシコとの国境に壁を作る」と公約し、移民が増えすぎて白人の仕事が減るのではないかと考えていた人々の支持を集めました。ヨーロッパでは、稼ぐつもりでやってきた移民が想像よりも厳しい生活を強いられて不満を募らせ、テロなどの事件を起こしています。

新興国から先進国へという人口移動だけでなく、新興国の中で地方部から都市部へという人口移動も起きています。地方部の農村で生活をしているよりも、都市部の工場や事務所で仕事をした方が金銭的な収入は大きく増えるからです。その分、物価も高く、家賃も高く、何かと支出も増えるのですが、人々は都市部に移動します。

人口1000万人を超える都市圏のことをメガシティと呼ぶのですが、2018年から2030年にかけてインドや中国を中心に新たに10か所のメガシティが登場すると予測されています。都市型消費者が増えることは、市場の拡大になるので、経済の発展に大きく寄与することになります。そのため新興国の政府も、都市への人口移動を認める（禁止はしない）傾向にあるのですが、都市化が急速に進むと、交通渋滞、環境破壊、ごみ、治安などの社会問題も引き起こしてしまいます。

❺所得格差は解消するのか

より高い所得を得ようとして、新興国の人々は海外や大都市に移動しようとします。それでも多くの国で所得格差の問題は残り、一握りの富裕層が大きな富を得ることは続くと考えられています。新興国では、旧来の支配勢力として利権を握っていた人々や、海外からの投資を受けて初期の頃に成功した人々がさらに経済的に成功して富裕化していくことで、格差が拡大しているという懸念があります。先進国では、特にアメリカで顕著ですが、起業して大成功した億万長者たちがさらに経済的に成功して、何兆円もの資産を有するようになっています。

富裕層がより富裕化する一方で、貧困層の底上げは進んでいきます。「新中間層」という、年収100万円から400万円程度の層（調査機関によって定義は異なります）の人口が増え、つまり貧困層から所得を上げて「新中間層」に昇格する人が増えているとされています。先進国で言う中流層より

図1-4 主要国の年間平均賃金

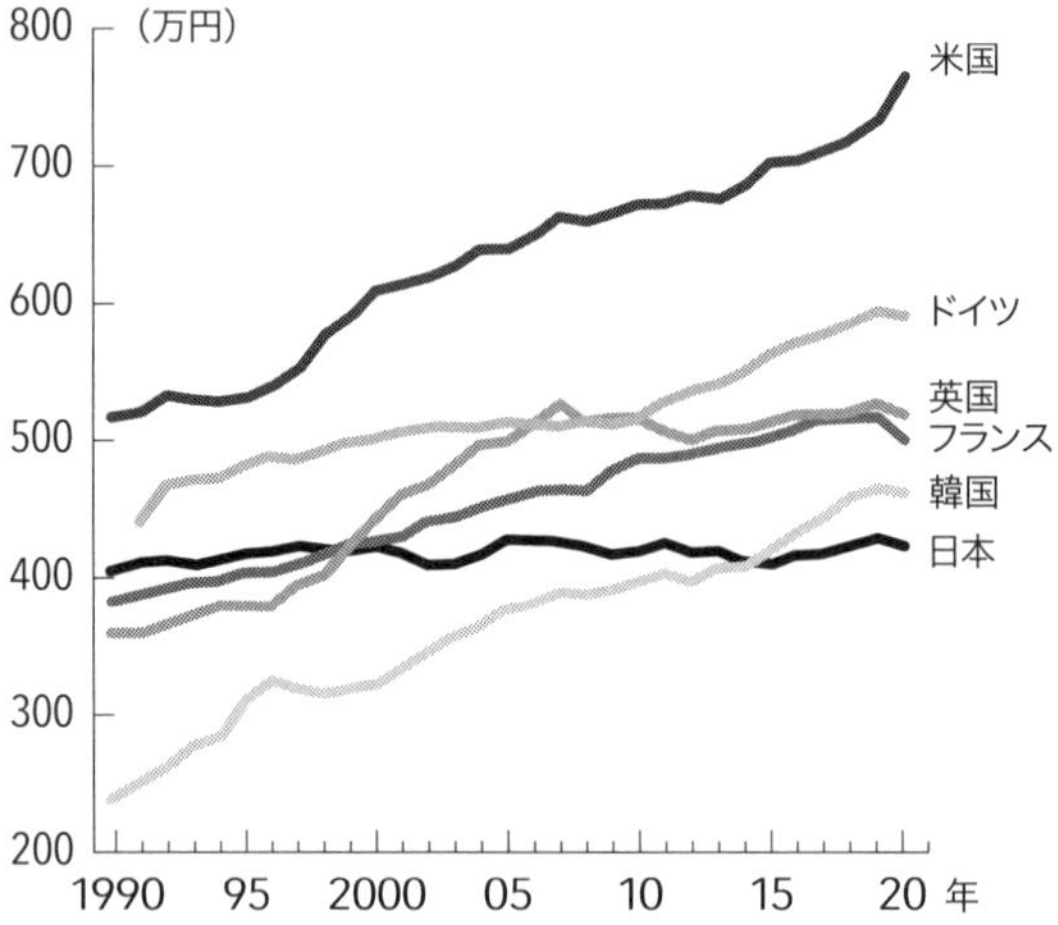

出所：OECD（朝日新聞デジタルより）

は年収の水準は低いのですが、物価も低い新興国であれば、その水準の所得でも十分に生活ができていくということです。

日本でも「格差の拡大」という表現は使われていますが、海外の状況と比べると、それほどではないのが実情です。何しろ個人資産何兆円というような大資産家は日本にはほとんどいません。富裕層がそれほど富裕ではないので、格差が成立していないとも言えます。

むしろ日本で問題なのは、平均賃金が増えていないという点です（図1－4）。昔よりも長時間労働が減ったので、労働時間当たりの賃金は増えたのかもしれませんが、賃金が増えていないということは、使えるお金が増えていないわけですから、中流層が豊かさを実感できないというのが、日本の問題でしょう。

❻ビジネスのグローバル化がさらに進む

ビジネスがグローバル化していくという現象は、20世紀から起きていました。特に日本企業は、1960年代から80年代の高度成長期に欧米に製品を大量に輸出して、経済大国の仲間入りを果たしました。

しかし、この頃のグローバル化とは、「製品のグローバル化」であり、「米欧日」でのグローバル化でした。どういうことかと言うと、日本の工場で生産した製品を欧米に輸出して稼いでいたわけです。

1990年代以降、先進国の経済成長はスピードダウンしてしまいます。日本の製品輸出は欧米企業との競争に勝ったものの、「自国の雇用を奪っている」と欧米で大きな批判を受けることとなりました。そこで日本企業は、輸出ではなく、現地に工場を作り、現地で部品を調達して、つまり現地での雇用増加に貢献する形でビジネスを拡大する道に転換しました。現地に生産部門や技術部門などを開設する必要ができ、「製品のグローバル化」から「経営のグローバル化」に踏み出していったのです。

また、21世紀になってからは、新興国が経済成長を加速させるようになります。先進国の市場が伸びなくなったので、先進国の企業はこぞって新興国に進出するようになります。最初は低コストで生産する工場を建設するために新興国に進出し、その後は新興国の都市型消費者の増加に対応して、販売先としての新興国ビジネスを強化しました。

新興国企業は、かつては低コストでも低品質の製品しか作れないという評価でしたが、製品の品質を大幅に高めることでビジネス的に成功し、さらに海外の企業を買収するなどしてグローバル展開を進めています。つまり「米欧日」のグローバル化ではなく、「新興国を含めた」グローバル化になってきたわけです。

かつてグローバル化は、日本企業にとっては有利だったわけですが、今のグローバル化は、むしろ日本企業にとって不利になってきています。韓国や台湾企業に電子機器分野では勝てなくなり、中国企業がいたるところで競争力を強めているからです。昔（1960年代）の経営学の理論は今でも教科書に載っていますが、その頃とはビジネスのグローバル化の状況が全く異なるのですから、もはや役に立っていません。理論の前提を疑ってみて、戦略を作り直さなければならなくなっているのです。

❼国家間のパワーシフトが進む

20世紀の世界は、ビジネスだけでなく政治的にも社会的にも、先進国中心で回っていました。先進国と言っても、日本の国際政治での発言力はあまり強くなかったので、実質的には、米欧の価値観、つまり民主主義的な価値観と、キリスト教的な思想を中心として、世界が動いていたと言っていいでしょう。

図1-5 2050年のGDP予測

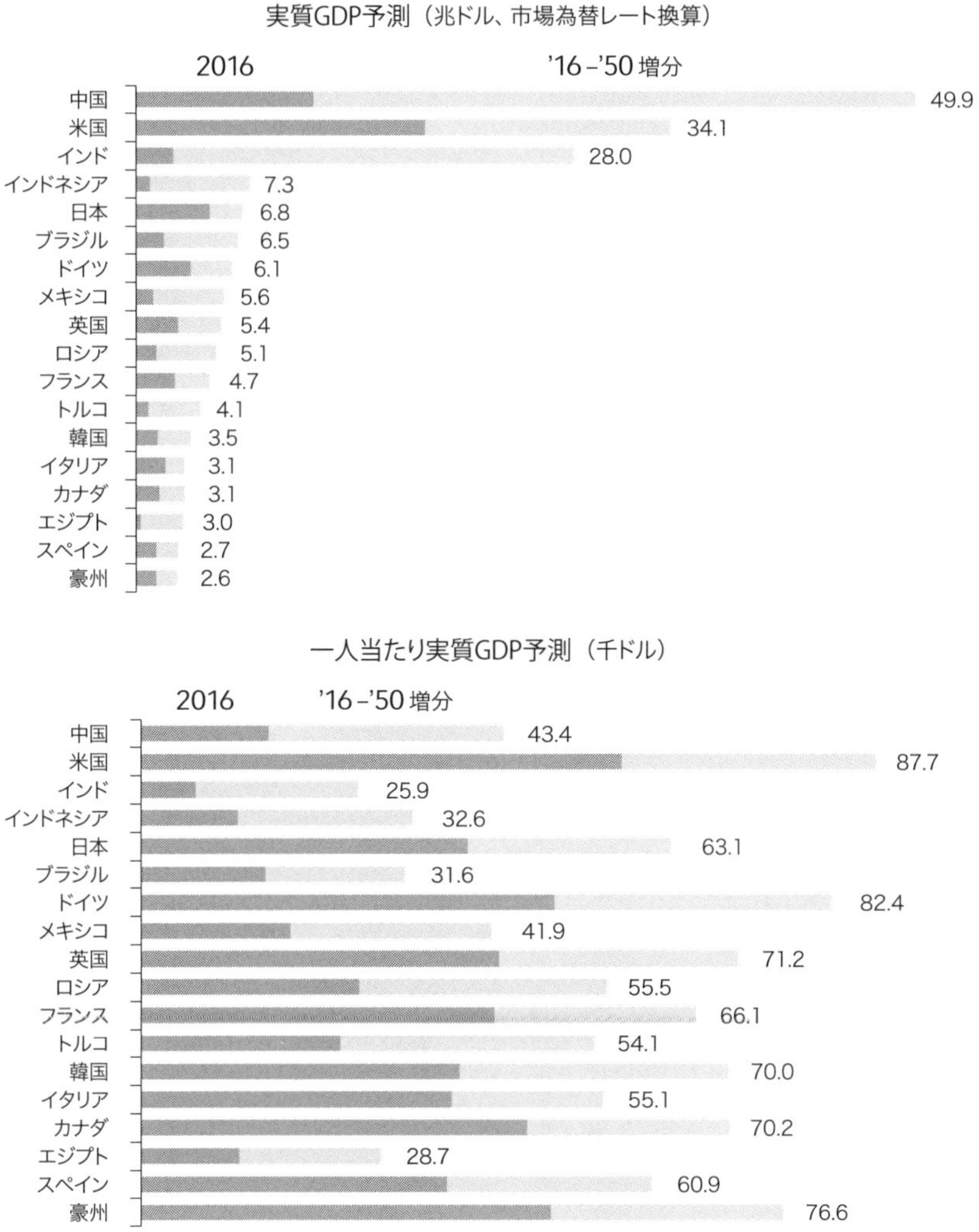

出所：PwC, the world in 2050

なぜそうなったのかというと、やはり経済力の大きさが国際的な発言力の背景にあったからに違いありません。しかし、今後は新興国の発言力が増していくことになります。なにしろ、中国やインドなど、人口の多い新興国が、経済力を増していくのですから。経済力を測る指標としてGDP（国内総生産）が用いられることが多いのですが、そのGDPの2050年の予測を見ると、日本は、中国に続いてインド、インドネシアに抜かれて世界第5位になるということです（図1－5）。

国家間のパワー構造が米欧中心ではなくなっていく、とはどういうことでしょうか。民主主義的な価値観とは異なる国（中国は中国共産党の一党独裁）がパワーの一角を占めることになり、政治的に米ソのどちら側にもつかなかった国（インドなど）が経済力を強め、イスラム教徒が多数を占める国（インドネシアやトルコ）も台頭してきます。つまり、パワーの分散化が起こり、米国の地位が相対的に低下していくということになります。このことは軍事的な不安定化も招きます。中国が急速な軍事力の拡大を進めていて、周辺国（日本も含む）の大きな不安材料となっています。

救いがあるのは、国家間のパワーシフトの源泉が経済力にあるということです。つまりビジネスをやりやすくする新興国がどんどん発展することになり、国際情勢はビジネスの成功を目指した駆け引きが中心になっていくことになります。一方、海外の企業を冷遇するような国には投資が向かわずに、発展が遅れるようになります。なので、国家間のパワーシフトが起きても、グローバルなビジネスは展開しやすくなっていくでしょう。

❽個人へのパワーシフトが進む

パワーシフトは、国の中でも進行しています。20世紀には、国家、企業、一部階級がパワーを有していました。政府が国民の意見を誘導するようなことは、かつてはある程度可能でした。大規模なメーカーが流通チャネルをコントロールし、大量広告で消費者の行動を変えることも可能でした。資金や情報が一部の階級に偏在するという現象も多くの国で見られました。

しかし、インターネットの普及に伴って、一般個人がパワーを得るようになったのです。インターネット自体は技術の話なのですが、その影響力はあまりにも強く、人々の生活スタイルまで大きく変えてしまい、もう昔に戻ることはありません。

皆さんが生まれた頃にはすでにインターネットが存在していたので、インターネット以前との比較ができないと思いますが、インターネットで最初に変わったのは**「情報の検索」**でした。何かわからないことがあった時、百科事典で調べるか、図書館などで資料を探すか、詳しい人に質問しないといけなかったのが、インターネットで検索するだけですぐに情報を得ることができるようになりました。

次に**「個人の情報発信」**が可能になりました。以前はよほどの有名人でもなければ、個人の意見を多くの人に伝えることはできなかったのですが、ブログやSNSによって、誰でもできるようになりました。このような変化によって、個人が情報のパワーを得ることになりました。一部階級が情報をコントロールするようなことは（民主主義国家では）不可能になりました。

さらに起きたことは**広告の変化**でした。皆さんは地上波の民放テレビを見ること自体が少なくなっていると思いますが、見たとしても広告の内容にそれほど注意を向けていないと思います。何か買いたいものがあったら、その都度情報を検索すればいいのですから、広告の情報を記憶しておこうとする必要性がありません。しかし、インターネット以前は、広告も貴重な情報だったので、消費者は広告内容を記憶しようとしていたのです。企業側としては、広告の出来によって自社製品の売上が増えも減りもすると思っていた時代がありました。

インターネットでは、**製品の買い方**も変化しました。古い世代の人々にとっては驚異的なことだったのですが、店に行かなくてもネットでモノが買えるようになったのです。どの製品を買うのかの主導権は完全に消費者側に移ってきたと言えるでしょう。消費者としては楽な時代になったのですが、企業としては難しい時代になったのです。

❾ライフスタイルの多様化が進む

個人へのパワーシフトが進んでいくと、「世の中にはいろんな人がいる」ということが明らかになってきますし、そうした人々が多様なライフスタイルを追求するようになります。昔は「夫婦と子供二人」

図1-6 日本の世帯構成の変化予測（単位：千世帯）

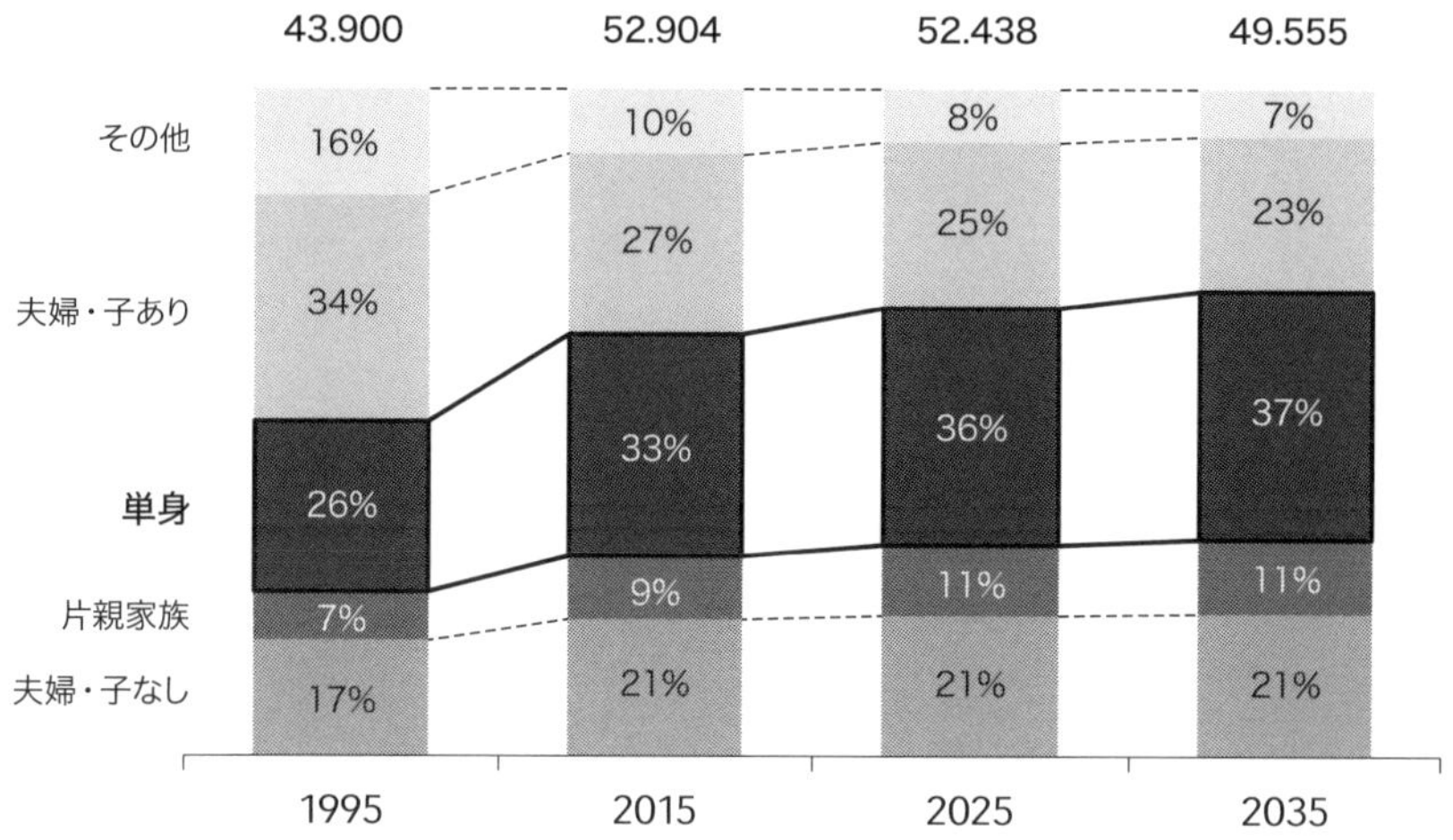

出所：国立社会保障・人口問題研究所

で「お母さんは専業主婦」というのが標準的な世帯の姿とされていたのですが、今ではそんなことはなくなっており、今後はさらに世帯の姿が多様化していきます（図1−6）。

高度成長期の日本では、「モーレツ社員」などという言葉もあり、会社のために長時間をささげるのが美徳という風潮がありました。「金太郎あめ」（どこを切っても同じ顔が出てくる菓子のこと）と呼ばれるほど、日本の企業は画一的なモーレツ社員を育成しているとも言われていました。それが「欧米に追いつき、追い越せ」と言っていた時代には強みになっていたのです。

しかし、今ではそうした長時間労働の職場は「ブラック」と呼ばれています。画一的とは対極の概念であるダイバーシティ(多様性)を重視する傾向は、欧米先進国ではかなり定着してきました。欧米では男女、人種、宗教、国籍などでの差別は行うべきではないとされます。

こうした価値観は欧米以外にも広がってきていますが、それが伝統的価値観との摩擦を生んでいます。高度成長期を知る世代と、その後の就職氷河期の世代と、それすら知らない世代でも、価値観を共有することは容易ではありません。今後日本は若者の人手不足が続いていくのですから、若い人材をひきつけるために、企業はダイバーシティをより重視していかなければいけません。

⑩生産性向上と省人化

企業は様々な技術を取り入れて大量生産を追求してきました。20世紀初頭にはストップウォッチで作業時間を計測して生産性向上を図る「科学的管理法」や、ヘンリー・フォードの巨大な工場による「流れ作業」の「組立ライン」が登場して、大量生産が急速に進展しました。

1950年代以降は日本でエドワーズ・デミングの指導の下で「統計的品質管理」が取り入れられて生産性が大きく向上しました。その後も様々な分野で機械化による自動化・省力化が行われてきました。これが今では、インターネットと結びつき、ＩｏＴ（モノのインターネット）として、さらなる効率化と新たな価値創造をもたらすと期待されています。生産現場だけではなく、オフィスの作業でも、デジタル化による生産性向上が進められています。さらにはＡＩ（人工知能）によって、人の仕事が奪われていくのではないかという危惧が広まっています。

日本は若者の人口が減っていくので、人手不足が続いていくことが予想されています。かつてのような長時間労働をしていては、優秀な若者は離職していってしまいます。このため、日本において省人化が失業率の上昇を招くということは、実はあまり起こりそうにありません。むしろ、人手不足を補うために、どうやってＡＩやデジタル化を活用するのかという観点が重要になっていきます。

なので、日本の若者が将来を悲観する必要はあまりありません。とはいうものの、今後何十年もこうした生産性向上の流れが続いていくのですから、「22歳まで勉強は終わり」というわけにはいきません。大学卒業後も、新たなスキルや知識を身につける「学び直し」をしていかないと、自らを成長させていくことはできません。しかも、他人任せでいては、自分の強みを伸ばすことも、弱みを克服することもできません。「自分の未来は自分で切り開く」ことが重要であり、かつ可能な時代になっていくのです。

chapter 2

社会課題こそがビジネスチャンス

1

「儲かるビジネス」が儲かるわけ

過当競争では儲からない

第1章では、この本で紹介する10の社会課題について簡単に紹介しました。これらは全て、相当に大きな課題です。しかも今後30年も40年も続いていく可能性が高い課題ですから、これはビジネスチャンスとしても、かなり大きなものであると言えます。

「社会課題こそがビジネスチャンス」と言われても、皆さんはあまりピンと来ていないかもしれません。「はじめに」で、ホンダが排気ガスの厳しい環境基準をはじめてクリアしてビジネス的に成功を収めた話を紹介しました。また、第1章では「石油はあと30年で枯渇する」という予測を覆したのは、石油の探索技術と掘削技術の進化であったということも紹介しました。今まで不可能と思われていたような困難な課題を解決できた企業が、ビジネスで成功を収めることができたのです。

「どういうビジネスが儲かるのか」ということに興味はありませんか？　経営学という学問は、それを専門に扱っています。この本も、経営学の知見をもとにして書いていますので、興味のある人は面白そうな経営学の本を探して読んでみてください。

「どういうビジネスが儲かるのか」の前に、「どういうビジネスが儲からないのか」を簡単に説明しておきましょう。それは一言で言うと、**「過当競争では儲からない」**ということです。

例えば、パソコンを買ったことがあると思います。アップルのｉＭａｃやＭａｃＢｏｏｋを選んだ人もいると思いますが、大多数の人はマイクロソフトのウィンドウズが搭載されたパソコンを選んだのではないでしょうか。

その理由は人それぞれでしょうが、「多くの人と同じソフトが使えるのでファイルのやり取りが簡単」「どのメーカーのものを選んでも基本はウィンドウズなので当たり外れを気にしなくて済む」「多くのメーカーが作っているので価格競争が起きていて、値段が安い」というあたりが理由ではないでしょうか。

利用者から見ると、パソコンメーカーが同じような機械で価格競争をしてくれていることは、ありがたいことです。しかし、メーカーの側から見るとどうでしょう。なかなか儲からないのです。どのメーカーのパソコンも（アップル以外は）大した違いがなく、違いを打ち出そうと思っても、大した特徴を持たせることができません。価格を安くして消費者に選んでもらうくらいしか手がないのです。

しかも、パソコンは家電量販店（ヨドバシカメラ、ビックカメラ、ヤマダデンキ、コジマなど）で買う人が多いので、消費者は店頭で価格を比較しやすくなっています。量販店は、大量に売れるわけですから、メーカーに対して強気の交渉に出ることができます。「もっと価格を下げてくれないと、他社のパソコンを売ってしまいますよ」などと量販店に言われたら、メーカーとしては価格を下げざるを得ません。

つまり、他社と差がつきにくい製品（「製品差別化が難しい」という言い方をします）では、他社と競争せざるを得ず、直接の買い手（ここでは家電量販店）が強気の交渉をしてくるわけで、しかも他社もなかなか撤退しないとなると、いつまでも値下げ競争を続ける羽目になってしまいます。これが儲からないビジネスの典型的なパターンです。

過当競争をどうやって避けるのか

では、この過当競争から抜け出して「儲かるビジネス」にするにはどうしたらいいでしょう。

一つ目は、**「圧倒的な能力を身につける」**ことです。他社にはできないような**コストダウンの能力**をもし身につけている企業があれば、各社が同じような価格でパソコンを売っていたとしても、自社だけ段違いに安いコストで作って、自社だけが儲かることになります。これが成り立つ業界もなくはないのですが、比較的歴史のある業界の大手企業だと、どの企業も同じような能力は身につけているので、他社も同じようなコストダウンで追いついてしまいます。これではやはり過当競争から抜けられません。

では、**製品の企画力**で「圧倒的な能力を身につける」ことができた場合はどうでしょう。アップルのｉＭａｃやＭａｃＢｏｏｋは、独特のデザインと使い勝手のために、ファンがいることで知られています。このファンは、デザインと使い勝手の良さに価値を感じているので、多少高くてもアップルに買い替えてくれます。他社が皆、価格競争をしているときに、自社だけ高めの価格で売れるのですから、これは「儲かるビジネス」になります。

パソコンだけでなく、スマートフォンでもアップルのｉＰｈｏｎｅはファンがいるために、高くても売れていますよね。一方、他社と同じ程度の製品企画力しかなかった携帯電話のメーカーは、何かの工夫をしても、すぐに他社に真似されて価格競争にまた陥ってしまいます。

二つ目は、**「ライバルが入ってこないようなビジネスを選ぶ」**ことです。過当競争になるというのは、他社が入ってきてしまうから起こるわけです。大企業が入ってきても割に合わないような小さなビジネスを選ぶ中小企業はこのパターンですし、特許を取得して他社が参入できないようにすることができれば、やはりこのパターンになります。特殊な原材料を入手できるルートを自社だけが持っているというのも、このパターンです。ライバルがいないのですから、価格競争に陥ることがないため「儲かるビジネス」になります。

三つ目は、**「交渉力の強い買い手がいるビジネスはやらない」**ことです。マイケル・デルが１９９０年代に創業したデル・コンピューター（第１０章で解説します）は、パソコンを直販することで成功して大企業になりました。他のメーカーは量販店向けに値下げ競争をしていたのですが、デルは初期の頃、大企業向けの直販に的を絞っていました。大企業のシステム部門などは、多くの社員が勝手にパソコンを導入することを嫌っていましたが、社員としては自分の業務に合ったパソコン（技術者であれば計算の速さ、営業職であれば持ち運びやすさなど）を選びたいのです。そこでデルは大企業のシステム部門と協力して、その企業の社員向けに「受注生産」でパソコンを提供しました。システム部門は「この範囲なら自由に選んでよい」という選択肢を様々な部門の社員に示し、社員はその選択肢の中から自分の業務に合うパソコンを注文するのです。

このやり方のおかげで、デルは「交渉力の強い」量販店から逃げることができました。これで「儲かるビジネス」を立ち上げることに成功したのです（大企業になった後のデルは、量販店向けのビジネスも行うようになっています）。

困りごとを解決する

過当競争から逃れる方法はまだあります。四つ目は、**「顧客の困りごと」を「独自のやり方で解決」することです。**

大手メーカーの多くは、最初から大量生産の利く製品を作ろうとする傾向が強いのですが、そうすると「最大公約数的な製品」（多くの人が多少気に入ってくれますが、強烈に欲しがるという人はいません）になってしまいます。そこにライバルも同じことをしてくるのですから、同質的な競争に陥ってしまいます。

看護師向けのナースシューズという靴製品があります。特徴の一つは、着脱がものすごく素早くできるという点にあります。看護師は夜勤の時に患者のナースコールを受けると、仮眠ベッドから飛び起きて病室に駆け付けなければなりません。その時にすぐ履けることはとても重要です。サンダルならすぐ履けると思うかもしれませんが、廊下を急いで歩くときに脱げてしまっては、かえって遅くなってしまいます（夜中に大きな音を立てるわけにもいきません）。サンダルのように履いて、かかとを留め具で留めれば、すぐ履けて脱げないというシューズになります。さらに、注射針を落としたとしても自分の足に刺さらないように、足の甲は守られていないといけません。

こうしたシューズは、靴の市場全体から見れば非常に小さな規模しかありません。しかし、看護師の「困りごと」を解決しているので、「強烈に欲しがる人」がいます。市場が小さすぎるので、一般の靴店ではなかなか売ってもらえませんが、むしろ通販でよく売れる製品です。看護師向けの製品（ナースウエア、ナースシューズ、ナースウォッチ、体温計など）はどれも一般の店舗では手に入りにくいものなので、これらを幅広く扱って、看護師向け通販に特化した会社があるくらいです。

この例は「特定の顧客の困りごと」を「特定顧客向け通販というやり方で解決」したものです。このやり方がうまくいけば、高い価格をつけていても満足してくれる顧客が（少数かもしれませんが）いてくれて、市場が小さいので大手があまり参入せず、しかも交渉力の強い量販店から逃げることもできます。

経営学の知見を活用する

読者の中には、将来起業しようという考えの方もいると思います。その際には、今述べたように「困りごとを解決する」という視点を大切にするといいでしょう。**まだ解決されていない困りごとに気づくことができ、その解決に成功すれば、ライバルのいないビジネスを始めることができる**わけです。

この「困りごと」からビジネスを着想する手法は、**デザインシンキング**と呼ばれる思考法を参考にしています。興味のある人は、関連する書籍を探してみてください。

また、ここで紹介した方法（「圧倒的な能力を身につける」「ライバルが入ってこないようなビジネスを選ぶ」「交渉力の強い買い手がいるビジネスはやらない」）については、1980年代の**マイケル・ポーターの戦略論**（『競争の戦略』）を参考にしています。かなり分厚い本で、しかも古い本なので皆さんが読むには適していませんが、彼の打ち立てた戦略論の枠組みは今でも有効です。もし興味があれば、『ビジネスの名著を読む〔マネジメント編〕』（2022年、日本経済新聞社）と『ビジネスの名著を読む〔戦略・マーケティング編〕』（2022年、日本経済新聞社）で、私がポーターの著作の解説をしていますので、見てみてください。

「大きな困りごと」としての社会課題

2

追い風の吹く分野に行くのがよい

第1章で紹介した10の社会課題は、長期的に「追い風の吹く分野」を示してくれています。なにしろ世界中の人々が今後数十年も対処し続けなければいけない、「大きな困りごと」なのです。

例えば、ライフスタイルの多様化という社会課題の中の一つとして、「女性の社会進出がなかなか進まない」という問題があります。日本はこの点で特に大きな問題があるようで、海外の諸国よりも大幅に遅れています。

逆に言えば、「女性の社会進出に伴うサービス」にとっては追い風になるわけです。共働きのワーキングマザーにとって、仕事帰りに食事のための買い物をしようと思っても、大きなスーパーマーケットで買い物をするような時間的余裕はありません。かと言って、コンビニで買ったお惣菜で済ませてしまうのも気が引けるという人は多いでしょう。

生協の宅配というサービスは便利なのですが、専業主婦が大多数だった時代にできたビジネスなので、平日の昼間に宅配するスタイルとなっています。これを朝か夜、または週末に宅配するか、温度管理のできるロッカーで受け渡しするビジネスにできれば、ワーキングマザー向けのビジネスチャンスということになります。

10の社会課題は、巨大すぎるように見えてしまいますが、その中には大小様々な課題が含まれています。**小規模で地域レベルの課題として解決できるものも見つける**ことができるでしょう。自ら起業する場合には、そうした小さな課題から始めることもできます。就職先・転職先を探そうという人の場合、その企業はどんな社会課題に取り組めそうなのかという観点で見てみるといいと思います。

逆に、旧来型の強みに依存しすぎた老舗企業は、過去の追い風に恵まれて大企業になれたかもしれませんが、将来はむしろ逆風にさらされるようになるかもしれません。20世紀の高度成長期と現在では、風向きは明らかに違っています。旧来の強みに固執しているような企業では、追い風には乗れないでしょう。

「大化け」する技術は事前にはわからない

社会課題を解決する手段としては、「技術革新」が重要です。しかし、第1章でも述べたように、技術にはいくつもの選択肢があり、どれが「大化け」するかは事前にはわかりません。

例えば「地球温暖化の防止」に対する技術アプローチはいくつもあります。発電方法だけでも、太陽光発電、風力発電、原子力発電、燃料電池・水素発電、二酸化炭素回収を伴う火力発電など、技術の候補は多くあります。多くの新エネルギー技術は高コストという問題を抱えていますが、技術革新が進むと急速にコストダウンしていく可能性もあります。また、ここにあげなかった技術が突然先頭集団に躍り出てくるという可能性も十分にあります。

技術系のベンチャーであれば、一つの技術に「賭ける」ことになりますが、もしそれが当たれば一攫千金ということになります。仮に大きなビジネスにならなかったとしても、開発できた技術は何か他の用途に転用できるかもしれませんし、そうなるとその技術を買い取ってくれる企業が見つかるかもしれません。

ベンチャー企業がビジネスとしてうまくいかなかったとしても、それは投資家（ベンチャーキャピタルと呼ばれる専門の投資家）が「あきらめる」ことで終わります。ベンチャーキャピタルという投資家は、大化けするかもしれないベンチャー企業に何社も投資をします。ベンチャー企業の側も何社かのベンチャーキャピタルから資金を得ることがあります。投資家の側は１０社に投資して、１社が２０倍の価値になってくれれば、残りの９社の価値がゼロであったとしても「あきらめる」ことができます。なので、技術系ベンチャー企業の経営者たちは、ビジネスとして成功しなかったとしても、申し訳なく思う必要はありません（まあ、悔しいでしょうけれど）。

一方、大企業は複数の技術を並行して手掛けることができます。大企業は過去の儲けを蓄積していますので、数十もの新規技術開発に資金を投じることができます。その中の一つでもビジネスとして成功してくれれば、残りがうまくいかなくても「あきらめる」ことができます。

トヨタは電気自動車以外のいろいろな技術（燃料電池や水素エンジンなど）にも投資をしていることで知られていますが、海外の多くのメーカーが電気自動車一本に賭けているのとは違って、もし電気自動車以外の技術が大化けしたら、世界の市場を席巻して一攫千金になる可能性が（わずかかもしれませんが）あります。しかし、旧来の強みであるエンジン技術だけにしか投資していなかったとしたら、確実にビジネスを失っていくことになるわけです。

技術でなくても社会課題は解決できる

社会課題を解決する手段は、「技術革新」だけではありません。地球温暖化対策や新規エネルギーとなると、さすがに技術抜きというわけにはいきませんが、先ほど少し触れたワーキングマザーの買い物問題は、それほど技術を要するものではありません。デル・コンピューターの創業時の話も紹介しましたが、デルが成功した理由はパソコンの技術が優れていたからではなく、「困りごと」を解決できずに困っていた顧客（大企業のシステム部門）に、独自の解決方法を提案できたからです。

社会課題と言っても、大小様々ありますが、この本で示している10の社会課題は長期的に続いていくものですから、解決できれば「儲かるビジネス」になる可能性があります。ナースシューズの話も、決して小さな話にとどまるものではありません。高齢化に伴って、世界中で医療と介護を受ける人の数がどんどん増えていくという「大きな流れ」の一部であるとも言えます。

3 「破壊的な変化」としての社会課題

この本で示している10の社会課題は、既存の業界には大きな逆風となっている場合があります。英語ではディスラプションという表現をするのですが、和訳すると「破壊的な変化」ということになります。こうした変化が起きるということは、ベンチャー企業にとってのビジネスチャンスも大きいということになります。どのような業界で、どのような破壊的な変化が起きている（起きそう）か、簡単に見ていきましょう。

資源・エネルギー業界：化石燃料への逆風

石油、天然ガス、石炭という、化石燃料に依存している企業にとって、地球温暖化対策が進むことは完全な逆風です。こうした業界の企業は、これまで大金を投じて油田などの採掘を行ってきたのですが、これからは油田の開発のための資金を集めることも大変です。今の機関投資家（保険や年金などの資金を運用する金融機関）は、二酸化炭素を大量に排出するようなビジネスには投資をしてくれなくなっています。

化石燃料に代わって、機関投資家が投資をしようとしているのは、再生可能エネルギーの分野です。太陽光発電や風力発電だけでなく、地熱発電、バイオマス発電など数多くの新規エネルギーの技術にも投資資金は向かっています。

自動車のエネルギー源の供給のために、今まではガソリンスタンドが多数設置されていましたが、（自動車の燃費が改善したことや、都市部で車を所有することをあきらめる人が増えてきたことなどから）ガソリンの消費量は減ってきており、ガソリンスタンドの数は日本では減ってきています。電気自動車がもし普及を始めたら、さらに減っていくでしょう。自動車に電気を給電するスタンドや、水素を供給するスタンドに置き換わっていくかもしれません。

化石燃料は、地理的に偏在しています（特に石油は中東にかなり集中しています）。このことが、中東での軍事的紛争の火種となってきたわけですし、ＯＰＥＣ（石油輸出国機構）という中東などの産油国の交渉力を高めてきたわけですが、再生可能エネルギーに切り替わっていくことで、中東への依存度は下がっていくことになります。このため、中東諸国は石油以外のビジネス（再生可能エネルギーも含まれます）に進出するために、石油で得た資金を投下しようとしています。

建設業界：人手不足問題

新興国の経済発展が続き、しかも新興国での都市部への人口集中が続くということは、建設業界にとっては、大変な追い風となります。多くの新興国で、ビル建設だけでなく、河川整備や道路、鉄道の建設、空港や港湾の整備などが急ピッチで進められようとしています。先進国の方でも、100年近く前に投資されて、今や老朽化の進んだ道路や橋などの更新が必要になっています。

しかし、需要があまりにも多すぎるため、従来型の労働集約的な手法では対応しきれなくなっています。新興国では工事需要が旺盛な割に、熟練した職人の数がまだ少ないので、工事をしたくてもできないというような状況が起きがちです。熟練していない職人たちを大量に投入する人海戦術でどうにかしようとしても、現場監督はやはり熟練度の高い人でないと務まりません。

先進国では熟練した職人が高齢化してしまい、若者はきつい職場を敬遠するので、やはり人手不足が深刻化しています。海外からの移民で工事を賄おうとしても、熟練した職人が世界的に不足している状況です。

工事の自動化、省人化を思い切って進めないと、建設業界の人手不足問題を解決することは困難です。なので、デジタル化を活用していくことが生き残りのために必須となっていくでしょう。

輸送・輸送用機器業界：電動化と自動運転

自動車メーカーや、鉄道車両メーカー、船舶メーカー、航空機メーカー、それらの部品メーカーなどをまとめて輸送用機器業界と呼びます。貨物輸送（海運業、トラック輸送など）や旅客輸送（鉄道、航空、バス、タクシー）を行う業界をまとめて輸送業界と呼びます。これらの業界では、電気自動車へのシフトが大きな変化をもたらしています。

地球温暖化の原因となっている温室効果ガス（その中で最大のものが二酸化炭素）の排出源として自動車は非常に目立つ業界なので、環境団体も政府も自動車に対する風当たりを強めてきました。欧州連合（ＥＵ）の欧州委員会は、２０２１年７月に、乗用車や小型商用車の新車によるＣＯ２排出量を２０３５年までにゼロにするという規制案を発表し、電気自動車や燃料電池車への移行を促しました。これは実質的にガソリン車の販売を禁止するものとなっています（エンジンの全面禁止とはなっておらず、合成燃料などを用いたエンジンの利用は認められるそうです）。

こうなると自動車メーカーとしては、電気自動車など非ガソリン車の開発に投資を拡大しないわけにはいきません。規模の大きいトヨタは様々な技術に投資する余裕を見せていますが、欧米の自動車メーカーの多くは電気自動車に集中する方針と言われています。

またアメリカのテスラ、中国のＢＹＤなど、電気自動車に特化したメーカーも登場して販売台数を伸ばしています。その一方、エンジン回りの自動車部品を作ってきた部品メーカーは、電気自動車の部品などにビジネスを転換しておかないと、生き残れなくなるかもしれません。

電気自動車へのシフトと同時に起きているのが、自動運転への流れです。乗用車ユーザーの多くは「運転する楽しみ」もあって車を買っていますが、高齢化が進むにつれ高齢者の交通事故が社会問題化してきています。一方、バスやトラックなどは運転手の人手不足に悩んでいます。自動運転技術にも投資をしておかないと、自動車メーカーは生き残りが難しくなるかもしれません。もしかしたらグーグルのような企業が自動運転技術の開発で先行してしまい、自動車メーカーはグーグルの下請けになってしまうかもしれないのです。

さらには、新興国市場がさらに拡大していくことも予想されます。人口が増加し、経済力も強まっていく新興国では、これまで車を買えなかった人々が車を買うようになります。彼らは最初から電気自動車を買う世代になるかもしれません。その場合、米欧日の高品質・高価格の車ではなく、中国やインドなどの格安の電気自動車が世界を席巻しているかもしれません。

農業・食品業界：食糧生産性の大幅向上

世界的に人口が増加すると、食糧不足という問題が懸念されるようになります。それに加えて、新興国の中流層が拡大すると、肉の消費量が増えることが想定されます。肉を生産するためには大量の飼料が必要になるのですが、実は世界の耕地面積はこれ以上増える余地があまりありません。新興国の多くは農業にあまり適していない気候帯と地形、水環境にあるので、農地に転用できる面積が意外と少ないのです。

そうなると、限られた耕地面積で収穫を増やすことを考えなければいけません。トラクターや耕運機などの農業機械を活用して人手の作業を減らすことも必要ですし、肥料や農薬を改善して生育をよくすることも必要でしょう。また品種改良を行って、より収穫量の多い品種を開発することも必要です。

最近は代替肉という言葉を耳にすることも増えてきました。大豆などの植物から代替肉を作った方が、飼料を収穫して家畜に食べさせるよりも、少ない耕作面積で済むかもしれないという考えもあります。

一方、世界で寿司の人気が高まったおかげで、日本に魚が入ってきにくくなっているというような話を耳にすることもあります。生態系を維持するためには、漁獲高を急に増やすこともできないわけですから、魚の供給量に対して需要があまりに増えてしまうと、価格が高騰することになります。地球温暖化の影響もあって魚の生息域が移動しているというような話もありますから、今まで捕れていた魚が捕れなくなっているという事態は今後さらに深刻化するのかもしれません。そうなると、魚の養殖技術のさらなる進展も期待されます。

ハイテク業界：グローバル巨大企業との戦い

英語ではテクノロジー（またはテック）などと呼ばれ、日本語ではハイテクと呼ばれる業界には、電器メーカー、電子機器メーカー、ソフトウェア会社、ネット企業などが幅広く含まれます。この分野ではアメリカのGAFA（グーグル、アップル、フェイスブック、アマゾン）と呼ばれるような巨大企業が非常に強く、こうした企業の上陸を阻んでいる中国ではBAT（バイドゥ、アリババ、テンセント）という巨大企業が生まれています。日本では楽天、ソフトバンク（傘下にヤフーとLINEなどを擁しています）、メルカリなどの企業がありますが、ソニーやパナソニックなどの製品メーカーや、半導体などの部品メーカーも含まれます。

第2章の最初の方で「儲からない過当競争」の例としてパソコンや携帯電話の話を少ししましたが、日本の電器メーカーは、有力企業の数が多かったこともあって、過当競争で苦しんできました。日本のメーカーは製造の品質に自信を持っていることもあって、製品の製造で勝負しようとしています。しかし、アップルは製品の技術仕様を決め、設計をするところは自社で行いますが、部品の多くは外部から調達し、製品の組み立ては台湾の鴻海精密工業などに委託しています。そしてソフトウェア（アプリ）やコンテンツは外部の企業から供給されるものをｉＴｕｎｅｓやアップストアなどでユーザーに提供しています。自社が得意ではない製造の部分は外部に任せようという割り切りがはっきりとしています。鴻海はアップル以外のメーカーの製品製造も請け負っていて、世界最大の電子機器の受託生産企業となっています。そういう企業に任せておけばコストも品質も問題ないという判断です。

電子機器の分野では中国のメーカーもグローバルに活躍しています。トランプ大統領の時代（２０２０年）に、アメリカ政府の通信機器などに対する、中国のファーウェイなどからの調達を禁止するという規制を打ち出したことがありました。ファーウェイ製の携帯電話基地局が世界中の市場を席巻し、「中国が通信の秘密を抜き取っている」という安全保障上の懸念があるというのがその理由でした。あまりにも低コストで高品質の基地局を提供しているので世界各国がファーウェイ製の基地局を導入していたのですが、「そこまで安いのは何か魂胆があるはずだ」という（トランプ大統領らしい）推測をしたようです。その真偽はともかく、ファーウェイがそこまで世界に広まっていたのは事実でした。

ハイテクの分野は、先進国だけでなく新興国にも市場が拡大しています。その一方で、アメリカの巨大企業だけでなく、中国や韓国・台湾の企業もグローバルに規模を拡大しています。インターネット関連だけではなく、ＡＩや自動運転など、様々な分野でグローバルに技術革新競争が加速しています。この業界では、今後も大きな変革が起きていくことでしょう。

消費財業界：新興国市場でどう戦うか

加工食品や日用品などの消費財業界では、新興国市場が拡大する一方で、新興国企業が競争力を増していくことが想定できます。中国やインドという、人口１４億人の国で都市部への人口移動が続き、農村経済から都市経済へのシフトが起きています。農村部ではあまり貨幣に頼らなくても（作物を物々交換するなどして）食料を入手できますが、都市部に行くと給与所得を得て家賃を払い、スーパーマーケットで食品や日用品を購入する消費生活になります。所得水準も徐々に向上し、生活を便利にするような電気機器なども購入するようになります。

その一方で、新興国企業が自国市場の伸びとともに急成長していきます。やはり消費財は、その国の生活スタイルを素早く反映できる企業が有利ですし、先進国市場の動向を観察して新製品を自国向けに開発することもできるという有利さもあります。低人件費を活用して低コストで生産できますし、自国の消費者に必要ないような余計な機能を省いて低価格を実現することも可能です。

高度成長期の日本もそうでしたが、新興国の政府は自国産業を優先しようという政策を立てる傾向があります。しかし、あまりに保護主義的な政策をとると海外企業が自国に投資をしてくれなくなり、ネット時代の消費者は海外から製品を取り寄せてしまいます（海外旅行先で爆買いをしたり、海外の通販サイトで購入したり）。このため、結局は海外企業を誘致して自国内での生産を拡大して雇用を拡大する方が有利という判断をすることになります。

グローバル化が進むことは、消費財企業にとっては追い風ですが、新興国市場での消費者のニーズにきちんと対応し、低コストで提供できないと、新興国企業に打ち負かされてしまいます。韓国コスメが日本で人気を高めているように、海外（新興国）製品に日本市場が攻め込まれるということも、今後は起きるかもしれませんから、もしかしたら逆風になる危険性もあるのです。

医療・健康業界：高齢化で追い風だが人手不足

世界的に高齢化が進行していくということは、医療費支出も伸びるということになります。先進国ではすでに高齢化がかなり進行しているので今後は減速するかもしれませんが、新興国はこれから高齢化が始まる国が多く、中国のような人口の多い国でも高齢化が始まるので、医療費支出は大きく伸びるでしょう。

製薬業はこれまで米欧日の先進国市場を主戦場としてきましたが、その理由は所得水準が高いことだけではなく、医療保険制度が比較的整っているので、本人負担が少なくても高額な薬を入手できるという点にあります。新興国は、まだ「国民が若い」うちは医療保険制度が整っていなくても大丈夫と考えがちですが、高齢化が始まることは予測できていますので、今から医療保険制度を充実させていくことになります。

一方で製薬業にとって悩ましいのは「新薬開発の飽和化」です。製薬業界は新薬を開発すると特許を取得できるので、特許があるうちは高い価格で薬品を販売できます。しかしその特許期間が満了してしまうと、他社（ジェネリックと呼ばれる特許切れ薬品を販売する企業）が低価格で同じ成分の薬品を販売します。このため製薬企業は、特許のあるうちの儲けで、次の新薬開発に取り組みます。ここで問題になるのが、従来型の新薬研究では、開発できるものは開発しつくしたという状態になりつつあることです。

そこで、バイオ製薬技術などと呼ばれる新たな技術を活用して、新たな疾病に対応する薬を開発しようとしています。患者の側から見ると、いろいろな病気が治るようになり、しかも価格も低下していくのですから、いいことずくめなのですが、メーカーからすると大変です。

医療サービス業界に関して言うと、先進国では医療・介護の従事者をどう確保していくのかが大問題です。看護や介護の仕事はハードだというイメージが広まっていて、待遇をもっと改善しないと、「資格はあるのに就業しない」（他業界で働いてしまう）という人が増えてしまいます。

国全体で見ると高齢化で看護や介護の対象者がもっと増えるということは、コストも膨れ上がることであり、保険財政（もらった保険料の範囲内で支払う保険金を賄いたい）の面から見ると人件費単価を抑え込みたい気持ちもわかります。しかし、世の中全体が人手不足に陥っていく中で看護・介護の人件費単価が低いままだと、本当に人手が集まらなくなっていきます。

外国人労働者で賄おうとしても、その外国人ですら日本以外に稼ぎに行った方がよいと思ってしまうようだと、いよいよ人手がなくなってしまいます。そもそも新興国（特に中国）でも高齢化が進むのですから、看護・介護の人材を国際的に奪い合うという状況は容易に想像できます。

＊　＊　＊　＊　＊

１０のグローバルな社会課題がもたらす影響力について、イメージがわいてきたでしょうか。第3章以降では、この１０の社会課題について順番に解説をしていきます。この解説を読んだ上で、どのようなビジネスチャンスがありそうか、自分はどのビジネスチャンスに興味を持てそうかを各自で考えてください。

この本ではビジネスチャンスの具体的な解説はしないようにします。それは読者の皆さんが「独自のビジネスモデル」を考える余地を残しておきたいからです。それを本に書いてしまうと、同じビジネスをしようとする人同士で同質的な競争になってしまいます。もしくは、「本に書いてあるようなことは誰かがもうやってしまうだろう」と、ビジネスチャンスのことを考えるのをやめてしまう人もいるかもしれません。あくまでも社会課題を解説することがこの本のメインで、ビジネスチャンスを具体的に考えるのは読者のあなたです。

chapter 3

メガトレンド❶

地球温暖化と環境問題

1 「地球温暖化」が人類の脅威となった

地球温暖化とは

「最近異常気象と呼ばれることがずいぶん多いな」と感じている人も多いのではないでしょうか。真夏の東京や大阪では気温が37度とか38度とかいう天気予報が普通になってきました。「やはり地球温暖化か」と思う人も多いでしょう。

しかし、都市部の気温上昇は、ヒートアイランド現象という、別の理由によるものでもあります。これは、道路や地面がアスファルトやコンクリートで舗装されたことで太陽の熱がためこまれやすくなったり、逆に緑地が減ったことで地面の熱を気化で奪う効果が減ったり、エアコンの室外機が増えたことで温風が大量に排出されるようになったり、高層ビルが密集することで風が通らなくなったり、というような事情で気温が上がるという、大都市に特有の現象を指しています。

それとは別に、南極などで氷が解けていると報告されていたり、ゲリラ豪雨などの被害が増えていたり、ということが起きていますが、これらは地球温暖化の結果と言われています。その他にも、モンスーン（アラビア海の季節風）が激化してインドなどで記録的な洪水が起きていたり、南米の熱帯雨林が立ち枯れしたり、アフリカのサハラ砂漠で緑化が起きはじめたり、シベリアのツンドラ（永久凍土）が解けはじめたり、などの現象が起きているとされていて、これらも地球温暖化のためと見られています。

では、地球温暖化がなぜ起きているのかと言うと、二酸化炭素（CO2）などによる「温室効果」が考えられています。すでに学校などで教わっていると思いますが、このような原理です。

- 太陽光で地表が暖められると、地表から赤外線が地球外に向かう
- しかし大気中の二酸化炭素は、赤外線を熱として蓄積し、再び地表に戻す
- 戻ってきた赤外線が、地球の表面付近の大気を暖める

地球は何度も寒冷期と温暖期を繰り返してきたのですが、近年の気温上昇は、過去のサイクルと比べてかなり速いと見られています。地球温暖化がさらに進むと、南極や北極の氷が解けて海面上昇が起こり、海抜の低い地域が水没すると考えられています。

2007年のIPCC（気候変動に関する政府間パネル）の第4次評価報告書では、さらに様々な影響があると指摘されています。生物種の中には絶滅の危機に瀕するものが多数あり、実際にサンゴの白化はすでに多く報告されています。生態系の変化の結果、農業や漁業には多大な影響が及び、赤道に近い地域での穀物の生産性が大きく低下します（逆に北極や南極に近い地域で穀物の生産性が上がります）。

病原媒介物（細菌やウィルス）の分布も変化するため、想定しなかった感染症が広まる危険性もあります。1850～1990年の平均気温と比較したときの気温上昇幅が2度になると、こうした現象がたびたび起こるようになり、4度になると、数百万人が沿岸部の洪水に毎年遭うようになったり、生物種の絶滅が深刻化したりするとされています。

この報告書が発表されてから、地球温暖化が、今後100年の人類の脅威だという共通認識が形成されたと言えるでしょう。

地球温暖化は止められるのか

こうした認識が広まって以降、様々な地球温暖化対策が議論され、実行に移されていますが、これによって地球温暖化は止められるのでしょうか。2022年のIPCCの第6次評価報告書によると、温暖化対策が後退した場合、1850～1900年と比較したときの2100年の気温上昇幅は4度以上、パリ協定の温暖化対策をとった場合は1.5度から2度と予測されています（図3－1）。

しかし、この予測を見て気づくことは、厳しい温暖化対策をとってもとらなくても、2040年頃までは同じような気温上昇を示しているということです。これはどういうことかと言うと、今対策をとり始めても、その効果が表れ始めるのは20年以上先ということです。再生可能エネルギーに切り替えるという動きを今から始めても、世界中の火力発電が再生可能エネルギーに切り替わるには20年以上か

図3-1 地球温暖化のシナリオ別予測

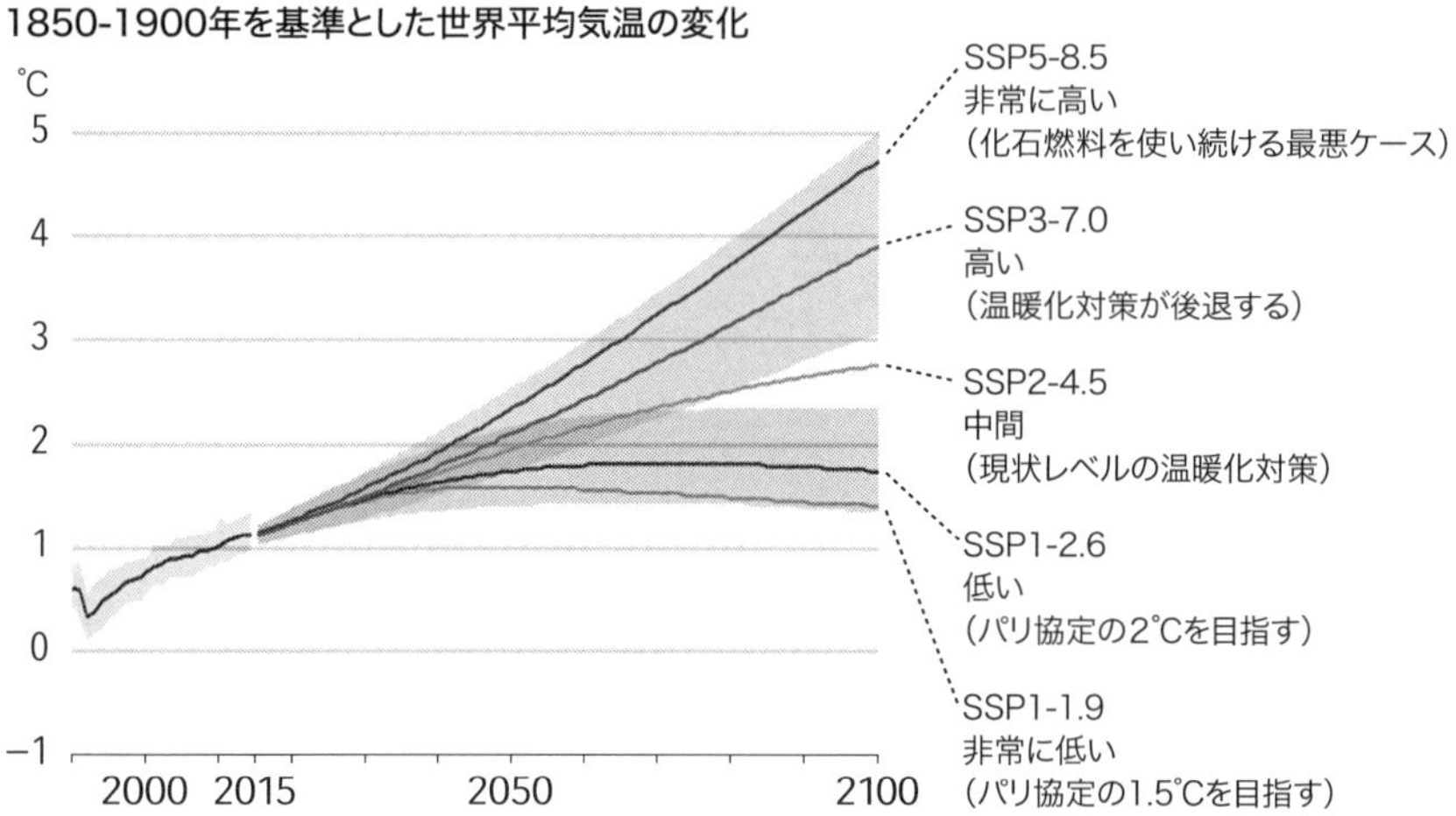

出所：IPCC第6次環境アセスメントレポート、国立環境研究所より

かってしまうわけです。

地球温暖化という社会課題は、そう簡単に解決するわけでなく、今後何十年もの間、ずっと人類の大きな課題であり続けることがわかります。

しかも地球温暖化を元に戻すことができるわけではなく、温暖化のスピードを減速させることしかできないということもわかります。

2100年に2度の上昇に食い止めることができたとしても、2度ではかなりの生態系異変が起こりますし、熱波や干ばつが頻発してしまうことになります。

「温室効果ガス」とは何か

2

二酸化炭素の排出国はどこか

では、温室効果をもたらしている二酸化炭素はどこから来ているのでしょうか。主要国の二酸化炭素排出量の推移のグラフを見ると、中国とアメリカが圧倒的な量を排出していることがわかります（図3－2）。しかも中国はその排出量の伸びがすさまじくなっています。

中国は2005年ですでに世界最大の二酸化炭素排出国になっていました。中国の急速な経済成長は2000年代から始まっているのですが、それと歩調を合わせて、二酸化炭素排出量も増えています。中国は世界最大の石炭産出国であり、安価な自国の石炭をエネルギーに使うことで経済成長を加速させてきました。PM2・5などの大気汚染も随分と話題になりましたが、環境対策を後回しにして経済発展を優先した結果、2008年の北京オリンピックの開催が不安視されるほどの大気汚染となっていました。

この時期はまさにIPCCの第4次報告で地球温暖化への強い警告が出た時期でもあったわけですが、

図3-2 主要国のCO_2排出量の推移

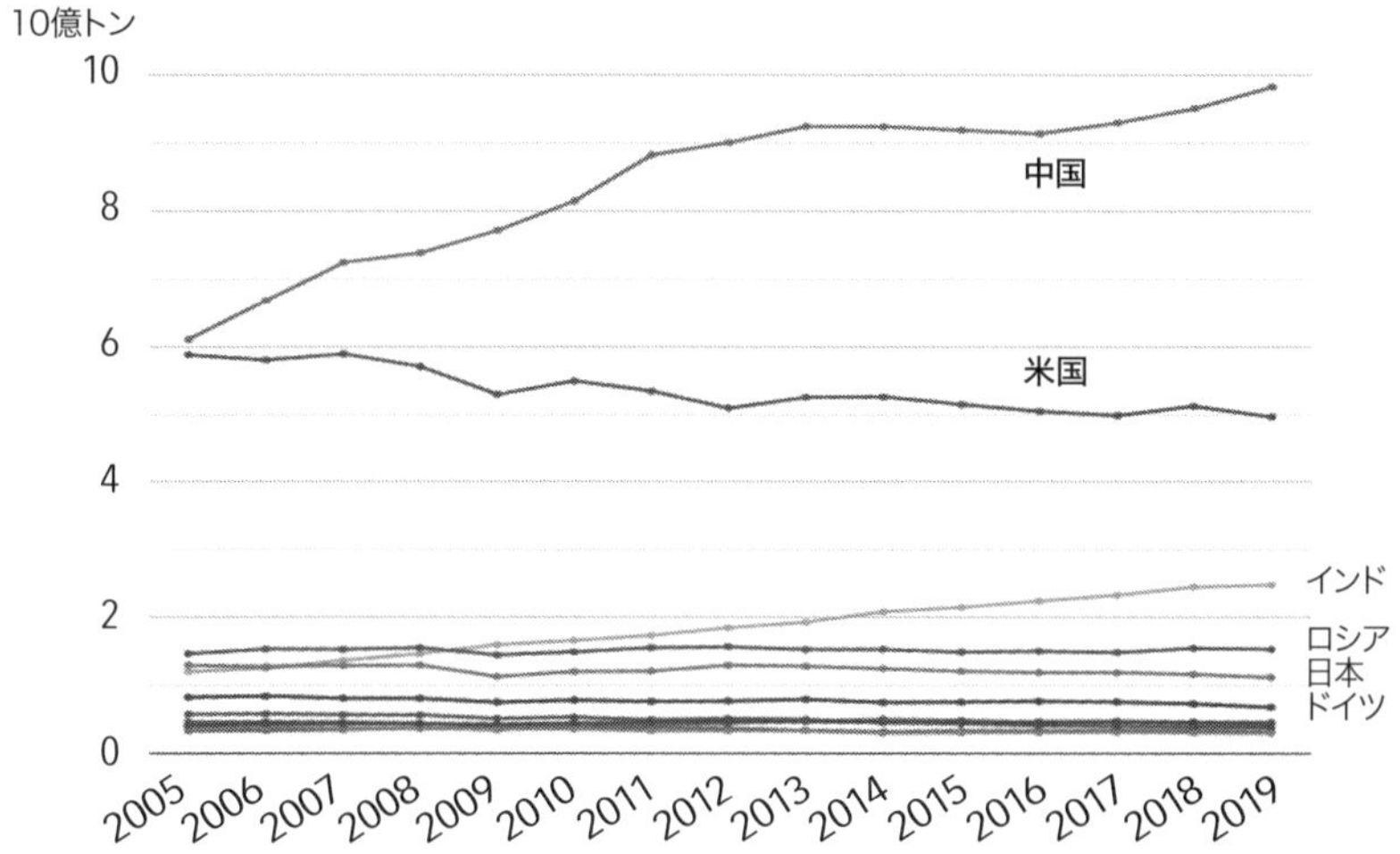

資料：GLOBAL NOTE　出典：BP

当時はまだ新興国側の反発もありました。「先進国はもう経済成長を終えたのだから、化石燃料エネルギーの使用を抑制してもいいかもしれないが、今から経済成長しようとする国が石炭を燃やすことを止めるというのは、新興国つぶしの策略なのではないか」という意見も聞かれていました。

しかしながら、あまりに度を超えた大気汚染に悩まされていた中国は、環境対策に乗り出さざるを得ませんでした。当初はＰＭ２・５対策が主眼でしたが、石炭の使用量の抑制にも乗り出すようになりました。

習近平国家主席は２０２０年９月、２０３０年までにＣＯ２排出量をピークアウトさせ、２０６０年までにカーボンニュートラルを実現する「２０６０目標」を公表しました。中国は電気自動車に多額の補助金を出すなどしていて、地球環境対策に熱心であるかのようにも見えます。ただ、実態としては、石炭使用量を減らし始めると言っているだけで、今後も経済成長を続けるためには石炭を主要なエネルギー源の一つとして位置付け続けることになりそうです。

一方のアメリカは、2005年以降、徐々に二酸化炭素排出量を減らしています。もともと排気量の大きな車を好み、寒冷地でも全館暖房を強めにかける国民性ですし、工業化された時期が古いために今でも古い工場が稼働しているので、二酸化炭素排出量が多いのも仕方なかったでしょう。しかし、アル・ゴア元副大統領などが先頭に立って温暖化対策を呼び掛けたせいか、徐々に低下してきています。

温室効果ガスの排出源はどこか

では、二酸化炭素は具体的に何によって排出されているのでしょうか。世界資源研究所の分析によると、温室効果ガスの11・9%は自動車から排出されています（図3－3）。二酸化炭素排出で自動車が槍玉にあがりやすいのは、やはり排出量の大きな割合を占めているからなのです。

次に大きいのは住居用の電力・熱・燃料の10・9%です。産業用もかなり多く、製鉄と石化・化学、その他産業を合わせると23・6%になっています。鉄は鉄鉱石を高温で溶かして作るので、大量のエネルギーを消費していますし、そこでは化石燃料（特に石炭）が主に使われています。自動車のスクラップなどを回収して再び鉄にする方法もありますが、これだと二酸化炭素の排出が少なくて済むので、回収率を高めることが重要です。

その他にも、加熱する際に石炭ではなく水素を用いることで二酸化炭素の排出をなくすという技術も

図3-3 世界の温室効果ガス排出（2016）

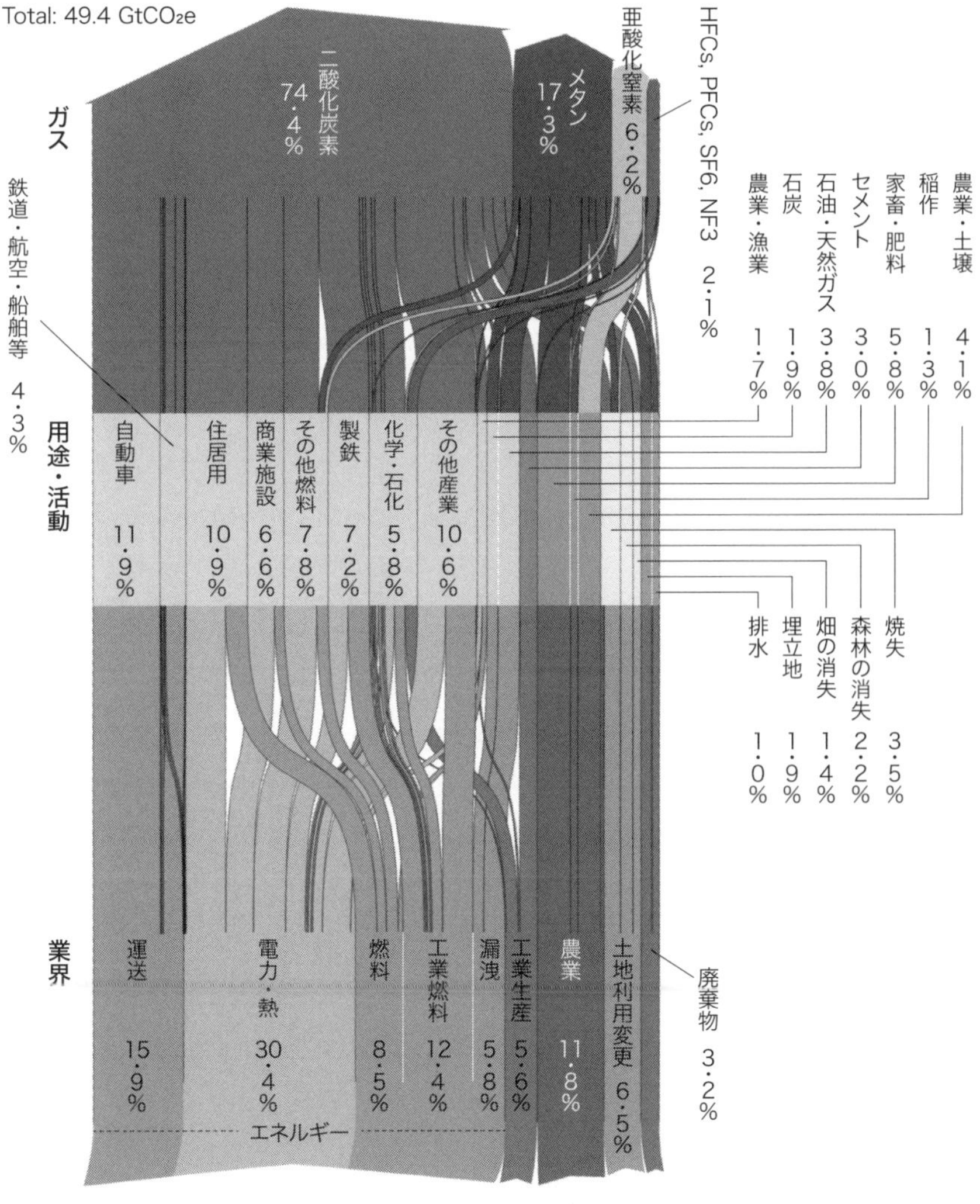

出所：Greenhouse gas emissions on Climate Watch. Available at: https://www.climatewatchdata.org/

注目され始めています。
石化・化学という分野で二酸化炭素排出量が多いのは、様々な化学品を製造する際に、高温にしたり、高圧にしたり、低温にしたりというプロセスが不可欠であり、そのために大量のエネルギーを消費するからという理由があります。ここでもリサイクルが広まれば、石油からプラスチックを作らなくても、プラスチックを回収して再利用することで二酸化炭素排出量は少なくて済むことになります。

二酸化炭素以外に、メタンも温室効果をもたらしています。メタンは二酸化炭素の25倍の温室効果をもたらすとされていますから、量は少なくても影響は大きいと言えます。この排出源として大きいのは畜産と農業です。牛のゲップだけでも温室効果ガスの4％を占めると言われているので無視できません。牛は4つの胃で反芻しながら消化していて、その際に胃の中にいる微生物がメタンを生成しているとされています。このためメタンを減らせる牛の餌などの研究が進められています。農業では、稲作の水田の土壌中にいるメタン生成菌が、稲わらなどからメタンを発生させています。これの対策としては、一時的に水田から水を抜くことで、メタン生成菌の活動を抑えることができるとされています。

この図には、森林の消滅という項目もあります。森林を伐採すると、それまで二酸化炭素を吸収してくれていた植物がなくなるので、その分の二酸化炭素が増えるということです。これの合計で7・1％分の温室効果ガス増加と同じになってしまうのですから、大きな影響と言えます。北米、欧州やアジア太平洋では森林の面積はそれほど減っていないのですが、中南米やアフリカでは1990年から2010年にかけて1割程度減少していました。

二酸化炭素は減らせるのか

3

火力発電への風当たりは強まっている

温室効果ガスを減らすにはどうしたらいいのでしょうか。多くの政府が協調して規制をかけようという動きがあります。その中で規制をかけやすそうなのが火力発電と見られています。自動車や住居、工業生産などに規制をかけても、企業や個人が全てその規制に従うようになるには相当の年月がかかります。一方、電力会社の数は比較的限られていますし、もともと政府の規制を受けているので、火力発電への規制は比較的早く効果を表すのではないかと、環境活動家たちは期待しているようです。

化石燃料の中でも石炭火力発電は二酸化炭素の排出量が最も高い（相対的に低いのは天然ガス火力発電）ので、風当たりがかなり強まっています。中国などは石炭火力発電量が多いのですが、日本も石炭火力発電の比率が高くなっているので、批判がかなり強まっています。

2022年の気候変動枠組条約締約国会議（COP27）で、気候行動ネットワークという環境活動家団体が、日本に3年連続の「化石賞」を贈ったというニュースがありました。その理由は、日本が化石燃料に対する世界最大の公的資金を拠出している国だからということでした。これは日本で2011年の福島第一原発事故以降に原子力発電が停止状態になった分を火力発電で補わざるを得なかったという事情があるからなのですが、環境活動家はそんな事情などは考慮してくれません。

カーボンニュートラルの表明国が増えている

その日本で、2020年10月、菅義偉首相（当時）が所信表明演説で「我が国は、2050年までに、温室効果ガスの排出を全体としてゼロにする、すなわち2050年カーボンニュートラル、脱炭素社会の実現を目指すことを、ここに宣言いたします」と述べました。

カーボンニュートラルとは「排出量から吸収量と除去量を差し引いた合計をゼロにする」ことを意味しています。排出した分と同じ量を「吸収」または「除去」することで差し引きゼロ、つまり「ニュートラル（中立）」を目指すというものです。「吸収」のためには植林などが可能ですし、「除去」のためには二酸化炭素を回収して貯留する「CCS」という技術が注目されています。

2019年の気候変動枠組条約締約国会議（COP25）の時点では、カーボンニュートラルを表明している主要国はEUとカナダのみでしたが、2021年のCOP26までに、日本の他に中国もアメリカも、そしてG20（主要20か国の国際会議）メンバーの全ての国がカーボンニュートラル目標を表明しました。

カーボンニュートラルは、国レベルだけでなく、企業レベルでも目標に掲げているところがあります。二酸化炭素の排出量の多い業界の企業では、「排出権取引」という手法も用いてこの目標の達成を目指そうとしています。これは排出量を削減した企業が、その一部を「排出権」として他社に売却してお金を得るという取引です。排出量削減が難しい産業の場合は、お金を払って他社から排出量の削減分を買い取って、自社の排出量削減にカウントするのです。ここまでしないと、今の国際世論の高まりにこたえることができなくなってきているということです。

自動車メーカーは電動化に踏み切る

第2章の輸送・輸送用機器業界のところでも少し述べましたが、自動車メーカーの多くは電気自動車へのシフトを明言しています。欧州連合（EU）の欧州委員会が、2021年7月に、乗用車や小型商用車の新車によるCO2排出量を2035年までにゼロにするという規制案を発表するなど、ガソリンエンジンに対する規制が強まっていることが背景にあるのですが、ヨーロッパの自動車メーカーの多くは、ガソリンエンジンの新車発売を2035年より早めに終了するという目標を発表しています。

一方、日本では経済産業省が比較的保守的な態度をとってきました。2018年に有識者による自動車新時代戦略会議がまとめた内容によると、2030年には従来のエンジン車（ガソリン車、ディーゼル車）が市場全体の30~50%、残りの50~70%が次世代車という目標でした。しかし2021

年1月、菅義偉首相（当時）が施政方針演説で「2035年までに新車販売で電動車100%を実現する」と述べました。ただし、この場合の電動車にはハイブリッド車が含まれています（一方、欧州委員会の規制案ではハイブリッド車はエンジン車の側に分類されます）。

日本の場合、自動車及び自動車部品メーカーによる雇用が非常に多いため、エンジン車を完全禁止してしまうと、大量の失業者が出てしまうのではないかという危惧があります。日本最大の自動車メーカーであるトヨタも、エンジン車の販売終了の時期などに関しては一切明言していませんし、むしろ電気自動車以外の技術開発に対して熱心な発言をしています。

例えばトヨタは水素を用いた燃料電池車の開発に注力していることをアピールしていますし、経済産業省も水素エネルギーの普及に熱心です。こうした姿勢が影響しているせいか、日本での電気自動車の販売は伸び悩み、そのために給電ステーションの数も伸び悩むという現象が起きています。トヨタの場合は、電気自動車以外にも、大きな投資をする資金的な余裕があるので、多様な技術に資金を投じているのでしょうが、結果的に日本の電気自動車普及が遅れてしまう可能性があります。

アメリカはどうなっているのかというと、著名な起業家イーロン・マスク氏のテスラが電気自動車専門メーカーとして大躍進をしています。実は当初に電気自動車の開発で先行していたのは日本メーカーで、2010年に日産はリーフを376万円からという価格で発売し、2015年までに累計で20万台を販売しました。一方テスラは、2008年にロードスターというスポーツカーを98，000ドル（当時の為替レートで約1100万円）で発売し、その後の累計で300万台以上の電気自動車を販売しています。

日本メーカーは電気自動車を「エコ」な小型車として販売し、小型の割には高価格なので販売台数が増えませんでしたが、テスラは電気自動車の加速の良さを売りにして「高級スポーツカー」として高価な価格で発売して人気を集め、その後に500万円程度の普及版を投入して一気に販売台数を増やしました。

では中国はどうでしょうか。BYDという会社は1995年に深圳で創業し、中国一の電池メーカーとなったのちに、2003年からは自動車製造を開始し、2017年には電気自動車の販売台数で世界一になりました。この他にも多くの電気自動車メーカーが起業して販売台数を伸ばしています。

この背景には中国政府が電気自動車に多大な補助金を出していることがあります。中国政府としては環境対策を推し進めたいというよりは、自動車産業を一気に育成したいという意図があると思われます。エンジン車は機構的に複雑で製造が難しいので、日本や欧米のメーカーに追いつくことは困難でしたが、電気自動車であれば、どの国も同じ位置からのスタートですし、機構的に単純なので中国でも製造が容易なのです。

このように、欧州も米国も中国も電気自動車へのシフトが急速に進んでいるという状況なのです。

次世代自動車の技術

ここで、自動車の動く仕組みについて、ごく簡単な比較をしてみましょう（図3－4）。

まず、エンジン車は、ガソリンをタンクに入れ、それをエンジンで燃やして（エンジンの中で細かい爆発を何度も起こし、その勢いでピストンを動かして）その動力を用いて車輪を回します。

次に、トヨタが1997年に初代プリウスを発売して以来、世界で受け入れられてきたハイブリッド車（HV）です。

これはガソリンをタンクに入れ、それをエンジンで燃やしてその動力を用いて車輪を回すところまでは通常のエンジン車と同じですが、ブレーキを踏んで車を減速させるときに、車輪の回転を用いて発電をします。自転車のライトが車輪の回転エネルギーを使って発電するのと原理は似ています。

こうして発電した電気を蓄電池に充電し、その電気でモーターを回して車輪を回します。加速をしたい時はガソリンエンジン、低速でいい場合はモーターを用いて動かします。このためガソリンの消費量が少なくて済みますが、ガソリンなしで動かし続けることはできません。このため欧州の規制案ではHVはガソリンエンジン車扱いになっています。

三つ目はプラグインハイブリッド車（PHV）です。これもガソリンをタンクに入れ、それをエンジンで燃やすのですが、この動力で車輪を回すのではなく、発電をするのです。発電した電気は蓄電池に

図3-4 様々な自動車のエネルギー源

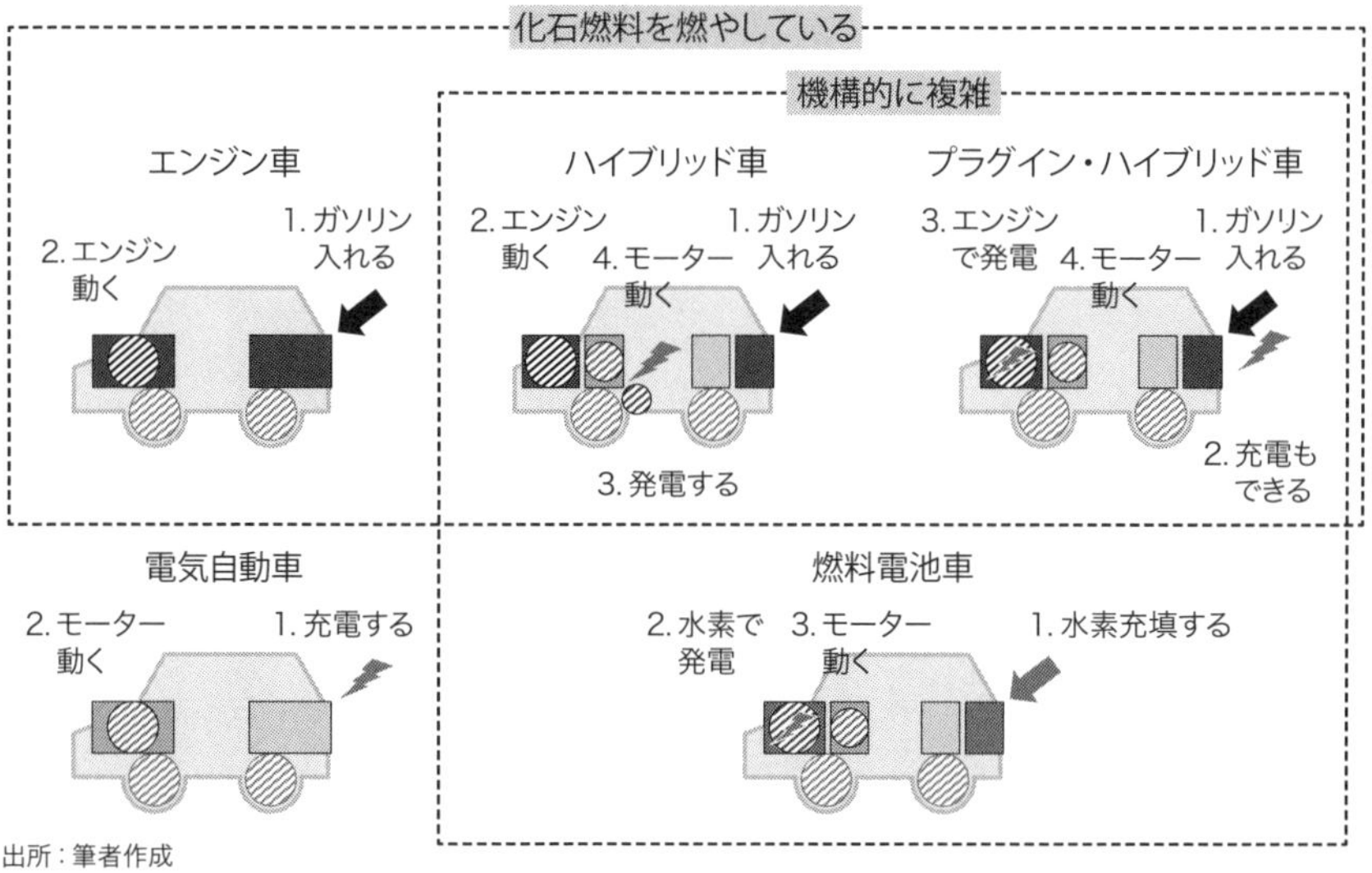

出所：筆者作成

充電し、その電気でモーターを回して車輪を回します。この車は外部から電気を給電して蓄電池に充電し、その電気でモーターを回して車輪を回すこともできます。なので、PHVはガソリンがなくても電気自動車として動かし続けることができますし、もし充電する設備がない時はガソリンを入れて発電することもできます。このPHVもガソリンで動くことができるので、欧州委員会の規制案ではガソリンエンジン車扱いです。

四つ目はバッテリー式の電気自動車（BEVまたはEV）です。これは外部から電気を給電して蓄電池に充電し、その電気でモーターを回して車輪を回すものです。モーターはエンジンよりも機構的に簡単なので中国メーカーでも高品質のものを作れますし、モーターはエンジンよりも加速が早いという特徴があるので、テスラのようにスポーツカーとして開発することもできます。

五つ目は燃料電池車です。これは外部から水素を充填して、その水素を使って発電し、発電した電気を蓄電池に充電して、その電気でモーターを回して車輪を回します。水素を使って発電するという仕組みはどうなっているのかと言うと、水素と酸素を化学的に反応させると電子が電極間を移動して発電するというものです。発電する際に二酸化炭素が発生しないのでカーボンフリーとされますが、従来の技術だと、その水素を生産する際に二酸化炭素が発生してしまっていました。

水素は地球上に多く存在する原子ではありますが、他の原子と結びつかないと安定できないので、水素のみ（H2）では自然界にはあまり存在していません。水素を製造する際の従来型の手法は、化石燃料の中にある、水素と炭素からできている物質を、水蒸気と化学反応させて、水素と一酸化炭素・二酸化炭素を発生させるものです。この方法だと二酸化炭素が発生してしまいます（そのため、この方法は最近ではグレー水素と呼ばれます）。このグレー水素から二酸化炭素を回収して貯蔵することで排出を実質ゼロとみなす方法も最近はあり、これはブルー水素と呼ばれます。

また、水を電気分解して水素と酸素を取り出す方法もあります。この方法だと、燃料電池車は、電気を使って水素を作り、その水素で発電して車を動かすということなので、一見すると無駄なことをしているように見えますが、太陽光発電や風力発電などで、作りすぎた電気があった場合にその電気を用いて水素を作っておけば、再生可能エネルギーを有効に使ったことになります。こうして作られた水素をグリーン水素と呼びます。

さらに六つ目には水素エンジン車というものがあります。水素は可燃性が高いので、エンジンで燃やして、その動力を用いて車輪を回すこともできます。水素を燃やしても二酸化炭素が発生しないので、水素がグリーン水素であればカーボンフリーです。

七つ目には、まだ実用化段階ではないものですが、合成燃料エンジン車というのがあります。合成燃料とは、二酸化炭素と水素を合成して製造されるもので、二酸化炭素は発電所や工場など、またはブルー水素の製造工程から回収したものを利用できます。水素は前述のグリーン水素またはブルー水素を利用します。これでできた燃料は、燃やすと二酸化炭素を排出してしまいますが、もともと発電所や工場で発生していたはずの二酸化炭素を回収してきたものなので、足し引きゼロでカーボンニュートラルだとみなせるとされています。

このほかにもまだまだ新技術は出てくるかもしれません。なにしろ技術の進化は予測しても当たらないものです。なので、ここではどの技術が有望だという判断はしないことにします。水素を製造し輸送し貯蔵するには、かなりのコストが今はかかっているのですが、技術が進歩することで低コスト化する可能性はあります。二酸化炭素を回収するといっても、まだ高コストですが、これも技術進歩によって低コスト化するかもしれません。そもそも二酸化炭素を低コストで回収可能なのであれば、火力発電をそのままできることにもなりますね。

いま一度、自動車のエネルギー技術をまとめてみてみると、ガソリンエンジン車も、HVも、PHVも、化石燃料を燃やすので、欧州委員会の規制案ではエンジン車扱いです。

また、エンジン車（ガソリン、水素、合成燃料）は、エンジン技術をベースにしているので機構的に複雑ですし、HVやPHVはさらに複雑です。燃料電池車も機構的にやや複雑ですし、水素や合成燃料を用いる車は、その燃料ステーションをどう増やしていくのかという課題もあります。

それに対して電気自動車は機構的に単純ですし、もし多くの自動車メーカーが生産を増加させるなら、それに合わせて給電ステーションも増加するでしょう（給電ステーションが街中になくても、自宅で充電できる人であればとりあえずは動かせます）。このような理由もあり、欧州も中国も、他の技術ではなく、電気自動車を後押ししようとしているのです。

4 再生可能エネルギーは実用可能なのか

太陽光発電は低コスト化している

温室効果ガスを減らすには発電方法を変えることが重要です。先ほど見た図3－3の下側を見ると、温室効果ガスの30％は電力（と、それとともに供給される熱）から来ています。これだけ大きな影響があるのですから、火力発電への風当たりが強まっているのもうなずけます。

では火力発電にとって代わるエネルギーはあるのでしょうか。

近年注目されているのが再生可能エネルギーと呼ばれている一連の技術です。太陽、風、河川、地熱、海流など、自然界にもともと存在している力を利用することができれば、これらはいくらでも供給され続けるものなので、「取り尽くす」ことはありません。

その中でも大きく注目されているのが太陽光発電です。太陽電池という技術は、光のエネルギーをシリコン系などの半導体に当てて、動きやすい電子を発生させ、それを一方向に集めて取り出すことで電気を起こすというものです。この原理は19世紀にはすでに発見されているものですが、近年の地球温暖化対策で脚光を浴びるようになりました。

太陽光パネルを使って大規模な設備を作ることは、メガソーラーなどと呼ばれています。これを建設して、発電した電気を電力会社に売ることで利益を得るというビジネスが、日本では2011年の福島第一原発事故以降に大きく増えました。

太陽光発電は、家庭用にも使われているので、見たことのある人も多いかもしれません。家庭で発電した電気を使えば、電力会社から買う電気の量を減らすことができますし、自家で利用するよりも多く発電した分があれば、それを電力会社に売ることも可能です。昼に余った電気でお湯を沸かしておいて夜に使うことで、電力会社やガス会社への支払いを減らすこともできます。

近年では蓄電技術も進歩してきたので、昼に余った電気をためておいて夜に自家用に使うこともできます。

太陽光発電のコストは、この10年で大きく低下しています。太陽電池のパネルを生産するコストが量産効果で低下してきたという理由も大きいですが、技術進化が起きて、面積当たりの発電量が向上しているという効果もあります。図3－5は、この10年間の事業用太陽光発電のコストの低下度合いを国別に見たものです。

発電コストは、1キロワットアワー当たり何円という単位で見ることが多いのですが、日本は2012年の35円から2021年には9・5円に下がっています。海外の主要国では2021年に4～8円に下がっています。主力の発電方法の一つである天然ガス火力発電のコストが、日本では10円程度なので、太陽光発電のコストはかなり実用的な水準にまで下がってきたと言えます。

図3-5 事業用太陽光発電コストの推移

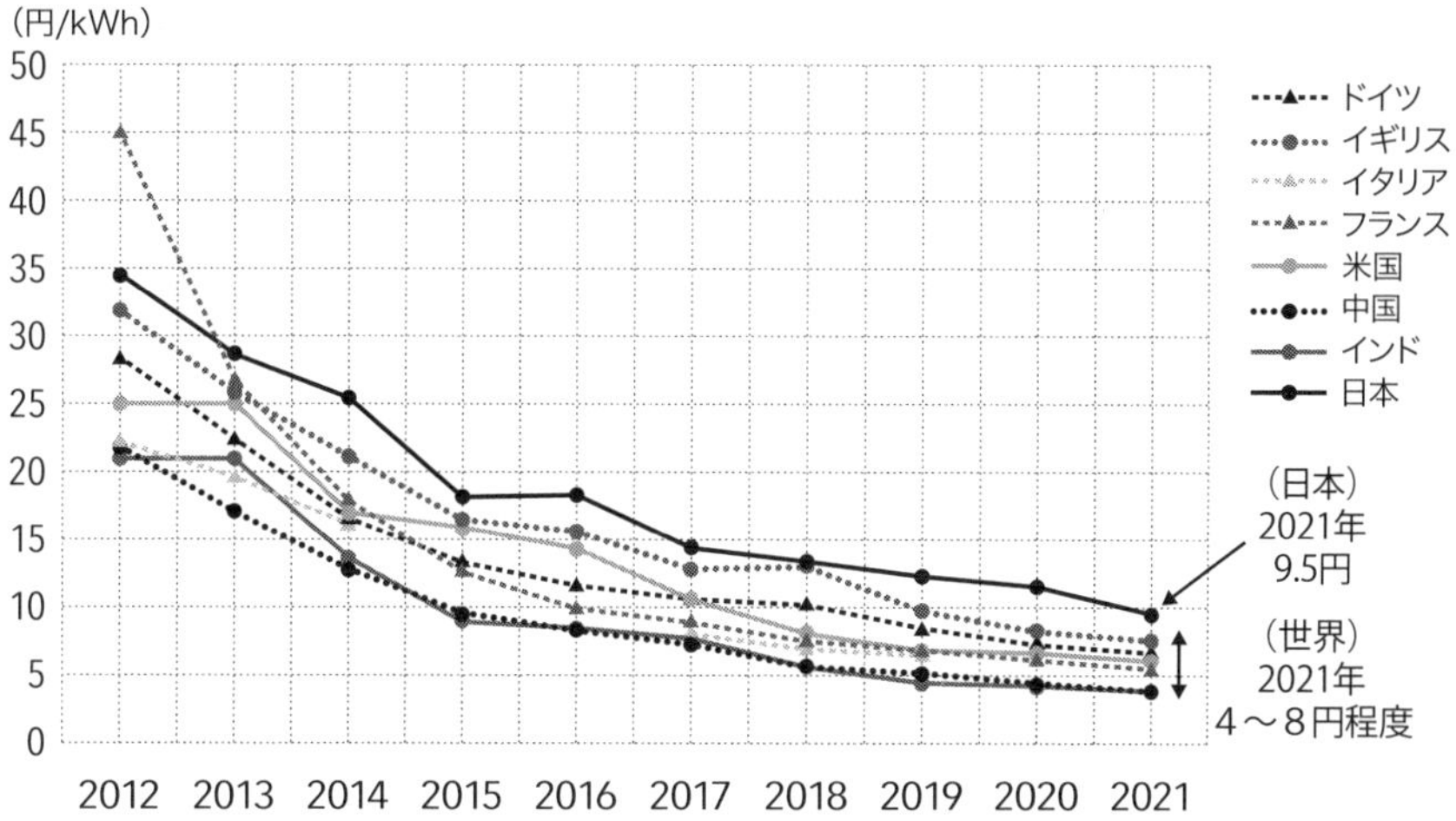

※IRENA「Renewable Power Generation Costs in 2021」より資源エネルギー庁作成。
出所：日経xTECH

太陽光発電の最大の弱点は、「夜は発電できない」ことです。こればかりは技術革新がいくら起きても克服できません。家庭用であれば、お湯を沸かすとか、蓄電するということも可能ですが、事業用の巨大な太陽光パネルの電気は、お湯を沸かしても使いきれないでしょうし、全部蓄電するとなると蓄電池のコストが莫大です。

なので、「昼は太陽光、夜は他の発電」という組み合わせを考えるというのが一つの方法です。夜だけ発電所を動かすとなると、火力発電所なら簡単ですが、それでは二酸化炭素の排出になってしまいます。風力発電は昼も夜も発電できるので夜だけというのはもったいないですし、原子力発電はいったん始めたら昼も夜も長時間続けないといけません。

次の策は、「昼に余った電気を他のエネル

ギーに変えておいて、夜にそれを使って再び発電する」というものです。余った電気でポンプを回し、川下の水をダムに汲み上げておき、夜になったらその水を使って水力発電をするという方法（揚水発電と呼ばれます）が、その例です。また、余った電気で水の電気分解をしておき、そこで得られた水素を夜までためておいて、夜に水素を使った燃料電池発電を行うということも考えられます。

今のところは、太陽光発電の割合がまだ少ないので、こうした問題は考えなくてもいいのですが、火力発電にとって代わる規模にまで太陽光発電を増やそうとするならば、夜の発電をどうするのかまで考えておかないといけません。そもそも、火力発電にとって代わるまで太陽光パネルを増やそうとなると、その土地があるのかという問題が先に起きます。そこで、ビルの壁面などに貼りつけられる太陽電池という技術が出てきています。

通常の太陽光パネルはシリコンという素材から作られるのですが、ペロブスカイトという素材から太陽電池を作ることも可能ということがわかり、これは壁面に塗ることで太陽光パネルになるということで注目されています。今の時点では劣化が早いのが欠点なのですが、耐久性が上がるような技術革新が起これば、次世代太陽電池として、ビル壁面に利用されるかもしれません。

過去の経緯　日本の太陽光発電はなぜ高コストだったのか

先ほどの説明で、2012年の太陽光発電のコストは1キロワットアワー当たり35円でした。なぜこんなに高かったのでしょう。これには東日本大震災の福島第一原発事故が影響しています。全国の原発が稼働停止してしまったために、太陽光発電を推進しようとして、政府が固定価格買取制度（ＦＩＴ）というものを推進したのです。

これは太陽光発電を行った事業者や家庭から、高めの価格で電力会社が電力を買うという制度で、これによって太陽光発電が普及するという読みでした。５０～２５０キロワットアワーの事業用の場合の買取価格は、２０１１年には1キロワットアワー当たり４０円で、この価格で２０年買取をするというものでした。また、家庭用ＦＩＴが２００９年に開始したときは、１キロワットアワー当たり４８円で、この価格で１０年買取をする（１０年経過後は7円になる）というものでした。

いいことのように思えますよね。しかし、何が起きたかというと、これだけ高く電気を売れるのだから、太陽光パネルの価格が高くても採算が合うわけで、そうなるとパネル業者が高いパネルを売り続けることができてしまいます。また、パネルを設置する工事業者も、高い工事料金を請求しても大丈夫（発電事業者の採算はそれでも合う）ということになります。なので、海外では量産効果で太陽光パネルの価格が下がり続けていたのに、日本ではパネル価格があまり下がらなかったのです。

さすがに問題があるということで、事業者向けのＦＩＴ価格は２０２０年に1キロワットアワー当たり１２円に引き下げられました。このこともあって日本での太陽光パネル価格はかなり低下してきました。

技術の課題

どのような再生可能エネルギーがあるのか

太陽光発電以外にも、様々な再生可能エネルギーがあります。どの技術が大化けするのかはまだわかりませんが、現時点で期待されているものをいくつか紹介します。普及に向けては、それぞれに課題があるのですが、その課題を解決するような技術の開発も進められています。

▼太陽熱

太陽光とは別に太陽熱にも可能性があります。これには、熱のままの利用と、発電としての利用があります。太陽熱利用として古くから普及しているのは、戸建住宅用の太陽熱温水器で、ホテル、病院、福祉施設など業務用建物でも使用されているものです。これは屋根に載せた器で水を温めるもので、風呂などのお湯を沸かす程度であれば、技術的な大きな問題はありません。その分の燃料（や化石燃料による電力）の利用が減れば、二酸化炭素排出の削減に寄与します。

もう一つは太陽熱発電です。大量の反射鏡により、水を満たしたチューブに太陽光を集め、その熱で水蒸気を発生させて、タービンを回して発電するというものです。広大な土地に１００万個の鏡を設置し、一般的な火力発電所の約３分の２の発電をする施設がすでに存在しています。太陽光と違って、熱はためておくことができるので、ためた熱で夜間に発電することも可能です。ただし太陽熱発電には広大な土地が必要で、設備も大掛かりなため、現状では高コストです。

▼風力発電

陸上風力発電はすでに低コストになっていますが、問題点も多く指摘されています。特に顕著なのは、住民からの反対が起こりやすいという点です。景観が破壊される、騒音が大きい、森林破壊や土砂災害が起こる、野鳥がぶつかるなどの理由で反対が起こり、実現に至らないケースも多いようです。

洋上風力発電であれば、このような問題は解決可能ですが、建設費が陸上風力発電の2・5倍以上かかると言われています。また、陸上・洋上ともに、強風過ぎると発電に支障が出るとされ、台風が頻発する場所では風車が破壊される恐れがあり、また落雷に合う危険性もあるので、発電に障害が起きることも想定しておかないといけないようです。

風力発電は、扇風機型のプロペラを回すスタイル（軸が地面に平行なので水平軸型と呼びます）が一般的ですが、プロペラには見えないものが地面と平行に回るスタイル（軸が地面と垂直なので垂直軸型と呼びます）の技術も最近はあります。この方式だと、景観問題も起きにくく、強風でも発電が可能とされています。ただし発電効率が現在のところ低いので、さらなる技術革新が必要になります。

▼地熱発電

火山国である日本では、地熱発電も可能性が期待されていますが、課題が多いようです。地熱資源の約8割が国立公園・特別地域内にあるので、そこを掘削して発電所を作るとなると、景観が破壊されるなどとして、住民からの反対が起こります。また、温泉業者からは温泉が枯渇するのではないかという反対を受けます。一般的に用いられているフラッシュ方式という地熱発電は、地下の高温の蒸気を直接利用してタービンを回して発電するのですが、地下の調査をしてみないと設備容量が確定しないという問題もあります。また、バイナリ式発電という、水よりも沸点の低いペンタンや代替フロンを二次媒体として使う方式もあります。既存の温泉で二次媒体を温めて発生した蒸気でタービンを回して発電するのです。これだと温泉業者からの反発（温泉が枯れてしまうと困るという反発）は少なくて済みます。

▼水力発電

大きなダムを作って水車で発電をするという大規模水力発電は、古くから利用されている再生可能エネルギーですが、さらにダムを増やそうとしても、日本では適地が少なくなっています。しかし、小水力発電はまだ設置できる可能性があるので注目されています。これは小川や渓流などの比較的小さな水流を用いて発電を行うもので、比較的低コストで高効率に発電が可能です。水の使用には利害関係が付きまとい、法的手続きも煩雑で面倒なのが難点ですが、規制緩和がされれば普及する可能性があります。

▼海のエネルギー

海洋国家である日本は、海のエネルギーの利用にも期待されています。潮流発電とは、黒潮など潮の流れを利用して、海流発電装置が海流エネルギーを用いてタービンを回転させ発電するものです。潮汐力発電とは、潮の満ち引きに伴う潮位差を利用するもので、潮位差が大きい湾や河口の入り口などにダムと水門を建設するものです。波力発電には様々な方式がありますが、海面の波の振動を空気の流れに変換して風車を回す方式などが海上のブイなどに今でも用いられています。

これらの再生可能エネルギーの他にも、まだ新規エネルギーの候補はあるのですが、それは第4章でまた紹介します。

地球温暖化以外の環境問題

5

公害問題は新興国ではまだ起きうる

地球温暖化以外にも、地球環境に対する課題は多くあります。いわゆる公害問題は、日本でも高度成長期の1970年代から対策が取り組まれてきました。この本の「はじめに」でも紹介した光化学スモッグも、そうした公害の一つです。当時の先進国は、大気汚染への対策として、自動車の排気ガスなどの規制を強め、自動車メーカーがそれに対応することで、有害物質の排出量が減るようになりました。

水質汚染への対策も進められました。1970年代は工場の排水に対する規制が緩かったために、工場から多くの有害物質が排出され、それが海の魚の体内に蓄積し、それを食べた人間が重篤な病気になるといった事例が多く発生してしまいました。これも規制が強化され、その後はそうした健康問題はあまり起こらなくなりました。

工場だけでなく、生活排水による河川の汚染も起こり、大都市近辺の河川からは川魚が姿を消し、洗剤の泡が立ち、異臭もするというような悲惨な状態でした。これに対しては下水道の整備が行われ、生活排水が垂れ流しされるのではなく、下水処理場に集められて浄化されてから河川に排出されるようになりました。その後、都市部の河川の水質汚染問題は解消に向かい、多くの河川で川魚が戻ってくるようになりました。

しかし、新興国では、このような問題が近年でも起こっています。工業化を優先するあまりに規制が後回しになり、下水処理などの設備の整備も間に合わないという状態になってしまうからです。中国のPM2・5問題は、日本にも影響が及んできたので話題になりましたが、これも工業化を優先した結果でした。他の新興国では、これからも同様な問題が起きていく可能性があります。先進国ですでに解決している問題ですから、新興国に技術を供与していけば、今後は防げる問題のはずです。

海洋ごみ問題はどうなる

スーパーやコンビニのレジ袋が有料化されたり、ファストフード店やコーヒー店のストローが紙製に変わったりしたのは、なぜでしょうか。それはマイクロプラスチックと呼ばれるものが、海中の魚の体内などにたまるという現象が報告されるようになり、それを防止しようという対策の一環で行われているからです。

何らかの理由で海中に流れ込んだプラスチックのごみが、波にもまれ、海底などを転がり、または紫外線に当てられるうちに細かく分解されて微小な粒になり、それを海中の魚が食べ、その魚を別の魚が食べ、しかしプラスチックは自然に分解されることはないので、魚の胃の中に残り続けるというのです。しかもマイクロプラスチックは海中の汚染物質を吸い寄せることがあるので、魚が汚染物質も食べてしまうことになります。

しかし、本当にレジ袋やストローがそんなに大量に海中に流れ出すものでしょうか。先進国では、多くのごみはきちんと回収され、焼却または埋め立てされているはずです。海水浴客が海辺に残したごみは海に流れてしまうでしょうが、それでこんな大問題になるのでしょうか。新興国ではまだごみの回収が不十分な国があり、人々が川にごみを捨てたりしていると思われますが、それが流れ着いたのでしょうか。

意図的に捨てたごみでないのであれば、レジ袋やストローで人々の意識を高めるだけでは防止できないということになります。自動車のタイヤが摩耗したときに摩耗粉が出るのですが、それが海に流れているのではないかという説などもあります。そうした流出の可能性のある資材を、プラスチックではない素材から作れるようになればいいのかもしれません。

水資源が不足するという問題

水資源の不足も深刻化しつつあります。日本は水に恵まれた国なので、ピンとこないことでしょう。しかし、砂漠の国もあるくらいですから、国によっては水が貴重ということもわかると思います。

図3-6 2025年の水資源の不足度予測

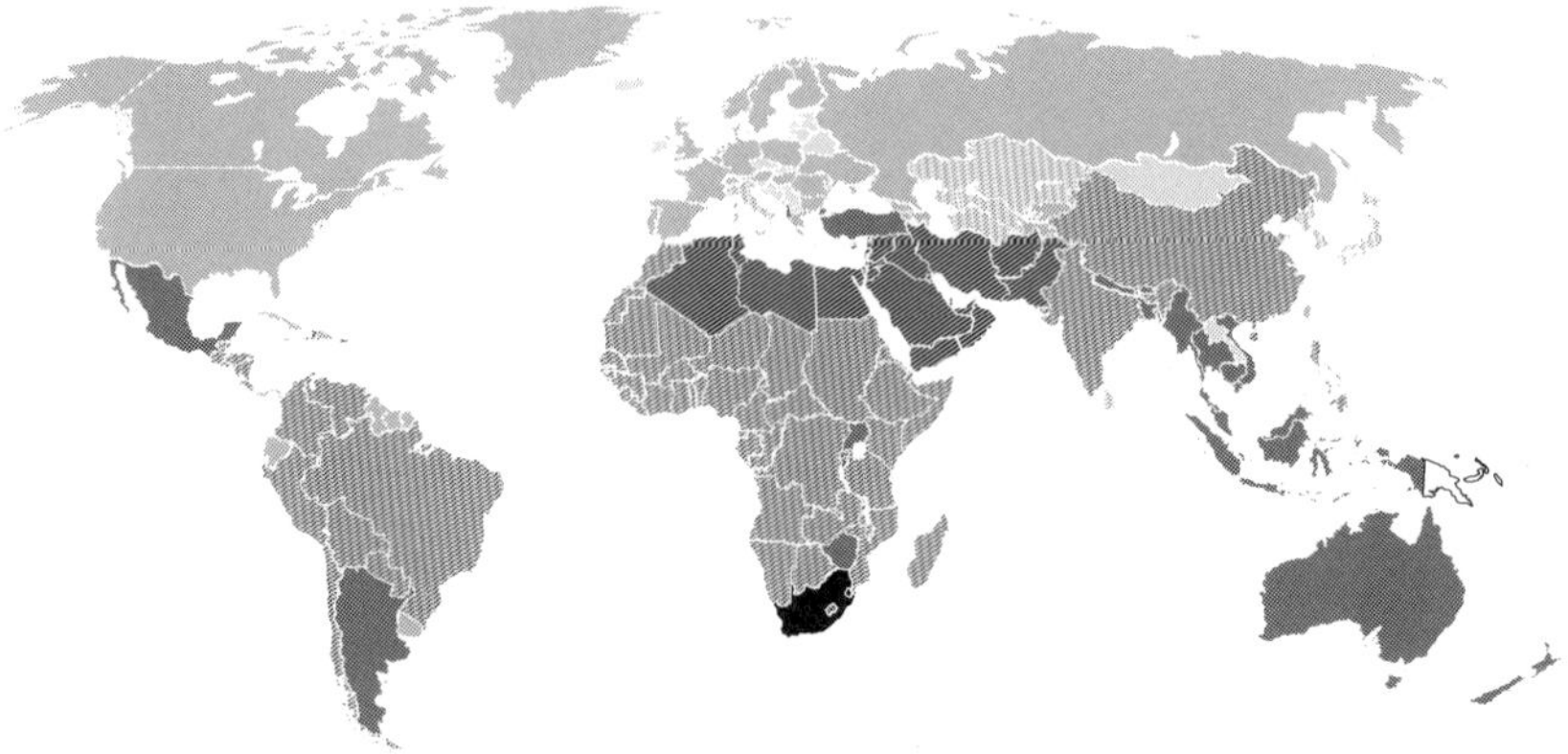

■ 物理的に水が不足　■ 水の希少化はほぼ起こらない　□ 推定対象外
■ 経済的に水が希少化　■ 地域により状況が異なる

※斜線部分は2025年に穀物消費の10%以上を輸入に依存する国

出所：国際水管理研究所

国際水管理研究所の調査によると、２０２５年までに、１８億人が水不足の地域で生活することになるとされています（図３－６）。

水不足の地域では、現在の一人当たり食糧生産量に必要な農業用水が不足してしまいます。そうした地域では住民の生活用水が優先されるので、水資源を農業用途に向けることが難しくなり、（農耕できる土地があるのに）食糧は輸入に依存するということになってしまいます。

この地図上で斜線になっている国は穀物消費の１０％以上を輸入に依存する国です（日本はその中に含まれています）。世界的な水不足で食糧生産が増えなくなった場合、食糧を自給できない国は食糧不足に陥る可能性があります。

こうした問題が起きないようにするには、多くの国で、水の供給を25％以上増加させないといけないとされています。新興国では、河川の水がうまく利用されていない国もまだあるので、浄水施設などを整備することで状況が改善することはあります。

また、井戸を掘れば水が出るという場合は、井戸を整備することも可能です（逆に掘りすぎて水不足になっている地域もあります）。海水を淡水化する技術や、下水を処理して再利用可能にするという技術はありますので、コストはかかりますが、そうした設備を増やしていくことも必要になります。

ビジネスチャンスについて考えよう

この本ではグローバルに大きな社会課題を紹介していますが、それを解決すれば大きなビジネスチャンスになります。ビジネスチャンスは起業家が独自に考えないといけません。同じアイディアに多くの起業家が群がってしまっては、同質的競争に陥り、誰も儲からないということになってしまいます。なので、この本ではビジネスチャンスを具体的に紹介するという形はとらないことにしますが、そのヒントは提示したいと思います。

地球温暖化という問題を解決するには、再生可能エネルギーに関する技術を開発することが何より重要です。多くの再生可能エネルギーは、長所もあれば短所もあり、そのために普及がなかなか進みにくいというのが問題です。であれば、その短所の側を解決する技術に着目すればいいということになります。

実際問題として、技術開発によるビジネスチャンスというものは、問題のありかがわかったとしても、技術に疎い人にとってはハードルが高いものです。逆に何かの技術に精通した人になれば、その技術で解決可能な問題を探すことができます。なので、大学進学前の人の場合は、どの分野の勉強をすれば将来のビジネスチャンスに恵まれそうか、という観点から進路を決めるという余地がまだあります。

大学で理系に進学した人の場合、自分の研究分野の周辺で、再生可能エネルギーの問題解決に使えそうなテーマはないか、と考えることもできます。技術系の企業に進んだ人の場合は、自社のどの技術を使えば、どの問題の解決につながりそうかと考えることができます。

例えば、地球温暖化関連では、以下のような論点を考えることができます。これらのどれかの解決につながる技術にかかわっている人であれば、ビジネスチャンスがつかめるかもしれません。

□太陽光パネルを街中に設置できるようにするにはどうしたらいいか
□太陽光で作った電気を低コストで「ためる」(別のエネルギーに転換することを含む)にはどうしたらいいか
□火力発電から排出される二酸化炭素を低コストで回収する方法はないのか
□自動車から排出される二酸化炭素を低コストで回収する方法はないのか
□そもそも大気中の二酸化炭素を回収すればよいのではないか
□自動車への給電を短時間で行う方法はないのか（充電済みの蓄電池を「乾電池のように」交換できないのか)
□風力発電や地熱発電で住民の反対を減らせる方法はないのか
□洋上の発電設備から陸上へのエネルギー運搬は、電線以外の方法もあるのではないか
□気候帯が変化してしまうのであれば、それに合わせた穀物の品種改良が可能なのではないか

文系の人はどうすればいいのか、と言われそうですが、法律系であればどういう規制を変えていけば問題解決に役立つのか、経営系であればどういうビジネスモデルにすれば資金を集めやすくなるか、などを考えることで貢献できるはずです。もしくは、地球温暖化や天然資源以外の社会課題の中に、技術寄りではないテーマが多くあるので、そちらの方に目を向けるという手もあります。

chapter 4

メガトレンド❷

有限な天然資源をどう活かすのか

1 石油はまだ枯渇しない

化石燃料への依存度を下げる必要性

今までの世界のエネルギー消費は、圧倒的に化石燃料（石炭・石油・天然ガス）が中心でした。第1章の図1－2でも見た通り、再生可能エネルギーの比率は、まだ微々たるもので、ほとんどが化石燃料です。では、エネルギー消費は今後どうなると想定できるのでしょうか。

世界人口が増えるということもあり、「今の勢い」のまま行くと、世界のエネルギー消費はまだ増えていくと予想されています。図4－1の上のグラフを見てみると、「今の勢い」の場合は、2040年くらいまで総消費が増加し、それ以降やっと減少に転じます。「今の勢い」というのは、現状程度の再生可能エネルギーへのシフトと、現状程度の省エネルギー努力の場合ということですが、それでは現状とあまり大きな変化はありません。

同じ図の下のグラフは、エネルギー消費の内訳ですが、「今の勢い」の場合だと、石油の消費も天然ガスの消費も（火力発電以外に、燃料として使われる分は）2019年とほぼ変わりません。ちなみに、

図4-1 世界のエネルギー消費予測（単位：エクサジュール）

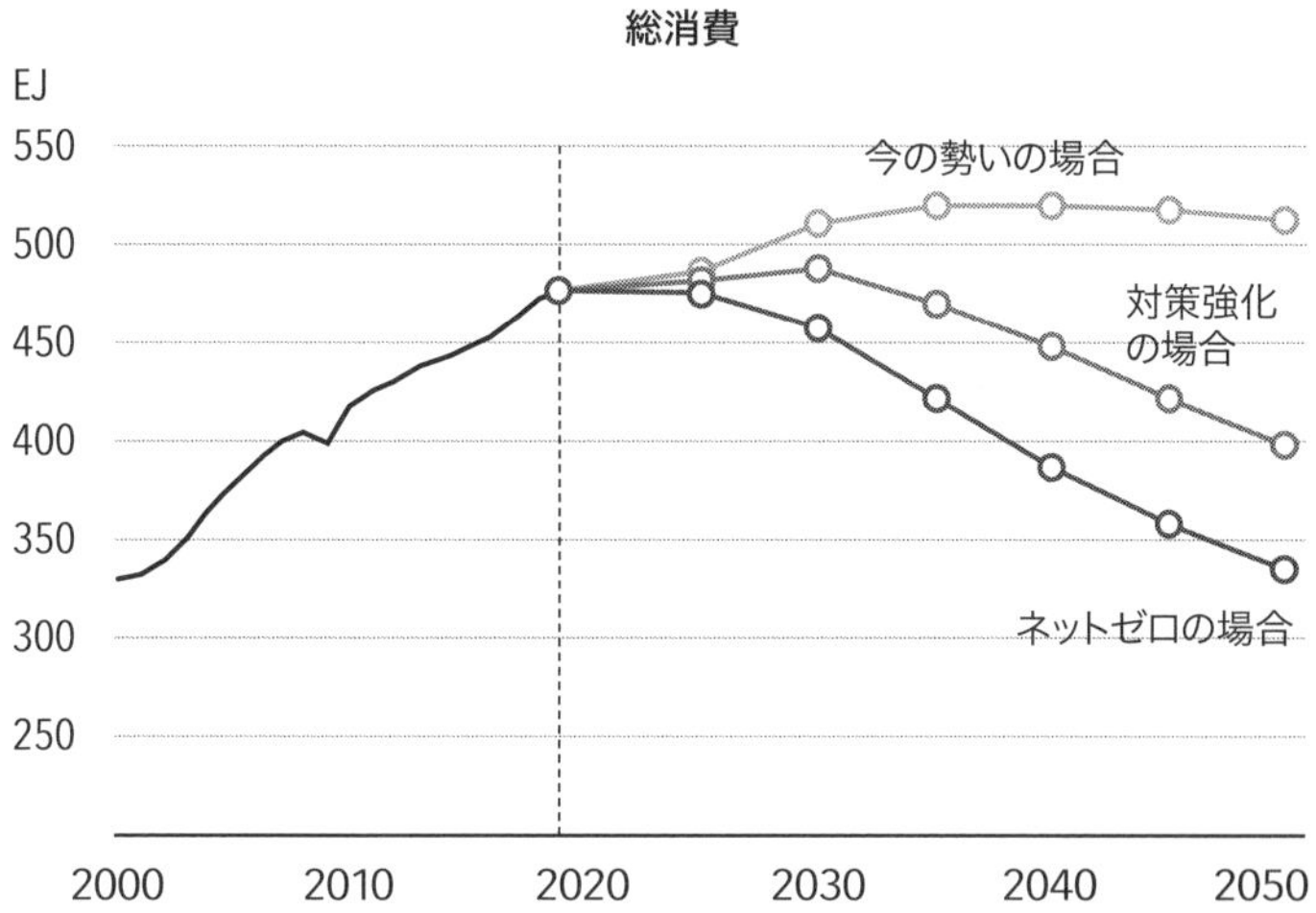

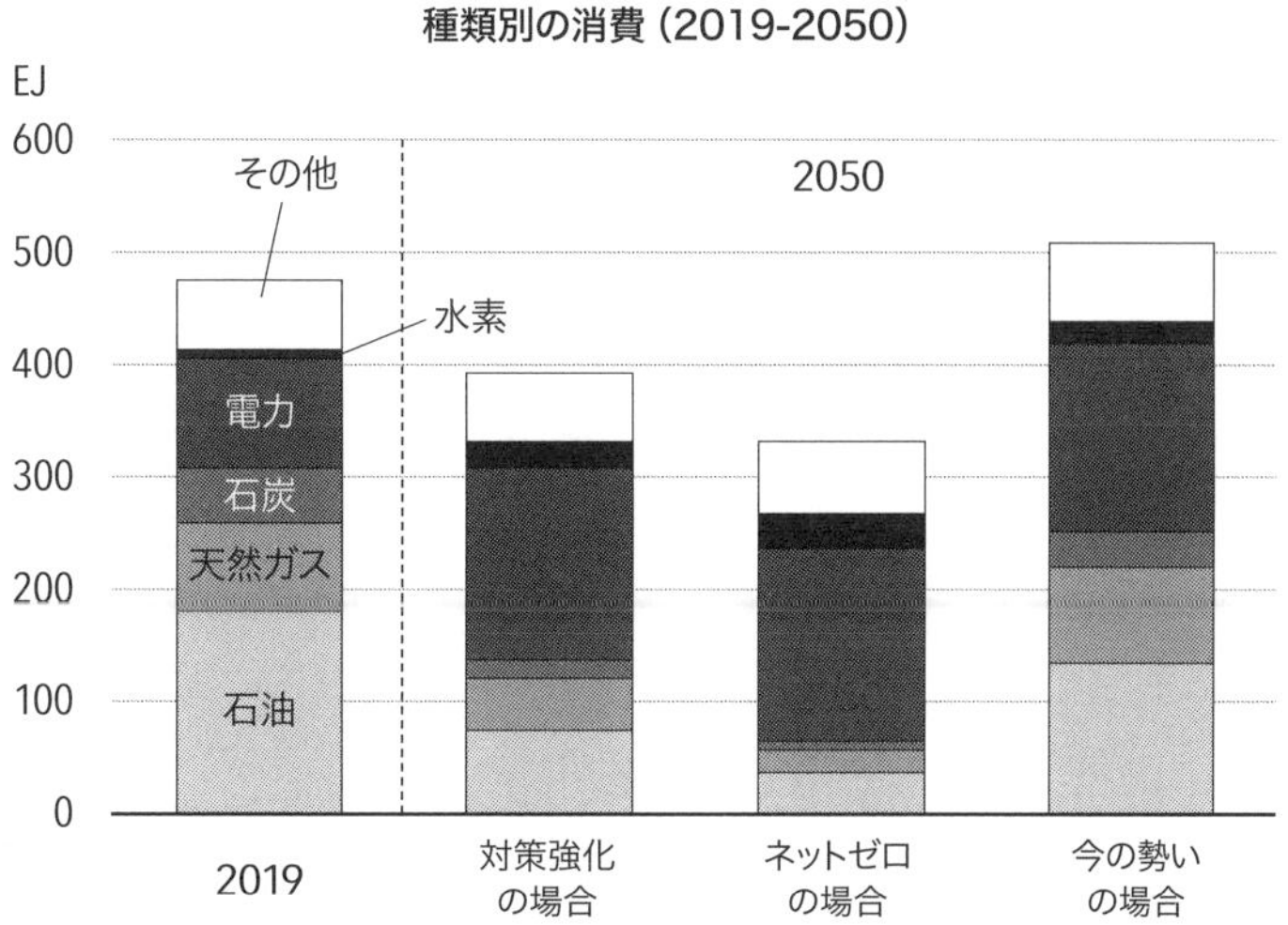

出典：BP Energy Outlook, 2023.

この図では「電力」というくくり方をしていて、この中に火力も原子力も再生可能エネルギーの発電も含まれています。

次に「対策強化の場合」を見てみると、エネルギーの総消費（上グラフ）は2030年をピークに減り始め、2050年には2010年レベルまで下がります。その内訳（下グラフ）は、石油と天然ガス（の燃料消費）が大きく減り、電力が倍増しています。電力の中の再生可能エネルギーの比率が高まっていることが想定できます。

そしてもう一つ、「ネットゼロの場合」を見てみましょう。二酸化炭素の排出量が吸収・回収量と同じになっているという状態を達成するには、どのようなエネルギー消費になっていなければならないかという意味ですが、エネルギー総消費（上グラフ）は今すぐに減り始めないといけなくて、2050年には2000年のレベルに下がっていなければいけません。

内訳（下グラフ）を見ると、石油と天然ガス（の燃料消費）が極端に少なくなることで、エネルギー総消費の減少を可能にしているというように見えます。つまり「ネットゼロ」という目標を達成するには、「既存エネルギーを新規エネルギーに入れ替える」だけでは無理で、「化石燃料の消費を極端に削減して「エネルギー総消費を大きく減らす」ことをしないといけないということになります。

技術の進化のスピードは予測できません。もし再生可能エネルギーが大きく進化していけば、「エネルギー総消費量は減らずに、化石燃料の分がそのまま再生可能エネルギーに置き換わる」という未来が実現する可能性があります。しかし、そううまくいかない未来もあり得ます。その場合は、ここの予測の通り、「エネルギー消費量を減らす」ことでないと「ネットゼロ」は実現しないことになるでしょう。

化石燃料の埋蔵量は、「非在来型」が大きい

一方、エネルギーの供給の方はどうなると想定できるでしょうか。「あと30年で石油は枯渇する」という1970年時点での予測は当たりませんでしたが、そうはいっても化石燃料は有限です。ではどのくらい残っているのでしょうか。

少し古いですが2013年時点での推定値を次のページの図4－2で見てみましょう。これは液体エネルギー資源（つまり石油に相当するもの）の採掘可能量と生産コストを推定したものです。横軸方向は採掘可能量、縦軸方向は生産コストです。

図中の各々の四角形の面積はコストの範囲を示しているのであって、面積が量を表しているわけではありませんので注意してください（量は横軸方向の長さで表しています）。

この図の一番左の四角形は、生産済みの在来型石油です。人類がすでに生産した石油は約1・2兆バレルという量で、1バレル当たりの生産コストは5から30ドル程度だったということです。

その隣の四角形は中東地域に存在している在来型石油です。今までの生産量とほぼ同じ約1・2兆バレルがまだ採掘可能で、その生産コストは1バレル当たり10から25ドル程度です。今までのざっと

図4-2 液体エネルギー資源の生産コスト比較

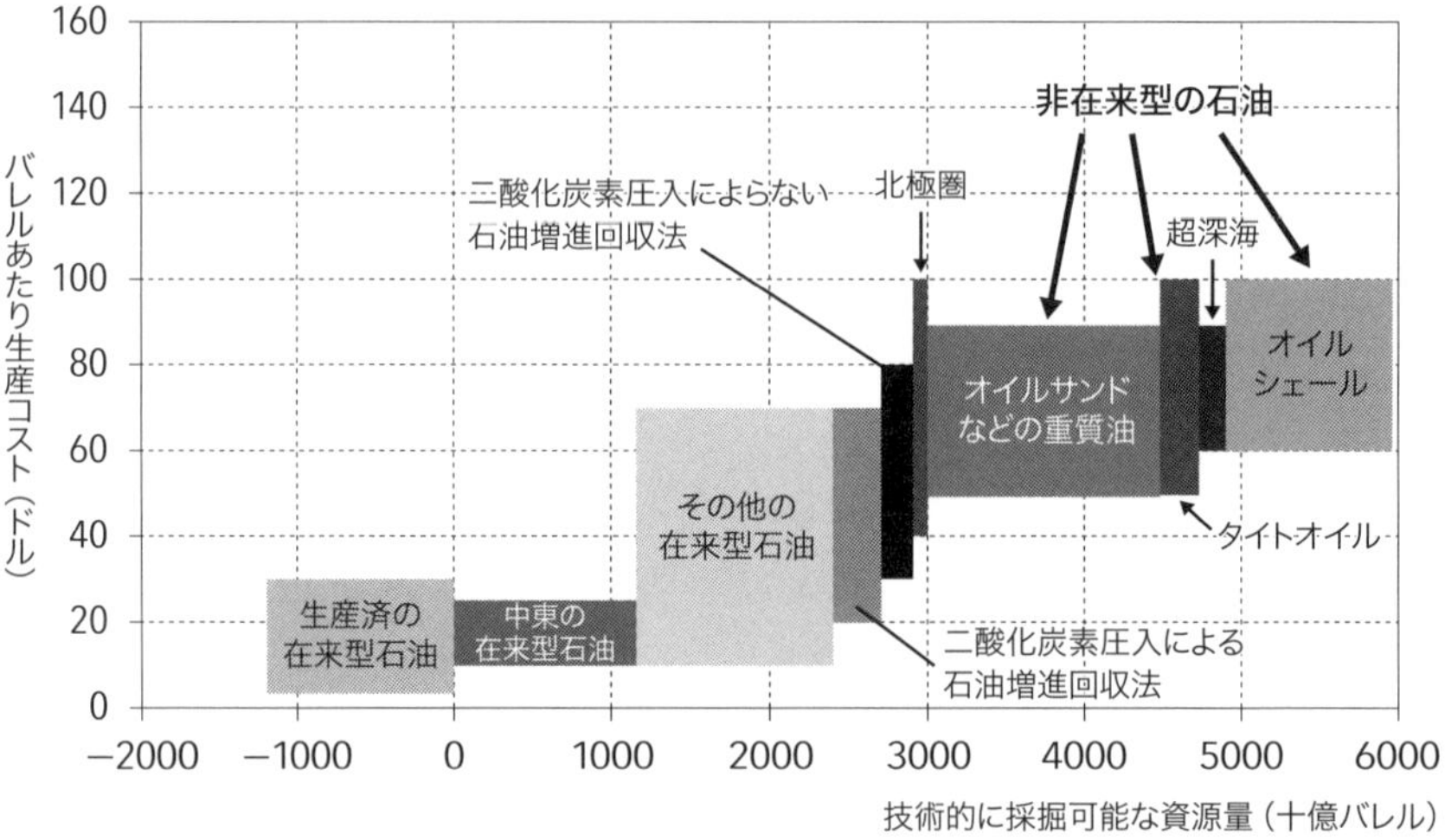

出所：Production cost curve for oil, Resources to Reserves 2013, International Energy Agency.

100年分の生産量と同じくらい、中東にまだあるわけですから、(将来の年間生産量が過去100年と比較して倍になったとしても）50年くらいは生産可能と見ることができます。

その隣にある四角形は、中東以外の地域にある在来型石油で、これもまた約1・2兆バレルあります。つまりもう50年分くらいありそうです。ただし生産コストには幅があり、安く掘れる地域も、掘りにくい場所でコストが高くつく地域もあります。

そのまた隣には「石油増進回収法」というものが書いてあります。これは、従来型技術では掘れなかった分をさらに掘り上げようという新技術のことです。コストは高くなりますが、既存の油田から、もう少し量を掘れるということです。さらに隣には北極圏の在来型石油もあります。

そのさらに隣からは、「非在来型」の石油資源が並びます。オイルサンド、タイトオイル、オイルシェールなどです。ここまで含めると、横軸方向の今後の合計は6兆バレルになり、今までの生産量の5倍ということになります。（今後の年間生産量が過去の倍だとして）250年分くらいありそうということになります。ただし、コストは非常に高くなっています（もちろん、技術革新が起こればコストは下がっていきます）。

つまり、石油の枯渇は当分起こりそうもないということです。ちなみに、この表は液体資源の分析であって、このほかに固体（石炭）や気体（天然ガス）もあります。天然ガスに関しては、「非在来型」の燃料が多く存在していることがすでにわかっています。

つまり「非在来型」も含めれば、まだ数世紀もの間は化石燃料が生産できるのです。その数世紀の間には大きな技術革新が起きているはずで、それ以降は化石燃料なしに（再生可能エネルギーのみで）全人類が暮らしていけることでしょう。問題は、「非在来型」の化石燃料を本当に安く掘れるようになるのか、ということです。

シェール革命が起きた

そんな中、2010年頃から「シェール革命」が起こり、化石燃料のビジネスが大きく変化しました。「非在来型」の天然ガスの一つであるシェールガスがアメリカ国内に大量に存在していることがわかり、

図4-3 非在来型化石燃料の存在する場所

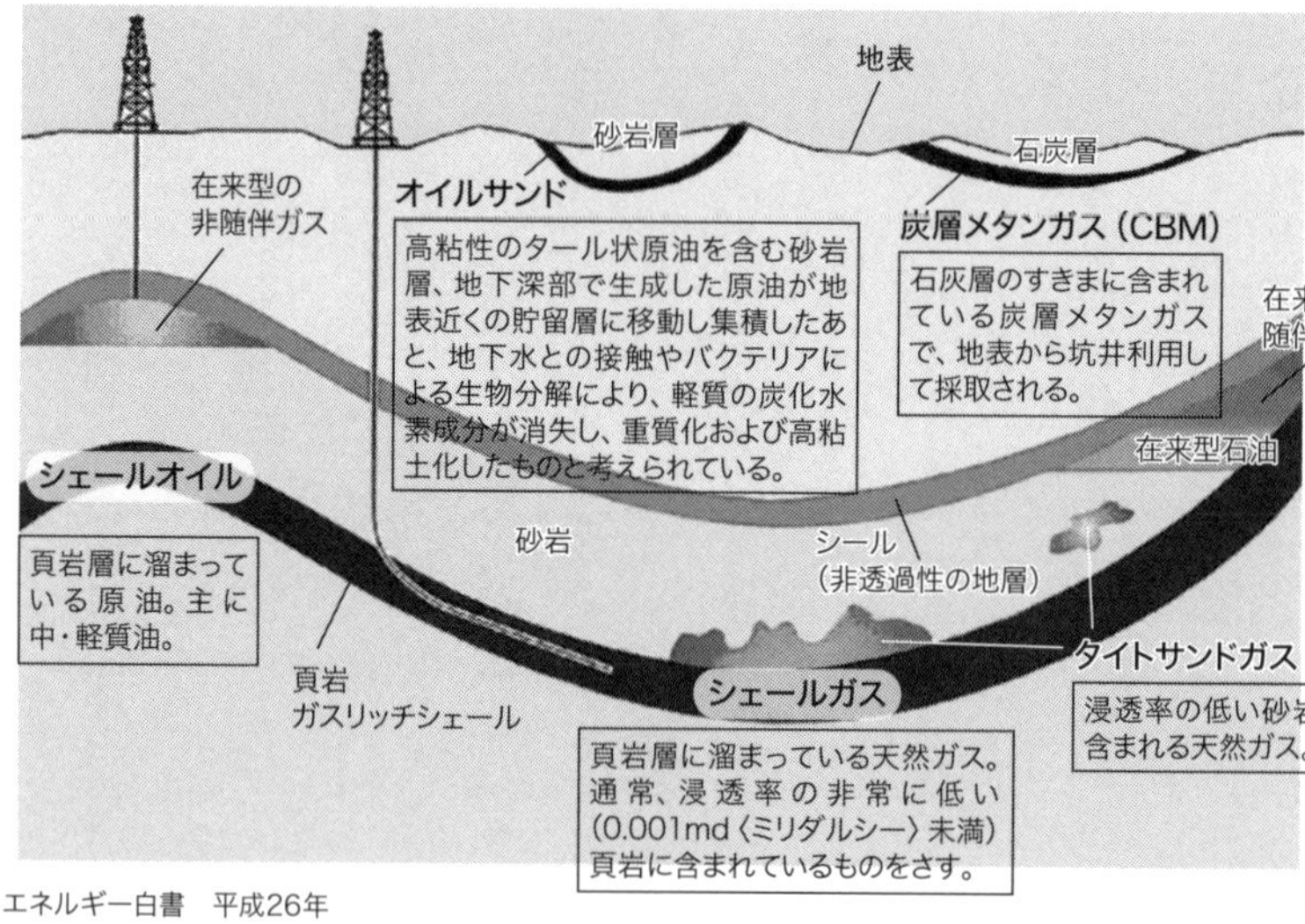

地表
砂岩層
石炭層
在来型の
非随伴ガス
オイルサンド
高粘性のタール状原油を含む砂岩層、地下深部で生成した原油が地表近くの貯留層に移動し集積したあと、地下水との接触やバクテリアによる生物分解により、軽質の炭化水素成分が消失し、重質化および高粘土化したものと考えられている。
炭層メタンガス（CBM）
石灰層のすきまに含まれている炭層メタンガスで、地表から坑井利用して採取される。
在来型の
随伴ガス
在来型石油
シェールオイル
頁岩層に溜まっている原油。主に中・軽質油。
砂岩
シール
（非透過性の地層）
タイトサンドガス
浸透率の低い砂岩に含まれる天然ガス。
頁岩
ガスリッチシェール
シェールガス
頁岩層に溜まっている天然ガス。通常、浸透率の非常に低い（0.001md〈ミリダルシー〉未満）頁岩に含まれているものをさす。

出所：エネルギー白書　平成26年

しかも新たな掘削技術（水圧破砕法）が開発され、比較的低コストで採掘できるようになったのです。「非在来型」の化石燃料とは、地層の中の違う場所に存在しているものを指しています。

図４－３で、右の方に在来型石油があり、そのすぐ上に随伴ガス（石油のすぐそばにある天然ガスのこと）があります。左の方には非随伴ガス（石油とは別に存在している天然ガス）があります。これらは在来型の資源ですが、それとは違う地層に、タイトサンドガス、シェールガス、シェールオイルなどがあります。

シェールガスというのは、頁岩（けつがん）という地層の中にあるガスのことですが、在来型の天然ガスが地下に穴を掘ると自然に噴出するのと違い、簡単には採掘できませんでした。しかし「水圧破砕法」（フラッキング）

という、超高圧の水を注入して亀裂を生じさせ、ガスを取り出すという手法が開発され、シェールガスを比較的低コストで掘ることができるようになりました。

シェールガスは、北米、南米や中国に多く存在していることが知られています。中国のシェールガス層は、アメリカより深く、かつ湾曲した地層に埋蔵されているので、高度な技術が必要であり、まだあまり採掘されていません。アメリカ国内では採掘しやすいところに多く埋蔵されているために、急速に開発が進められました。

シェールガスは多数の短命な井戸から産出されるという特徴があります。生産設備も比較的小規模で、掘り始めた最初の1年で推定埋蔵量の3分の1が産出され、5年ほどで次の3分の1が産出されます。在来型の天然ガスの場合は、大規模設備を要して大量の埋蔵量を長期間で採掘するのとは対照的です。このため2010年代のアメリカでは、多数の小規模な地場企業が一攫千金とばかりにシェールガスの採掘を始めました。

アメリカは世界最大の石油輸入国だったのですが、このシェール革命のおかげで最大の天然ガス産出国になり、石油を輸入に頼らなくてもよくなりました。このおかげで世界の原油価格は大きく低下しました。指標となるニューヨーク原油先物取引価格（WTI）はピーク時の2008年7月には1バレル145ドルだったのですが、2015年には40ドルを割るレベルにまで低下しました（その後は再び上昇しましたが）。

原油価格は基本的には需要と供給のバランスで決まるので、好景気だと上昇、不景気だと下落となります。ただし、産油国（ＯＰＥＣ：石油輸出国機構の加盟国）が申し合わせて減産をすることで価格の上昇を誘導することも多くありました。２０１０年代には、米国のシェールガスが安価で供給されるようになったため、ＯＰＥＣの価格統制が効きにくくなり、原油価格は低下したのです。

世界は、これまで石油産出の多くを中東に依存していたのですが、中東は宗教的な複雑性もあり、２０世紀後半にも戦争が何度も起きてきた場所でした。しかし、アメリカが石油の輸入を減らすほどのエネルギー産出国になったため、資源の供給が安定すると期待できるようになったのです。

シェールガスのほかにも、シェールオイル（頁岩層にたまっている原油）、タイトサンドガス（砂岩に含まれる天然ガス）、炭層メタンガス（石炭層の隙間に含まれているメタンガス）、オイルサンド（高粘度のタール状原油を含む砂岩層）などの存在が確認されています。これらに関しても採掘技術が開発されれば、まだ採掘することが可能です。

いいことずくめのように思えますよね。しかし、ここで問題なのは、「シェールガスも化石燃料」ということです。天然ガスの二酸化炭素排出は石炭や石油よりは少ないというものの、化石燃料なので、シェールガスも二酸化炭素の排出量が多いのです。

アメリカでは機関投資家（保険や年金の資金を運用する金融機関）が、地球環境問題に配慮しない企業には投資しない（さらには過去に投資した資金を引き揚げる）という方針を打ち出すようになってきたので、シェールガス採掘業者は資金調達ができなくなり、新規のガス田開発が進まなくなってしまいました。

こうした事情でアメリカのシェールガス開発が停滞したところに、2022年以降のウクライナ問題でロシア産の天然ガスの西側への供給が減少し、そこにOPECが石油の協調減産を行うようになったため、石油価格は上昇し、原油価格WTIは（2020年に20ドルにまで低下していたのですが）、一時100ドルを突破するレベルにまで上昇しました。

再生可能エネルギーの利用が増えていけば、石油や天然ガスを燃料として使うことは今後減っていく方向ですが、プラスチック材料としての需要はまだ残るので、こうした非在来型の化石燃料の技術革新も必要とされています。

日本のエネルギーはどうなるのか

2

シェール革命の日本への恩恵は少なかった

ご存知の通り、日本は石油がほとんど出ません。これは地形的に見て仕方のないことです。日本の太平洋側には深いミゾ（海溝）があって、太平洋側のプレートがそこから地下深くに潜り込もうとしています。このプレートの潜り込みの際に、噴火や地震が起きるわけです。一方、石油の埋蔵量の多い中東や、シェールガス埋蔵量の多いアメリカなどは、こうしたプレートの移動がない安定的な地盤であり、そうした地形の場所に化石燃料が多く埋蔵されているのです。

このため、日本は石油も天然ガスも石炭も、ほとんどを輸入に頼っています。石油や石炭は船で運ぶことができるのですが、気体である天然ガスは船で運ぶのが難しいという問題があります。ではどうするのかというと、マイナス１６２度にまで冷却して液化させるのです。これを液化天然ガス（ＬＮＧ）と呼びます。液化すると体積が約６００分の１になるので、輸送しやすくなります。輸送後は気化器という、海水のシャワーを浴びせる機械にかけて、温度を上げて気体に戻すのです。

一方、気体のままで運ぶ方法はパイプラインと呼ばれます。ウクライナ問題で有名になりましたが、ロシアの天然ガスはパイプラインでドイツなどの西側に供給されていました。地続きであればこのような輸送が容易なのですが、日本はそうはいかず、液化と気化というプロセス（およびコスト）をかけないといけないのです。

このため、アメリカでシェール革命が起きても、日本には直接的なメリットはありませんでした。アメリカの場合、海外からガスを液化・気化して輸入するよりは、自国のガスを気体のままパイプラインで輸送できるので、在来型のガスよりもトータルのコスト（採掘のコストと輸送のコストの合計）が安くなるメリットがあるのですが、日本の場合はそうではありません。シェールガスの採掘が比較的低コストになったとはいっても、在来型の天然ガスより価格が安くなったわけではないのです。

それでも間接的にはメリットがありました。アメリカが自国のエネルギー消費を自国のシェールガスでかなりまかなえるようになったので、石油を輸入しなくて済むようになり、その分、世界の原油価格が低下したからです。ただし、２０２０年以降に原油価格が上がってしまったので、このメリットも減ってしまいました。

原子力発電は止まってしまった

日本は石油を輸入に頼っていて、しかもその石油は３０年で枯渇すると１９７０年に予測され、さらには石油ショック（中東の戦争による石油価格の高騰）が1973年に起こりました。その1970年代、石油に依存できないと考えた日本が頼ったのが原子力発電でした。

それ以降、原発を推進するために、政府は原発の発電コストが安いという説明をしてきました。実際、原発を建設して運用するコストを、発電した量で割れば、火力発電よりも低コストでした。

しかし、原発にも寿命があるわけで、寿命が来た原子炉を廃炉することが必要になるのですが、その際には放射性物質を処理するために多大な費用と期間がかかります。また、原子炉の燃料となるウランは使用後に再処理という工程を経るのですが、日本ではその技術が今もまだ実現していません。再処理後には50年程度中間貯蔵をして温度を下げてから地層処分（深い地下に埋める）を行うことになるのですが、日本ではその場所は今も決まっていません。

つまり、使用済み燃料の処分にどの程度の費用がかかるのか、まだわかっていないというのが実情です。原発のコストが安いという説明には、こうした処理費用は含まれていません。

また、原発を推進するために政府は、原発は絶対安心というような説明を繰り返ししてきました。しかし、2011年の東日本大震災では、起きた津波が福島第一原発を襲い、冷却用装置の電源が喪失して核燃料が溶け、発生した水素が建物の上部にたまり水素爆発が起きてしまいました。

この事故により、政府が推進してきた原発政策は停止してしまいました。低コストという説明は正しくないということが広く知られ、さらに福島第一原発の廃炉コストという、何年かかるかもまだわからないコストが乗ることになり、「安全神話」も嘘だったということになり、国民の不信を買うことになったのです。

このため、残念なことに、何を言っても国民の不信を解消することはできなくなってしまったせいか、問題の本質に触れずに先送りするような対応が10年以上続きました。この結果、日本ではエネルギー政策全体の議論も十分にできなくなりました。

事故を起こした福島第一原発はもちろん稼働できなくなりましたが、日本中の原発の稼働が止められ、安全が確認されない限り再稼働できないということになったのです。再稼働に際しては、「大事故が起こった場合は運転再開について地元自治体と協議する」という協定が県などと結ばれていた場合が多いので、立地する自治体の知事が同意しないといけません。

実際のところ2023年4月で見ると、日本にあった発電用の原発57基のうち、24基はすでに老朽化などで廃止されていますが、残った33基のうち再稼働の同意が得られたのは10基、そのうち4月に稼働していたのは8基のみでした。

原子力発電は再開するのか

2011年の福島第一原発の事故があまりにも衝撃的だったため、「原発に頼るのはもう無理ではないか」という雰囲気が日本中に広がりました。原発は事故前の2010年には日本の電力の29%を供給する主要な電源だったのですが、2019年には6%にまで低下しました。

多くの原発は安全の確認に時間を要し、地元の知事も再稼働に慎重な姿勢を崩さないという状況が続きました。その間に日本では、老朽化して使用停止していたはずの火力発電所を次々と稼働させて発電量をどうにかカバーするようになり、２０１０年に６２％だった火力発電の比率は、２０１９年に７６％に上昇しました。二酸化炭素の排出量を削減しないといけないにもかかわらず、むしろ増えてしまったのです。

地球環境のことを考えると、今ある原発を再稼働させた方が二酸化炭素の排出量がないので、再稼働することにはメリットがあります。経済的に考えても、日本には「燃料代」を支払済みのウラン在庫がかなりあるので、原発を再稼働させた方が、その分の化石燃料を買わずに済むのでメリットはあります（燃料処理や廃炉のコストは、再稼働しなくても、どのみちかかるものです）。

さらには、原発の「危険さ」は、稼働停止すればゼロになるわけではありません。燃料棒は原発敷地内にあるのですから、万一その冷却に使われている水がなくなるなどの事故が起きたら危険な状態になります。これは再稼働しても、しなくても同じことです。しかし、そう言ってしまうと、さらに住民の反発を招くことは明白ですから、政府の誰もそういうことは言い出しません（なので再稼働が前進していないのです）。

このように、なかなか前進していないものの、再稼働にはメリットがあるため、「原発をあきらめる」とは政府は言い出しません。とはいえ、日本の原発の多くは１９７０年代に建設されたものですから、すでに５０年が経過したものも多くあります。原発事故後の２０１２年には原子炉等規制法が改正され、原発は認可を受けた日から40年後までに運転を終えるのが原則とされました（ただし、40年経過した時点で安全性が確保されれば一度に限り20年の運転延長が認められます）。2000年以降に建設された原発は日本には4基しかないので、ほとんどの原発は、2040年には稼働開始後40年を経過してしまいます。

地球温暖化対策の方針を明確にするためには、将来の電源構成（火力発電、原子力発電、太陽光発電などの比率）をどうするのかという目標を定める必要があるのですが、10年以上も議論を停止してきたので、日本の政府はこれを明示することができませんでした。

2020年12月の総合資源エネルギー調査会分科会の資料によると、2030年の電源構成における目標値における原発比率は20～22％と、2019年の6％よりも増えています。

しかし、2050年の目標においては、火力（化石燃料）と原子力の合計が40％という示し方になっており、原子力がどの程度あるのかは示されていません（全ての既存の原発が2050年には40年を超えているので、原発がゼロになっている可能性があるからです）。

つまり、原発をやめるとも増やすとも方針を示せない状態だったのです。

2022年9月の第50回基本政策分科会で示された試算によると、原発17基稼働、60年使用という前提をおいた場合でも、原発依存度は2040年にほぼゼロになります（図4－4）。

図4-4 日本の電源構成予測（原発17基稼働、60年使用の場合）

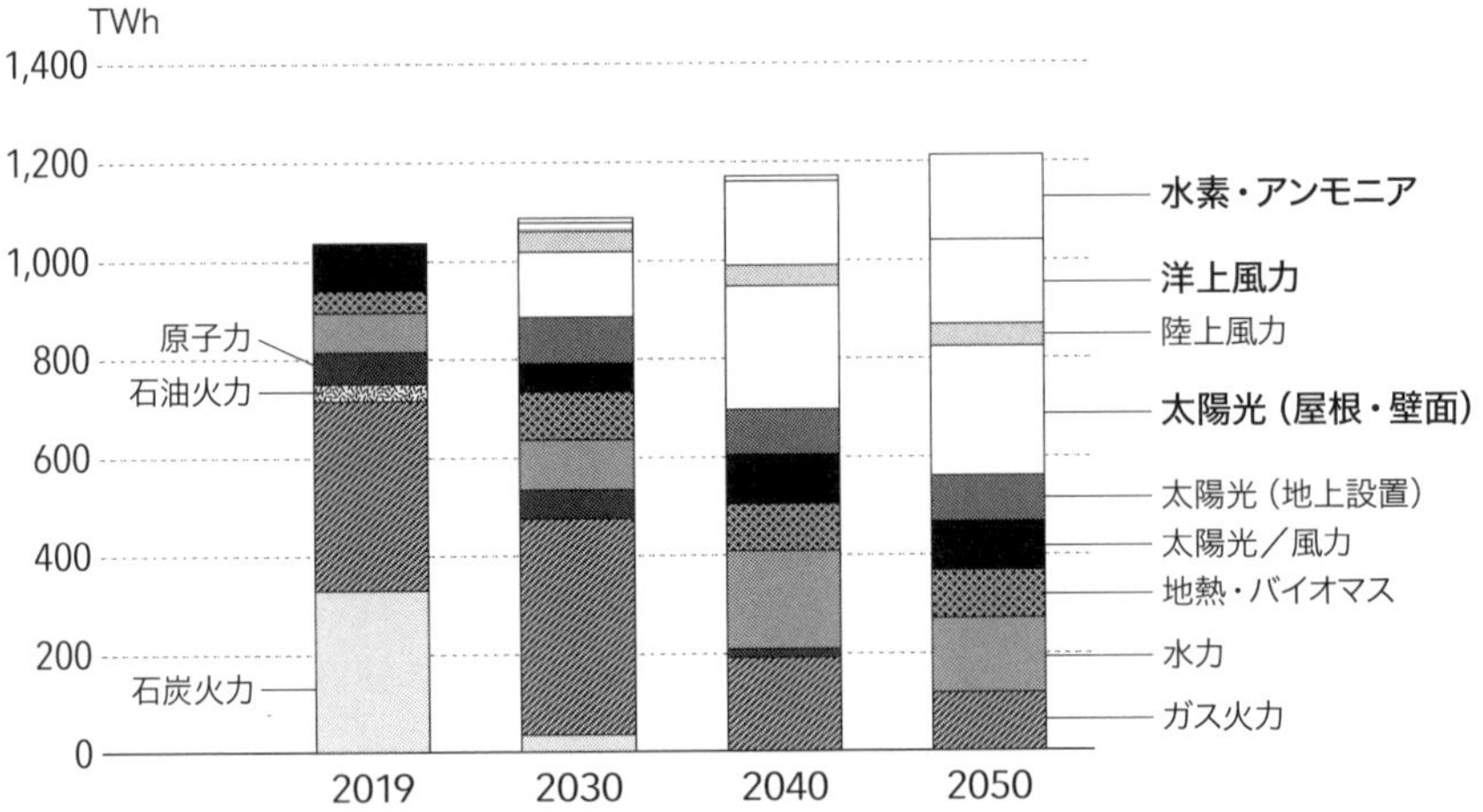

出所：2030年・2050年の脱炭素化に向けたモデル試算　令和4年9月28日　第50回基本政策分科会　資源エネルギー庁

ではその後の２０５０年にどうなると予測されているのかというと、水素・アンモニア、洋上風力、太陽光（のうち、屋根・壁面に設置したもの）という、今まで実用化されていないエネルギーが半分近くを占めるという、かなり楽観的な未来が示されています。図４－４の棒グラフの白い部分は、こうした不確かな技術の比率を示してします。「原発がなくても大丈夫ですよ」という意味なのか、「原発がないと、相当な技術進化が起きない限りとても大変ですよ」という意味なのか、このグラフを見ると複雑な気分になりますよね。

そしてついに、岸田首相は２０２２年８月２４日、ＧＸ実行会議で、既存原発の最大限の活用や、次世代原発の開発・建設などの検討を指示しました。１０年以上も沈黙を保っていた政府が、ようやく原発の再稼働と新設に向けて動き出そうとしたのかもしれません。

技術の課題　次世代の原発と核融合

アメリカなどでは、次世代の原発として、小型モジュール炉（SMR）の開発が進められています。従来型の軽水炉と呼ばれる原発は1基当たりの出力が100万キロワット以上と大規模なのですが、次世代の小型炉は数万〜数十万キロワットと、小さいことが特徴です。小さくすることで、従来型よりも「格段に安全」になると言われています。

どういうことかと言うと、従来型は、大きいために現場に部品を運び込んで組み立てるので、工事が複雑になり、その分ミスなどが起こる可能性があります。一方の小型炉は主要機器を事前に工場で製造しておいて、それを現地で据え付けるだけなので、現地の工事が不要になります。つまり工場でちゃんと検査をしておけばミスもなく安全になるという主張です。

また、小型なので冷却しやすいという特徴があり、その分事故を未然に防ぐことができます（福島第一原発の場合は、冷却装置の電源が使えなくなって燃料棒が過熱したことが理由で、爆発事故が起きました）。

また、このSMRはコストも安いとされています。従来型原発は建設費が1兆円を超えるのですが、SMRは数分の一で済む可能性があると言われます。アメリカで2007年に創業したニュースケール・パワーは、アメリカ各地で建設計画を進めていて、2020年8月には初めて設計承認を取得しました。

福島の原発事故と距離のある海外では、原発の技術進化も起きているということです。ただし、使用済み燃料をどうやって処分するのかという問題は、小型炉でも同様ですので、原発の大きなデメリットはまだ残っています。

一方で、「核融合」というさらなる新技術も注目を集め始めています。いわゆる原子力発電とは、ウランのような重たい原子核に中性子を当てて「核分裂」させることで大きなエネルギーを取り出すものですが、この「核融合」とは、逆に、水素のような軽い原子核を高温でぶつけて、ヘリウムのような少し重い原子核に変える際に大きなエネルギーを取り出すものです。

核融合発電炉の中で、放射線の一種（中性子）が出ますが、ほとんど熱に変わり、消えてしまうそうです。

さらに、この中性子が出ないような技術も開発中と言われています。このため、原発のような高レベル放射性廃棄物が出てこなくなるそうです。名前は似ていますが全く違う技術なのです。

ただし、まだ課題は大きいようです。核融合反応を起こすには、大量のエネルギーを使わないといけないのですが、現在では、得られるエネルギー以上に、外からエネルギーを投入しないといけない状態です。

この状態を解決できるかどうかは、実験を繰り返す必要があるのですが、フランスで実験炉が使用できるようになるのが、2025年と言われています。このため、実用化されるのは早くても2030年代半ば、やや保守的な評価では2050年かそれ以降という見方も多いそうです。

新規エネルギーはどうなるのか 3

既存のエネルギーには頼れない

ここまで見てきたように、日本はもともと化石燃料資源が少なく、原子力発電への逆風も強いままです。シェール革命の恩恵も（原油価格が２０１０年代に下がった以外は）ほとんどありませんでした。福島第一原発の事故以降、今のところ原発の新設計画はなく、稼働している原発の数も少なくなり、今後は老朽化による廃炉が進むのみです。

実は日本は、化石燃料による発電の高効率化技術では高度なレベルにあります。石炭をガスに転換して高効率化する方法、微粉炭を燃焼して作る蒸気を高温化する方法、ガス化した上に燃料電池も組み合わせる方法、などが開発されています。単純化して言うと、同じ火力で2倍の発電ができるようになれば、発電量に対する二酸化炭素の排出量が半分に減るわけです。しかし、現在では日本の火力依存度の高さそのものが国際的な非難の的になっていますので、火力発電の効率が良くなる技術があるといくら主張しても、聞き入れてもらえていません。

その一方、自動車の「電動化」が進むとなると、発電量はもっと増やさないといけなくなります。火力発電でも、原子力発電でもない、新たなエネルギー源を開発しないといけません。結局、再生可能エネルギーを増やせばよいではないかと皆さんは思うでしょうが、現状で再生可能エネルギーの占める比重はごくわずかですし、日本のような狭い国土では、太陽光パネルや陸上風力発電は、それほど多く設置できるわけではありません。

太陽光発電など、再生可能エネルギーについては、第3章で見てきましたので、ここではそれ以外の新規エネルギーについて考えてみましょう。

バイオマスはカーボンニュートラルか

バイオマスとは、植物およびそれに由来する材料、例えば、木くずや間伐材、または可燃性ごみ、廃油、糞尿などを用いてエネルギー源にすることを指した言葉です。

バイオマスは発電に使うことができます。直接燃焼方式という、バイオマス燃料を直接燃焼して蒸気タービンを回す方法もありますが、このほかにも、熱分解ガス化方式といって、燃料を熱処理することでガス化し、ガスタービンを使って燃焼させる方法もありますし、生物化学的ガス化方式という、燃料を発酵させるなどして生物化学的にガスを発生させ、そのガスをガスタービンで燃焼させる方法もあります。また、こうした燃料を燃やした際の熱を利用することもでき、バイオマス熱利用と呼ばれます。

また、バイオ燃料と呼ばれるものもあります。バイオマスのガスをもとにして、エタノールなどの液体燃料を製造するものです。ジェット機は電気では飛べません。プロペラ機のプロペラを電気で回すことはできますが、ジェット機のような高速の飛行機を電気で飛ばすのは無理があります。やはりジェット機には液体燃料が必要なので、バイオマスをもとにして作ることが期待されています。

このバイオマスは、いわゆる再生可能エネルギーとは少し違います。太陽光や風力、水力などのような発電方法は、自然界で発生する「取り尽くすことのない」エネルギーを利用しています。一方のバイオマスは、燃料として燃やした時に二酸化炭素を排出してしまうのですが、植物だった時代に二酸化炭素を吸収していたものを燃やしているので、「差し引きゼロ」、つまりカーボンニュートラル（中立的）と見なせるという考えで利用されているものです。

バイオマス原料として、植物を育てて使うということも考えられます。そうすれば、まさに二酸化炭素を吸収してから燃料にすることが直接的に結び付けられます。この場合の問題点は、食糧との間で耕作面積の奪い合いになってしまうということです。第5章で紹介しますが、人口が増加していくと食糧不足に陥るという問題が発生します。しかし耕作面積はそれほど多くは増えません。そのなかで耕作面積をバイオマス・エネルギーに使うと、食糧不足がさらに深刻化してしまいます。

また、森林を伐採してバイオマスに使うとなると、自然破壊の問題を引き起こしてしまいます。景観が悪くなるという問題もあるのですが、それ以上に、これから二酸化炭素を吸収してくれる森林を減らしてしまうのは逆効果です。

なので、植物を使うにしても、木くずや間伐材（材木を育てる上で日当たりを確保するために余計な木を減らすことで発生するもの）を活用することが望ましいということになります。

植物を使うのではなく、可燃性ごみ、廃油（揚げ物を揚げた後の油など）、糞尿を活用すれば、森林を破壊する心配はありません。捨ててしまうものを再活用するのですから、有限な資源の再利用にもなります。

ただし、ごみ回収コストの問題があります。従来型の化石燃料などは、油田のようなところから産出されるので、一か所から大量に入手することができます。輸送する上でも、産出地から消費地へ大量に輸送する手段があります。バイオマスも農場などで大量に栽培すれば、効率的に入手して輸送できます。しかし、ごみの場合は、回収するのに多くの人手が必要です。集めるだけでなく、仕分けしたり、洗ったり、運んだりするのに手間が相当かかります。捨ててしまうものですから材料費ゼロと考えがちですが、これらの人手は人件費としてかなりかかります。

また、バイオマスがカーボンニュートラルというのは本当か、という基本的な疑問も最近では出てきています。植物だった時代に吸収した二酸化炭素と、燃料として排出した二酸化炭素のどちらが多いのかは、厳密に言うとよくわかりません。また、バイオマス燃料の栽培、加工、輸送の段階でかなりの二酸化炭素を排出しているという指摘もあります。

このように、様々な課題も指摘されているバイオマスですが、それは期待の裏返しなのでしょう。植物の力をもっと利用するという観点から、利用が進んでいくことが期待されているのです。特に、海藻などの藻類由来のものであれば、耕地問題も、森林破壊問題も、ごみ回収コストの問題も回避できるので、今後さらに期待が高まるかもしれません。

水素とアンモニアは切り札か

第3章の自動車の技術のところでも述べましたが、水素エネルギーは二酸化炭素の排出がないのが最大のメリットです。水素を得る方法には、天然ガスや石炭等を水素と二酸化炭素に分解する方法（グレー水素）、その二酸化炭素を大気排出する前に回収する方法（ブルー水素）と、水を電気分解する方法（グリーン水素）があります。ただし、水素は爆発の危険性もあるので、保管や運送は簡単ではなく、低温・高圧で圧縮して液化する必要があります。

自動車に関しては、水素を車内で化学反応させて発電して走る車（燃料電池車）と、水素をエンジンで燃焼して走る車があります。ただし、電動自動車向けの給電ステーションへの投資が必要となっていく時代に、水素ステーションも全世界に普及させるのは重複投資であり、よほどの低コストにならない限り難しそうです。

では、自動車以外の用途はどうでしょうか。これも第3章で触れましたが、余剰電力をいったん水素にしておく「水素蓄電」に使うという可能性があります。太陽光、風力、原子力など、需要に応じて発電量を変えられない場合、余剰が起こりますが、その余剰電力を使って水を電気分解して水素を生産して蓄積しておくという方法です。そして電力が不足しそうな時間帯になったら、その水素を用いて燃料電池で発電するのです。

大量の蓄電池に電気をためるよりは、この「水素蓄電」の方が低コストになる可能性があります（もちろん、技術進歩は予測できませんから、蓄電池の低コスト化が劇的に進む可能性もあります）。

「水素蓄電」の弱みは、水素は爆発の危険性もあり、保管や運送は今のところ、低コストではないという点です。この問題を回避できるとして注目され始めているのが、「水素貯蔵体」（水素キャリアとも呼ばれます）という、他の物質に一回変換する方法です。

その一つであるメチルシクロヘキサン（ＭＣＨ）は、トルエンに水素を付加させて作る液体で、水素ガスと比べると体積当たり５００倍以上の水素を含むので、効率よく水素を運ぶことができます。

つまり、以下のような流れで再生可能エネルギーをためて使うことが考えられるわけです。

- 太陽光などで発電をする
- 昼間のうちに発電量が需要量を上回ったら、その電気で水を分解して水素を作る
- その水素をＭＣＨなどに変えて保管・輸送する
- 夜になって発電量が需要量を下回ったら、そのＭＣＨなどを水素に変える
- 水素を使って燃料電池で発電する

かなり多くのステップが必要なので、全てのステップが低コストにならないと実現の可能性は高まり

ませんが、今後技術革新が起こる余地はあります。水素貯蔵体としては、MCH以外の物質も登場する可能性があり、例えば水素化マグネシウムは、常温の固体として保管・輸送できるので燃料電池車向けにも利用できるのではないかと期待されています。

他にも、「水素をアンモニアに変えてためておく」という方法もあります。アンモニアは水素を原料に作ることができ、現在も肥料や化学原料として生産されているのですが、液体水素と比べると、そこまでの低温化・高圧化をしなくてもアンモニアの状態で保管・輸送ができます。

また、アンモニアの場合は、水素に戻さなくても、そのままでエネルギーとして使うこともできるのが特徴です。アンモニアは可燃性なので、従来型の火力発電設備を改修することで、アンモニアでの火力発電も可能になります（化石燃料とアンモニアを併用する混焼という方法もあります）。アンモニアは燃やしても二酸化炭素を排出しないので、既存の火力発電設備を残したまま二酸化炭素の排出を減らすことも可能になります（その代わりに窒素酸化物を排出しますが、その窒素酸化物を減少させる技術は存在しています）。

このように、ステップが多くなるためコスト面ではまだ不利に見える水素とアンモニアですが、日本の経済産業省などは、この技術にかなり期待をかけています。自動車向けに普及するかどうかは、主要国が軒並み電気自動車をプッシュしているために難しいかもしれませんが、「水素蓄電」「水素貯蔵体」や「アンモニア発電」などへの展開もあるため、可能性の幅は広そうです。

その他の新規エネルギー

新規エネルギーには、いわゆる再生可能エネルギー以外のものもあります。この章ですでに紹介した、核融合、バイオマス、水素・アンモニア以外にも、以下のようなものがあります。

▼温度差熱利用

ヒートポンプという、大気や地中の熱などを利用する技術があります。気体は圧縮すると温度が上昇し、膨張（開放）させると温度が下がるという性質があるのですが、これはエアコンや冷蔵庫が冷えるのと同じ原理です。この技術は、年間を通じて温度変化の少ない河川水や海水、地下水などと、外気との温度差（夏は外気よりも冷たく、冬は外気よりも暖かい）などを利用して冷暖房、給湯などを行うもので、未利用エネルギー（今まであまり利用されてこなかった熱の利用）と呼ばれています。

広告などで「エコキュート」という言葉を聞いたことがあると思いますが、これはヒートポンプの技術で家庭の給湯にかかる電気量を減らすものです。空気中の熱を冷媒という物質に取り込み、その冷媒を高圧で圧縮することで温度を上げ、その熱でお湯を温めるという仕組みです。この圧縮の際には電気を使うのですが、（電気で水を直接温める場合と比べて）7倍の熱を得ることができるというものです。

この原理をさらに大規模化し、海や河川の水と外気との温度差をもとに、冷水や温水を作ることも可能です。さらには温度差を利用した発電という方法もあります。これには温度差で（沸点の低い物体を気化させて）タービンを回転させる発電方法と、半導体に温度差を与えて発電する方法の二種類があります。

家庭用のエコキュートは価格が低下してきたために普及してきていますが、大規模なものは今のところまだ高コストなので、それほど普及していません。これも技術進化によって低コスト化すれば普及する可能性があります。

▼メタン・ハイドレート

実は日本の周辺にも非在来型の化石燃料はあります。それはメタン・ハイドレートと呼ばれるものです。これは、天然ガスの主成分で、エネルギー資源であるメタンガスが水の分子と結びつくことでできた、氷状の物質です。火を近づけると燃えるため、「燃える氷」とも呼ばれます。

日本の周辺海域にもメタン・ハイドレートは大量に存在しているとされ、北海道周辺（日本海、オホーツク海、太平洋）や、太平洋側の大陸斜面（本州から九州まで）で存在が確認されています。水深500メートルより深い海底やその下の地層の中など温度が低く圧力が高い環境に存在します。

もちろん、海底深くから掘削するのですから、高コストになることは間違いありません。しかし、日本周辺にある数少ないエネルギー源ですので、技術の進化に期待が持たれます。

▼カーボン・リサイクルとメタネーション

菅義偉元首相によるカーボンニュートラル宣言のところで説明しましたが、化石燃料から水素を取り出す際に出る二酸化炭素は、ＣＣＳ（二酸化炭素回収貯留）という技術で回収できます。ここでは、アミン水溶液と呼ばれるアルカリ性の薬剤を使用するのですが、このアミン水溶液は温度によって、二酸化炭素を吸収したり、放出したりする特性があります。この方法を使えば、火力発電の際に排出される二酸化炭素も回収できます。

では回収した二酸化炭素はどうするのでしょう。一つの方法は地中に埋めてしまうことです。泥岩（二酸化炭素を通さない）の層の下の砂岩（隙間が多いので二酸化炭素をためられる）の層にためるというものです。

二酸化炭素を回収する技術というのは、地球温暖化対策の切り札のように思えますが、大量に回収した二酸化炭素をどれだけの量まで埋められるのか、そのコストはどのくらい安くなるのか、技術のさらなる進化が期待されるところです。

地中に埋めるのではなく、回収した二酸化炭素を活用しようという、カーボン・リサイクルと呼ばれる考えもあります。例えば、油田に二酸化炭素を送り込めば、今まで掘れなかった原油が掘れるという技術があります。これは、石油の埋蔵量を示した図4－2に出てきた、石油増進回収法という技術のうちの一つです。二酸化炭素を回収して原油の採掘可能量を増やすという、一石二鳥の技術と言えます。とはいうものの、油田の近くまで二酸化炭素をパイプラインなどで運ぶのは高コストですし、そこまで大量に利用できるわけではなさそうです。

回収した二酸化炭素を、樹脂などの化学品の製造や、メタノールなどの燃料の製造に用いるという考えもあります。このうち、水素（H2）と二酸化炭素（CO2）からメタン（CH4）を合成する技術のことをメタネーションと呼んでいます。こうして合成されたメタンは、ガスなどとして利用される際、燃焼時に二酸化炭素を排出しますが、メタンを合成する際に、発電所などから発生した二酸化炭素を分離回収して用いるため、全体としての二酸化炭素排出量は相殺されているとみなすのです。

これが実用化できるなら、地中貯留や石油増進回収法よりも大量の二酸化炭素を使うことができそうです。特に、メタネーションで作り出したメタンガスを液化すると、飛行機の燃料にも使えるので、航空業界ではこれを「合成燃料」と呼んで、（高コストであったとしても）大きな期待をかけています。もちろん、本当に低コストかつ高効率でカーボンニュートラルな技術になれるのかどうか、まだこれからの技術革新が待たれるところです。

4 天然資源の有効活用に向けた努力

省エネルギーはさらに必要

エネルギー問題に関しては、化石燃料から再生可能エネルギーへのシフトに対しての関心が非常に高まっていますが、それ以上に重要なのは、エネルギー消費の総量を減らせないかという点です。図4－1でも見た通り、「ネットゼロ」を実現するためには、2050年のエネルギー総消費量は、2000年のレベルにまで減っていないといけません。

しかし、経済成長していくと、一人当たりエネルギー消費量が増える傾向にあります。図4－5を見てみましょう。アメリカ、オランダ、イタリアなどの国は、一人当たりGDPが増えるにしたがって、一人当たりエネルギー消費量が増えてきました（この図では縦軸は対数目盛になっています）。一方、中国やインドは、一人当たりエネルギー消費はまだアメリカの4分の1以下のレベルです。人口14億人の両国がアメリカ並み（現在の4倍）のエネルギーを消費すると、世界のエネルギー消費量は大きく増えてしまうことになります。

図4-5 一人当たりのエネルギー消費とGDPの関係（1850-2017）

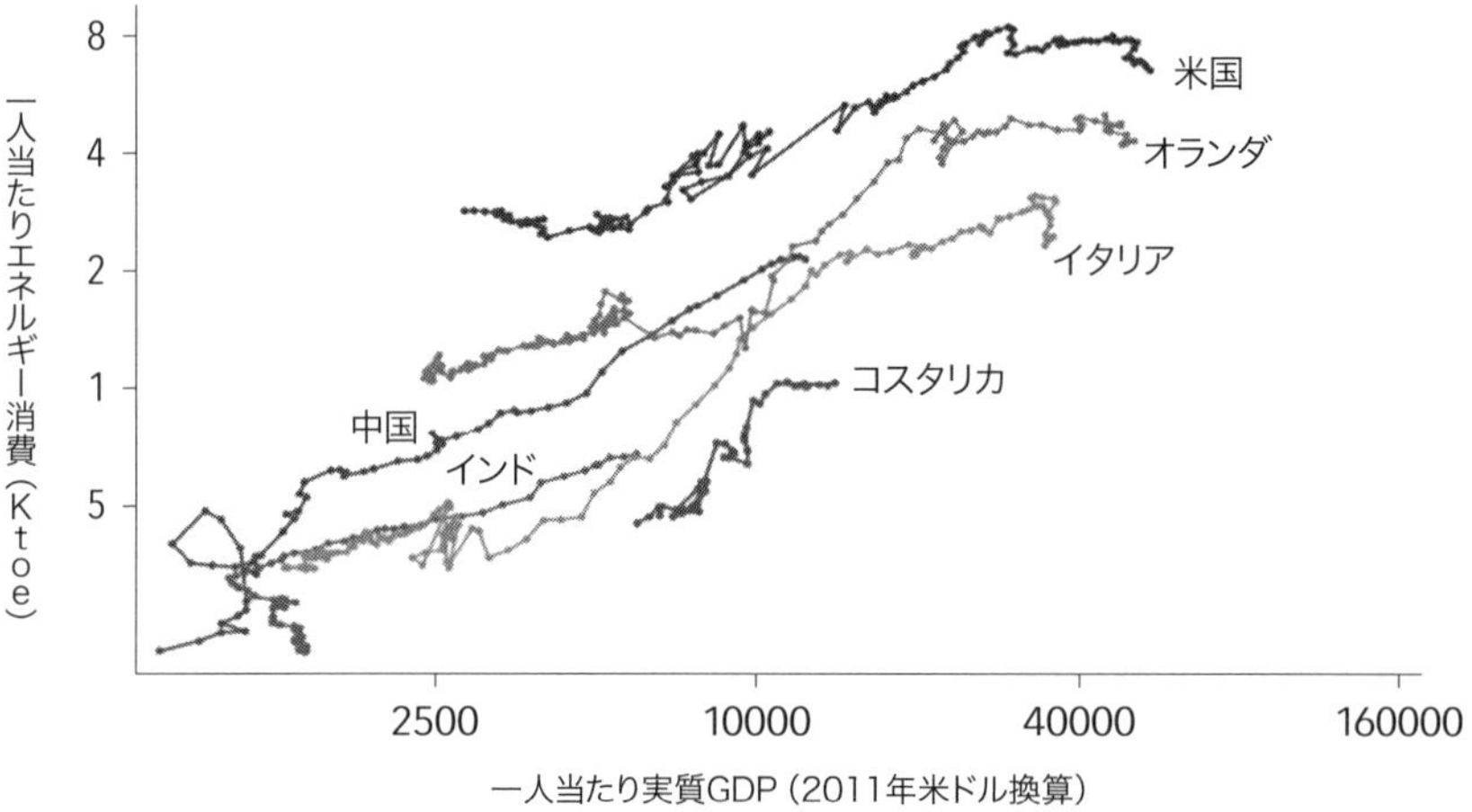

出所：IMF Working Paper "Energy, Efficiency Gains and Economic Development: When WIllGlobal Energy Demand Saturate?"

つまり、省エネルギーの努力を、今後は新興国も含めて行っていくことが必要になります。個人ごとに乗用車で外出するよりは、電車やバスなどの公共交通機関を利用する方が省エネになりますし、自動車の燃費（同じエネルギー消費量でどれだけの距離を走れるか）を良くするような技術進歩も必要です。

火力発電所や原子力発電所だけでなく、ごみ焼却場や製鉄所など、熱を多く排出する施設からの熱をもっと効率的に活用して、温度差発電などを活用することも望まれます。

家庭用やオフィス用の冷暖房機器や照明機器を省エネ性能の高いものに代替することも必要ですし、個々人の意識を高めて節電していくことも重要です。

分散型発電には省エネ効果もある

太陽光発電は、発電方法として従来の方法（火力、水力、原子力）と大きく異なる特徴があります。それは、大規模で集中型の発電方法ではないということです。発電所と従来呼ばれてきたものは、都会から離れた場所で、大規模な施設を建設して、大量の電力を作り出してきました。太陽光発電にも、大規模なメガソーラーという施設はあるのですが、個々人の家庭で発電し、それをその場で消費するということも実用化されています。

また、本章ですでに見た、日本の予測（図４－４）の中で大きく伸びると期待されていたものの一つは、「太陽光のうち、屋根・壁面に設置したもの」でした。つまり土地に限りのある日本では、都会の建物の屋根や壁まで使う必要があると見られているわけです。

このように各地に分散して小規模の発電を行うことを、分散型発電といいます。工場などは非常用電源としてディーゼル発電機などを設置していますし、建設工事現場などにもそうした発電機があります。これも分散型発電になります。また、小水力発電も分散型発電の一種です。

分散型発電のメリットの一つは、台風などの災害で送電設備が損傷して停電が起きるような場合でも、その影響を受けずに電力を供給して消費できる点にあります。

もう一つの重要なメリットは送電ロスを減らせる点です。電気を遠距離に送ろうとすると、電線に電気抵抗があるので、エネルギーの一部が熱になってしまい、その分の電気が失われてしまうのです（ちなみに、このときに発生する熱の量は電流が大きくなるほどに増えます。「電力＝電圧×電流」という関係にあるので、熱の発生を減らすためには電圧を上げればよいことになります。長距離の送電が高電圧になっているのには、こうした理由があります）。

東京電力によると、２０２１年の送電ロス率は４・５％となっています（１９５０年には２５％もありました）。４・５％というと少ないようにも思えますが、２０１９年の発電に占める原発の比率が６％だったわけですから、それに近い電力が失われているのであって、決して少なくはありません。家庭などの太陽光発電が普及すれば、エネルギー消費に占める送電ロスの比率が減るのですから、省エネ効果があります。

さらにコスト面のメリットもあります。我々が払っている電気代には送電コストが含まれていますが、日本の電気料金は非常に高く、家庭用ではアメリカの2倍弱、産業用ではアメリカの2倍強です。これは日本の電力料金の決まり方に問題があったからではないかと言われています。日本の電力会社は地域独占であったため、価格競争がありませんでした。

しかも、日本の電気料金を決める際には「総括原価方式」（コストに一定％の利益を乗せる）が２０１６年まで使われていたので、電力会社はコストをかければかけるほど利益が増えるようになっていました。このため日本の電力会社は、電線や電柱、変電器などを頻繁に取り換えることで、停電の少ない体制を作り上げてきました。

そのこと自体は利用者にとってありがたいことですが、その代わりに世界的に高い電力料金になったのです。分散型発電で自家消費にすると、この送電コストを電力会社に払わなくてよくなるというメリットもあります。

また最近では、蓄電という技術が実用的になってきたので、これも分散型電源に含めて考えるようになっています。太陽光エネルギーを家庭などで活用しようとすると、昼に発電した分を蓄電して夜に使うことが効率的です。また非常時のバックアップとしても、蓄電池が家庭にあれば安心です。電気自動車に積まれている蓄電池を使って家庭の電気に使うことも可能ですので、家に蓄電池を設置しなくても、電気自動車を家庭の電源につなぐことで分散型電源として使うこともできます。

技術の課題　蓄電技術

太陽光や風力など、天候によって変動の大きい発電の場合は、蓄電技術が重要になります。すでに説明した通り、蓄電には、揚水発電や水素蓄電という方法もあるのですが、電池への蓄電が現時点では主流です。特に電気自動車には蓄電池が必須の技術となっています。

電気自動車に関しては、一回の充電当たりの運転距離をより長くしたいというニーズと、充電にかかる時間を短くしたいというニーズがあります。今の電気自動車には、パソコンと同じリチウムイオン電池（中に電解液という液体が用いられています）が用いられているのですが、自動車のような重いものを動かそうとすると、大量の電池を載せないといけなくなります。また、そのリチウムイオン電池は、パソコンで発火事故を起こしたことがあり、これには微小金属片の混入の疑いが持たれています。

こうした問題もあるため、次世代の電池技術の開発が急がれています。その一つは全固体電池と呼ばれるものです。今のリチウムイオン電池は中に液体が使われているのですが、液体でなく固体にすれば安全にエネルギー密度を高められるという考えです。その中間で半固体電池と呼ばれるものもあり、電池のプラスとマイナスの極の片方を固体にすることで、液体よりもエネルギー密度を高めようという技術です。

また、亜鉛空気電池、フッ化物電池、硫化物電池など、リチウム以外の素材を用いた電池の開発も多くの企業が研究を進めていますので、新たな技術革新が起きる可能性があります。

ちなみに、電気自動車の電池に関しては、「取り換え式」にするというアイディアもあります。電気自動車に充電池を積んで、外側から電源をつないで充電するのではなく、あらかじめ充電しておいた電池に交換すればよいという発想です。電池をカートリッジ式にして簡単に着脱できるようにすれば、充電スタンドで充電完了まで待つ必要がなくなります。また、この方法だと、電池の寿命を長くしなくてもよくなります。

電池の寿命を長くしようとすると、高価格になってしまうのですが、寿命の短い電池（安価で作れます）を取り換えた方が安いはずですし、寿命の切れた電池を回収して、新しい電池に作り直すことも可能なのでリサイクルができます。実際、中国でＮＩＯというメーカーが、最短２０秒で電池交換できる電気自動車を発表しています。この技術が人気を集めるようですと、電池の開発の方向性が変わるかもしれません。

エネルギー以外の天然資源も重要

本章ではエネルギーの話をメインにしてきましたが、この話はエネルギー以外の天然資源全般にも共通しています。鉄の原料である鉄鉱石や、アルミの原料であるボーキサイト、工業原料として用いられている銅、貴金属と呼ばれる金、銀、ダイヤモンドなどが主要な天然資源ですが、これに加えてレアメタル（希少金属）と呼ばれるチタンやコバルト、ニッケルなども電子機器の生産などにおいて重要です。有限な天然資源を掘り尽くすわけにはいきませんから、なるべく再利用していくことが必要です。

また、石油はプラスチックや化学繊維の原料でもあります。仮にエネルギーとしての石油の消費が完全に再生可能エネルギーに置き換わったとしても、プラスチックや化学製品の生産のための石油は引き続き必要ということになります。ペットボトルなどは回収して再生される比率が上がってきていますが、それ以外のプラスチックの回収はまだそれほど進んでいません。

もう一つ、第3章ですでに述べましたが、水資源の話も同様に重要です。水は飲み水やトイレなどの生活用水だけでなく、農業用水、工業用水としても重要です。水そのものは地球を循環しているので「取り尽くすこと」はないのですが、人類が利用できている水はまだ多くなく、今後の人口増に備えるには、もっと利用できるようにしないといけません。水質の浄化、下水の再利用、海水の濾過なども進めていく必要があるのです。

ビジネスチャンスについて考えよう

エネルギーや天然資源もグローバルに大きな社会課題ですから、それを解決すれば大きなビジネスチャンスになります。1970年代に「石油はあと30年でなくなる」という警告がありましたが、世界の多くの企業が新たな石油資源の探索と掘削の技術を進化させたおかげで、その枯渇の懸念は解消しました。現在はその時よりも大きな社会課題になっているわけですから、さらに大きなビジネスチャンスとなっているのです。

再生可能エネルギーだけでなく、非在来型の化石燃料にもまだまだ進化の余地は残されています。アメリカのシェールガス以外にも、非在来型の化石燃料はまだ多く残されています。エネルギーとしてだけではなく、プラスチックや化学繊維の材料としての素材の技術開発には、まだ大きな余地があります。原子力に関しては、日本では議論すら止まってしまいましたが、海外ではまだ開発は進んでいます。バイオマスや水素・アンモニア、温度差熱利用、カーボン・リサイクル、核融合など、未来のエネルギーに関する技術はまだこれからという段階です。

第3章の地球温暖化対策と同様に、第4章の天然資源活用も、ビジネスチャンスとしてかなり技術系の話題が中心になります。それだけ技術系人材の重要性が増しているわけですから、大学進学前の人の場合は、理系のどの分野の勉強をすれば将来のビジネスチャンスに恵まれそうか、という観点から進路を決めるという余地がまだあります。

大学で文系に進学した人の場合でも、リサイクル関連のビジネスチャンスなどは、比較的ハードルが低いのではないでしょうか。可燃ごみや廃油などからバイオマス燃料を作り出すというビジネスにおいては、どうやって効率よく低コストで材料を回収、分別、洗浄するかが重要なカギを握ります。金属やプラスチックのリサイクルも同様です。

エネルギーおよび天然資源関連のビジネスチャンスとしては、以下のような論点を考えることができます。これらのどれかの解決につながる技術に関わっている人であれば、新たなビジネスチャンスがつかめるかもしれません。

□二酸化炭素回収技術を化石燃料と組み合わせることで、「低炭素」の有益な方法であるという国際的な評価を得るには、どうしたらいいか

□今後次々と使用期限を迎えることになる日本の原発を、安全かつ低コストで廃炉にしていくには、どのような技術を活用すればいいか

□安全性の高い小型原子炉が日本の世論にも受け入れられるには、どうしたらいいか

□日本でもかなりたまってしまっている使用済み核燃料を最終処理するまでの過程は、どういう課題を解決すれば、日本でも実施可能になるのか

□可燃ごみなどをバイオマスとして活用するために、どのような回収、分別、洗浄の方法を用いれば低コストにできるのか

□海藻など、土地を使わずに済むバイオマス材料を大量に栽培するには、どうすればよいか

□液体燃料を必要とするジェット機には、どのような材料が利用可能なのか（バイオ燃料、合成燃料の他にもあるのか）

□水素を保管・輸送する「水素貯蔵体」として、MCHやアンモニア以外の物質は使えないのか

ビジネスチャンスについて考えよう

□牛のゲップや水田から微生物によってメタンが生成されてしまうのなら、微生物を使ってメタンを作り出してエネルギーとして使えるようになるのではないか

□ヒートポンプの技術を使って、自動車やエアコン室外機の発する熱も活用できないか

□日本周辺にも存在する非在来型の化石燃料（メタン・ハイドレート）をどうすれば効率的に利用できるのか

□日本は省エネ技術においては世界の先端を行っているとされるが、それを新興国に普及させるには、どうすればいいのか

□分散型発電は、送電コストが不要になる分、コスト面で有利なはずなので、家庭や事業所向けに、より低コストで二酸化炭素排出の少ない技術を開発できるのではないか

□鉄はスクラップを回収して再び鉄を作るという技術（電炉）が確立しているが、他の金属資源でも同様のことができる余地は残っていないのか

□ペットボトルは回収して再利用できる率が高まっているが、他のプラスチックや化学繊維の回収・再利用率を高めるにはどうしたらいいのか

この分野は、いい技術を開発できれば、世界中に展開できるのですから、ビジネスチャンスとしてかなり大きくなる可能性があります。最先端の研究成果を使わないといけないテーマもありますが、既存の技術をうまく転用することで実現できそうなテーマ（分散型発電など）もありますし、リサイクル系のビジネスチャンスは、技術というよりは人件費のかかり方をどう引き下げるのかがテーマです。

chapter 5

メガトレンド❸

人口問題と少子化・高齢化

1 世界の人口はまだ増える

なぜ人口はまだ増えるのか

世界の人口は、2022年の80億人から、2058年には100億人へと増加するというのが、現時点での予測です。第1章の図1－3でもすでに紹介しましたが、サブサハラ(アフリカ大陸の中南部)などの地域で今後さらに人口が増加すると見込まれています。

日本にいると、人口減少社会という言葉を聞くことの方が多いのですが、なぜこのような違いが起きているのでしょうか。その違いは端的に言うと、農村型社会と都市型社会という点にあると言えます。

農村型社会においては、人々は豊かになろうと思うと、収穫量を増やそうとします。そのためには農地を増やせばよいのですが、それだけではなく、働き手を増やす必要があります。農村型社会では家族ごとに農耕を行うか、もしくは大規模農園に働きに出ることになるわけですが、どちらにせよ、家族の人数を増やすことで収入が増えることになります。

つまり、子沢山になることが豊かになる道だと皆が考える社会なのです。子供が増えると食費はかかりますが、農村部では食料の価格は安い（自分の作物と近所の農家の作物を交換することでも食料は入手できます）ことが多いので、さほどの支出増にはなりません。農業を行う上で高校や大学レベルの知識は必要とされませんから、教育費もあまりかかりません。ある程度の体力がついたら子供でも労働力になるので、子供の数が多いと、支出はそれほど増えずに労働力が増えて、収入も増えるわけです（児童労働が広まっていることは、人権運動の立場から見ると大問題ですが、それは先進国の価値観であって、新興国ではそれほど気にされていないのかもしれません）。

都市型社会においては、逆の力が働きます。人々は豊かになろうと思うと、子供の教育を重視します。教育を受けていないと、収入の低い職業にしか就くことができないと考えるからです。子供が多いと都市部では住居費も高くつきます（子供に勉強部屋が必要となれば、部屋数も必要です）。都市部では食材価格も高いので、食費もかかります。何より教育費が高くかかります。費用面だけではなく、教育には親の努力も相当必要ですから、親も自分の労働と子供の教育努力とのバランスをとろうとすると、子供の数はあまり増やせません。

子供の数の増え方を測る場合には、合計特殊出生率という数字を用いることが多いのですが、これはその年次の15歳から49歳までの女性の年齢別出生率を合計したもので、一人の女性が一生の間に生む子供の数に相当する指標です。2021年の世界銀行の調査によると、合計特殊出生率1位の国はニジェールの6・82人で、14位（4・6人のモザンビーク）まで全てアフリカの国です。インドは2・

03人、アメリカは1・66人、日本は1・30人、そして中国は1・16人です。

現在人口が多い国のトップ3は、1位インド(14億2860万人)、2位中国(14億2570万人)、3位アメリカ(3億4000万人)です(国連人口基金の「世界人口白書2023」による)。合計特殊出生率は2・1を下回ると人口が減るとされています。親2人から子供2人が生まれれば人口は維持されるはずですが、子供の死亡率が一定程度はあるので、2・1で人口維持とされているのです。インドが最近になって2・1を下回り、中国もアメリカも日本も(他のいわゆる先進国は全て)2・1を下回っています。先進国の場合は、都市型社会という事情によるものですが、中国の場合は、人口が増えすぎることを懸念した「一人っ子政策」が1979年から2014年までとられていた影響です。

世界の国の多くが経済成長して都市型社会の比重が高まっていけば、世界の人口は減少に転じるのですが、現在の予測では人口減少は2080年代頃にならないと始まりません。今、経済成長の初期段階にあるサブサハラなどでは、まだ出生率が高い状態が続くと予測されているので、世界の人口はさらに増えるのです。

人口が増えるとどうなるのか

人口が増えることには、いい面もあります。消費者の数が増え、消費量も増えるわけですから、生産量を増やしてもまだ売れる余地が残っています。つまり経済の規模がまだ成長できるということです。

経済規模が成長すると、企業がより設備投資を行う資金を得ることができるので、より生産性（人口当たりの生産量）が高まり、人口一人当たりの収入も増えます。

また、新興国の方が人口の伸びが高いため、市場としての新興国の比重がより高まることになります。ヨーロッパや北米などの先進国では、人口増加のスピードはすでに低下していますが、アジアやアフリカは、今後もしばらく人口増加のスピードが速い状態です。人口が多く比較的経済規模の大きな新興国のことを、頭文字をとってＢＲＩＣｓ（ブラジル、ロシア、インド、中国）と呼ぶことが多かったのですが、中国やインドは特に人口が多く、国際政治での影響力を強めてきました。

中国は２０００年代以降、独自の経済圏を作って、経済的に影響力を高めてきましたが、今後はインド（人口で中国を抜きました）も、影響力を高めてくると考えられます。さらには、インドネシア（２・８億人）、パキスタン（２・４億人）など、イスラム圏の人口が増加して、その比重も高まってきます。

企業がビジネスの規模をさらに拡大しようとするなら、新興国の事業を拡大することが不可欠になります。新興国では、人口増による需要増が期待できるだけでなく、「一足飛び」の進展として、例えば固定電話の時代なしに携帯電話が普及したり、店舗網が普及する前にネット通販が普及したり、というスピードの速い成長も起こります。

食糧はどうなるのか

その一方で、困ったことも起こります。土地に限りがある場合、人の住む場所が足りなくなる恐れがあります。これは都市開発を進めて、高層住宅を増やしていけば解決する問題ではあります。しかし、土地に限りがあるということは、耕作面積も足りなくなるのです。これは大きな問題です。農地を開発すればよいと思うかもしれませんが、新興国は気候に恵まれていない（砂漠が多い、熱帯雨林に覆われている、など）場合が多いので、耕作面積を大きく増やすことは困難です。加えて、二酸化炭素の排出削減もしないといけない状況ですから、熱帯雨林などの自然の生態系を破壊して農場に転換することへの懸念も高まっています。

国連食糧農業機関（FAO）の2012年の予測では、サブサハラと中南米で耕地面積は若干増えますが、先進国で減る分もあるので、世界全体では2050年までに5％くらいしか耕地面積は増えません（図5－1）。この間に世界の人口は（70億人から90億人へ）30％ほど増える予測ですから、耕地面積の伸びは全く追いついていません。

では穀物需要の伸びの方はどう予測されているのでしょうか。FAOの同じ調査によると、なんと50％も増えるのです（図5－2）。人口の伸び率よりも穀物需要の伸びが高い理由は、人々の「肉食化」の進行です。牛などを育てるためには、飼料と呼ばれる穀物を育てて使っています。牛肉1キロをつく

図5-1 地域別耕地面積予測（2050年）

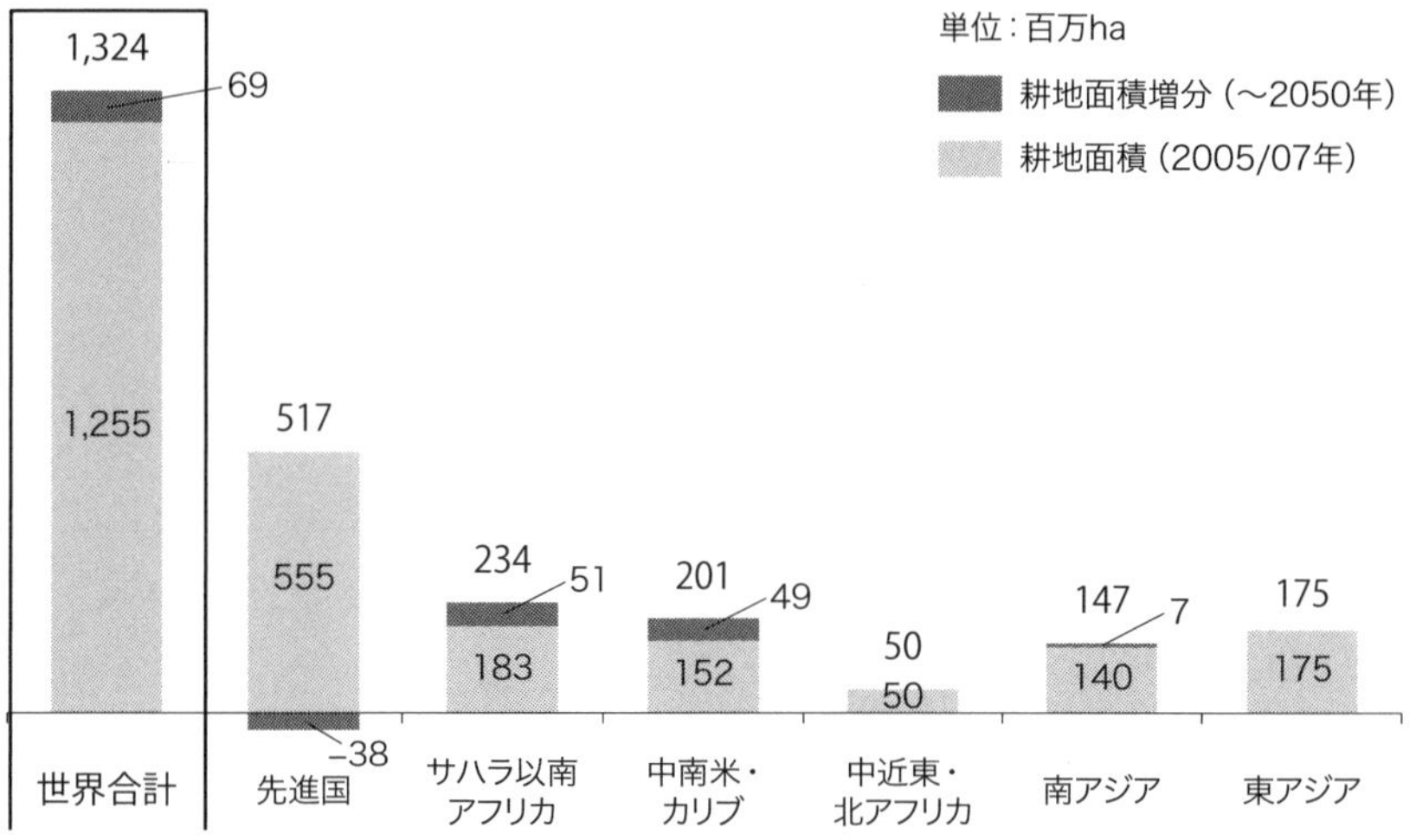

出所："WORLD AGRICULTURE TOWARDS 2030/2050" (FAO,2012)

図5-2 穀物需要の推移実績・予測

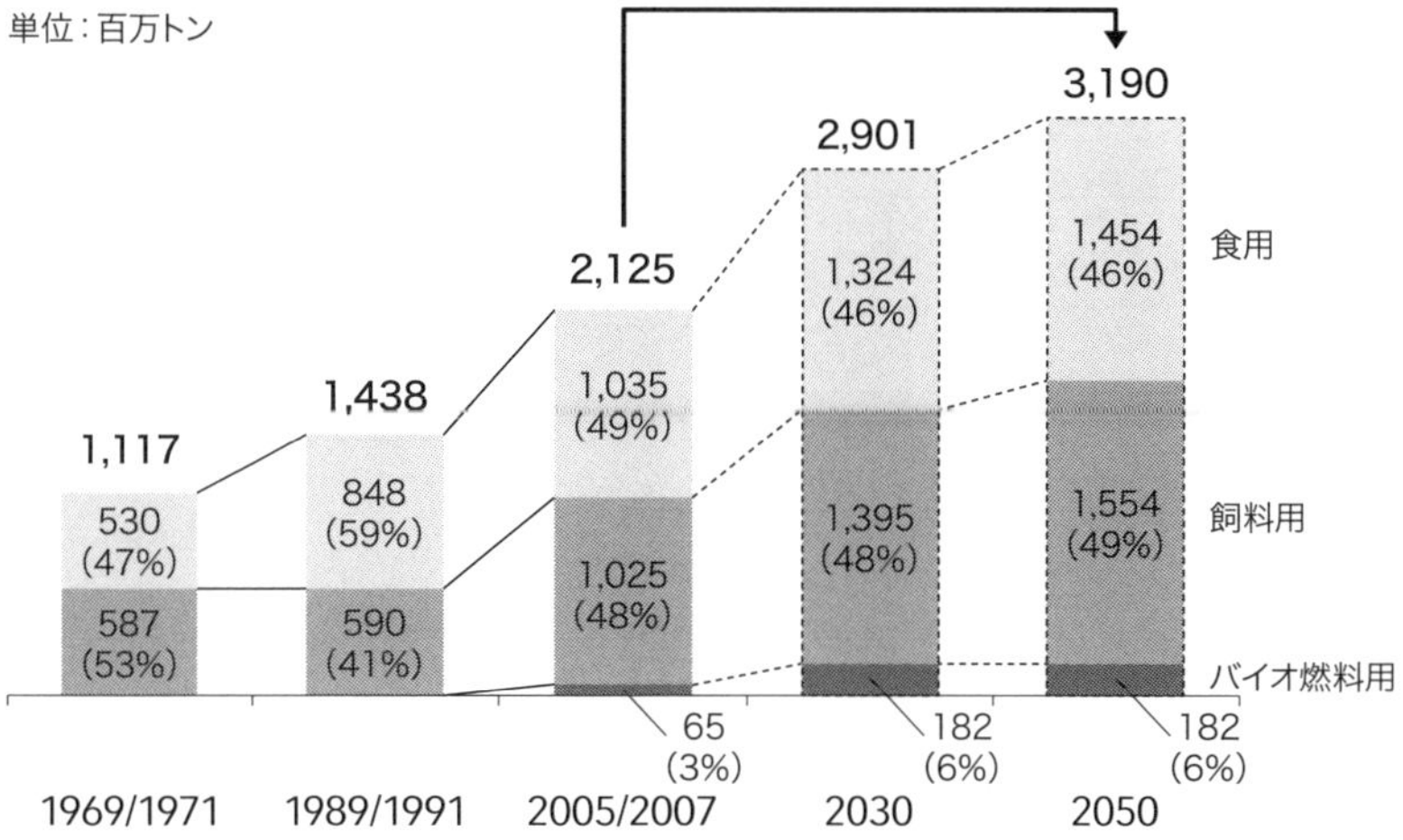

出所："WORLD AGRICULTURE TOWARDS 2030/2050" (FAO,2012)

るためには穀物を8キロ使う必要があると言われているそうですが、人間が穀物をそのまま食べるよりも、肉食することでより多くの穀物を消費することになるのです。

食習慣が先進国的になっていくことで、食糧の消費量そのものも増えるわけです（多く食べるようになったり、食べ残しが増えたりします）が、肉食化が進行することで、さらに穀物需要が増えていくわけです。

農業の生産性はどうすれば高まるのか

つまり、**食糧の需要は50%増えるのに、耕地面積は5%しか増えない**という状況をどう解決すべきか、という問題になるわけです。ちなみにこの図ではバイオ燃料用の耕地の増加も見込まれています。ただでさえ増えない耕地面積を、バイオ燃料とも奪い合わないといけないという状況なのです。

この状況で必要なのは、同じ耕地面積からの農作物の収穫量を大きく増やさないといけないということです。日本などの先進国では、トラクターや耕運機、田植え機などの農業機械を使うことは当たり前に普及していますが、新興国では、農地を人手で（もしくは牛などを使って）耕したり、人手で苗を植えたり、除草したり、刈り取りをしたりしています。まずは、機械を導入することで面積当たりの収穫量を増やすことを考えないといけません。

穀物生産を増やそうとすると、水資源の問題も起こります。水道水など都市の生活用水の供給に回すと、農業用水が不足するのです。このため灌漑技術を高度化して、農業用水を増やさないといけません。地下水の状態をきちんと測定して、井戸などで地下水を掘削できる場所を特定すること、河川工事などによって川からの取水路を整備し、農地に水を供給することなどが必要です。また同じ水の量でも、無駄に撒いてしまうのではなく、効率的に農作物に水やりする工夫も重要です。

また、最新のＩＴ技術を活用する「農業のスマート化」にも期待が集まっています。農地に多数のセンサーを配置しておいて、温度や水量などを測定し、過去のデータなどをもとにＡＩを用いて判断して、水やりなどをコントロールすることも、その一つです。

農薬などを散布するにも、作物周辺にピンポイントで撒くためにドローンを活用することも、その一つです。果物などの収穫時期や、どの果実が採りごろなのかの判断をＡＩで行うことも考えられます。病虫害の測定にもセンサーやカメラを用いてＡＩで判断することができます。アシストスーツのような、身体に装着することで力仕事を補助するような技術も活用されています。

さらに進められているのが、農業化学または農芸化学と呼ばれる分野での研究です。これは肥料、農薬などの化学品の開発や、種子の改良を含むものです。肥料を適切に用いることができれば、作物の生育が進むので、耕地面積当たりの収穫量は増やせます。農薬を適切に用いることができれば、病虫害の被害が減るので、耕地面積当たりの収穫量は増やせます。

種子を掛け合わせるなどして「品種改良」することは、おいしい作物を作るためにも行われていますが、それだけではありません。除草剤への耐性が強い作物や、害虫への抵抗性が強い作物を「品種改良」

で作れれば、農薬の使用が少なくても、収穫量を増やすことができます。

また、ストレス耐性の高い作物や、脂質貯蔵性の高い作物を「品種改良」で作れれば、例えば乾燥に対して強いコーンのような品種を作り出し、水が少なくても栄養価の高いコーンを育てられるようになります。

こうした「品種改良」は、既存の類似植物の「おしべ」「めしべ」を何回も何回も掛け合わせることで従来は行われてきましたが、これを遺伝子の組み換えで行う技術も存在します。自然界に存在しない生物を作り出すわけですから、この技術には懸念の声が高いのですが、多くの国では遺伝子組換作物の栽培が認められています。日本は認めていませんが、アメリカ、ブラジル、インド、中国、オーストラリア、フィリピン、スペインなど多くの国では認められています。

このように、様々な分野の技術（機械化、用水工事、ＩＴ活用、肥料、農薬、種子など）を開発することで、耕地面積当たりの食糧の生産量を高めようという努力が進められています。

また、最近話題になってきているのが代替肉という食品です。飼料を大量に消費して畜産を行うよりも、植物から肉に似た物質を作った方が、耕地面積は少なくて済む可能性があります。そこで大豆たんぱく質などを用いた代替肉が開発されています。代替肉とは別に培養肉というものもあります。動物の細胞を培養して肉を人工的に作るという技術のことで、飼料の消費がなくて済みます。現時点では高コストですが、技術進歩によって通常の肉と同レベルにまでコストが下がるかもしれません。

日本の農業はどうなるのか

農業問題は人口問題であり、増える人口に食糧生産をどう追いつかせるのかという課題を解決しないといけませんが、日本はどうなのでしょうか。人口が減るのですから食糧問題は起きないのでしょうか。そうではありません。日本はもともと食糧の輸入国ですから、世界で食糧の奪い合いが起きたら、日本に回ってくる食糧は減ってしまいます（もしくは食糧の価格が高騰します）。一方で、農業従事者の高齢化による引退が進んでおり、農家が減ってしまっています。このままでは日本の食料自給率はさらに下がることが懸念されます。

日本の農林水産省は「認定農業者」（担い手農業者とも呼ばれます）という制度を創設しました。この認定農業者は、専業農家で経営拡大意欲があると認定された経営体であり、今後の日本の農業を担う中核的な存在として国が支援・育成する対象になり、金融や税制などの支援を受けることができます。

この認定農業者が日本にどれだけいるのかというと、2022年3月末で222，442（うち法人は27，974）です。日本の農業は稲作中心ですが、コメは兼業農家でも作りやすいため、農家の多くが兼業農家です。日本の農家の総数を調べた2020年の農林業センサスによると、個人経営の農家のうち、専業（主業経営体）が231，000経営体、兼業（準主業と副業経営体）は合わせて810，000経営体ですから、80％弱が兼業農家ということになります。

認定農業者の約20万経営体に対して、農協（JA）の職員数が約18万人ですから、日本の農業の担い手が本当に少ないことがわかります。JAは農業への支援という業務の他に金融業務を行っていて、農家以外にも貯金や住宅ローンを提供しています。このために18万人の職員がいるのですが、農業の担い手が農協職員とほぼ同数しかいないというのが日本の実情なのです。

日本で農業が「衰退産業」になってしまったのはなぜなのでしょうか。日本ではコメが主力作物ですが、コメの消費量は減っています。おいしいコメが安く買えるのはいいことですが、それでは農家はいくら作っても儲かりません。農家の多くが兼業農家で、他に本業があるので儲からなくても大丈夫ということだったのです。こうした兼業農家は、作った作物（コメ）を農協に出荷するだけですから、売上を増やす努力をしないことが普通です。

一方、コメ以外（野菜や果物）の農家は専業が多いわけですが、台風などの天候不良になった時だけ、ニュースで大々的に取り上げられるので、「儲からない」イメージが強いのです。実際は天候が順調な時に儲かっている農家が多いのですが、それはニュースになりません。日本の農業が本当に衰退産業なのかというと、野菜や果物に関して言えば、そんなことはないのですが、イメージとして非常に悪いということなのです。

そんな日本の農業ですが、「農業ベンチャー」が次々に農業に参入しています。先ほども述べましたが、法人（株式会社など）の農業参入が認められるようになり、2万もの法人がすでに参入しています。高齢化した農家の多くは後継者がいないので、耕作放棄地が増えてしまうのですが、この耕作放棄地を借り受けて、大きな農地にまとめることで、大規模農業がやりやすくなったのです。
日本の農業が小規模だったのは、終戦後の「農地改革」(農地解放とも呼ばれます)が原因です。戦前の日本では地主の所有する土地を借り受けた小作人が農業を行っていて、地主に儲けを搾取されていたのですが、この状態を改革しようとして、政府が小作地を地主から安値で強制的に買い上げて小作人に安値で売却しました。このため搾取問題は解決したのですが、農家が小規模化してしまったわけです。70年以上前に小規模化してしまった農地が、後継者不足でようやく大規模になりつつあるというのが現在の姿です。

例えばスーパーマーケットやファミリーレストランなどの大企業は、市場で野菜や果物を買うだけではなく、農家と直接契約して年間の買取価格を固定する仕入を増やしています。農作物には豊作・不作がつきもので価格も上がったり下がったりするのですが、企業としては仕入れのコストを定額化しておきたいので、市場を通さずに農家と直接契約しようとするのです。農家の側も、おいしくて品質の良い野菜・果物だと企業に認めてもらえれば、販売金額を確定できるので、経営が安定します。経営が安定するので、面積をもっと増やせますし、大規模化すれば機械化が進むのでコストが下がり、さらに儲かります。

こうした農業ベンチャーは若手が行うため、ドローンなどを使った省人化やＡＩやＩｏＴなどを使った生産性向上も進展します。日本の野菜や果物はおいしいという評判が高いので、アジアの富裕層向けにも高値で売れるようにもなってきました。日本の農業の未来は意外と明るいのです。

2 少子化と高齢化が世界に広がる

日本は高齢化先進国

医療技術が進歩したことや、栄養状態が改善したことなどで、人間の寿命は延びています。日本は世界の平均よりも男女ともに平均寿命が10歳以上長いという長寿国です。また、第二次世界大戦直後にベビーブームがあったために、この頃に生まれた人たち（団塊世代と日本では呼ばれています）が非常に多く、今の75歳以上の人口が多くなっています。このため、世界と比較して、高齢者の比率が突出して高いという状態になっています（図5－3）。

高齢化が進行すると、高齢者向けのビジネスとして、医療サービスの市場が拡大します。医療や製薬のビジネスでは、これまで先進国市場を中心に産業が成長してきました。所得の高い国は、医療や健康に高い対価を払ってくれますし、健康保険制度が整った国では、高度な医療も保険が支払ってくれるので、医薬品などの普及が促進されます。日本は、国民皆保険と呼ばれるくらいに健康保険の加入率が高いので、医薬品の市場規模で見ても、アメリカ、中国に次いで第3位です。

図5-3 人口に占める65歳以上の割合

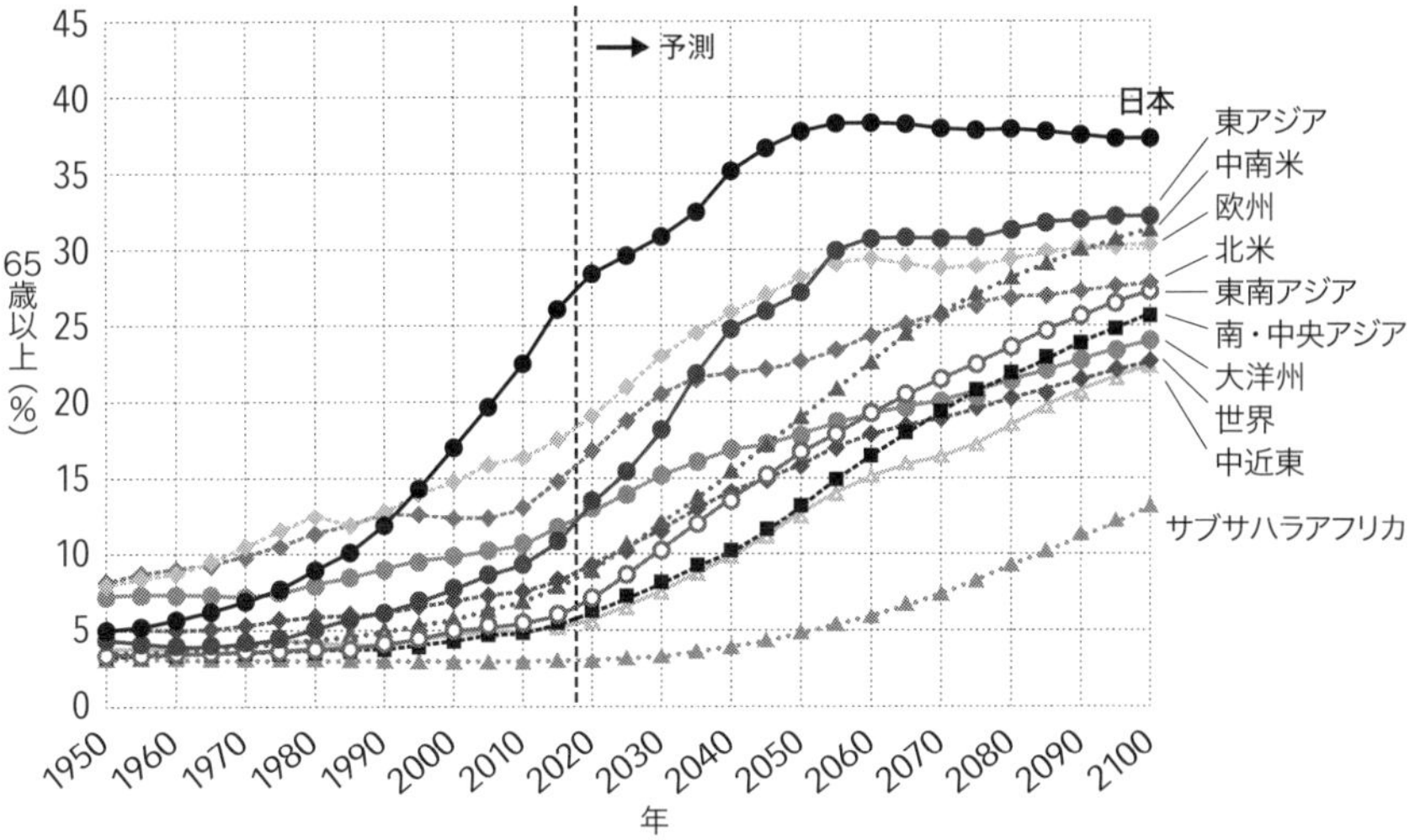

出所：JOICEP, 国連：世界の人口推計 2019

高齢者が増えることでより深刻になるのが認知症の問題です。これまで認知症は、「症状の進行を抑制する」薬はあったのですが、その原因物質を取り除く薬が2023年に米国で承認されました。認知症の発生原因が明らかになってきているので、将来的には、認知症の進行を「止める」ことも可能になるかもしれません。

高齢者が増えることで心配になるのは、医療機関の受け入れ能力の問題です。今ですら病院の病床使用率は非常に高いのに、高齢者数がこれ以上増えたらどうなるのでしょうか。病床数を増やしさえすればいいという問題ではなく、医師の数も看護師の数も不足してしまいます。

そうした問題に対処できる可能性があると期待されているのが、遠隔医療の技術です。

農村部に居住している多くの高齢者に医療サービスを提供しようとすると、在宅、もしくは最寄りの小規模な医院を通信でつないで遠隔で医療サービスを提供することも必要になります。これには規制の緩和も必要になるのですが、それとともに技術のさらなる進化が期待されています。

先進国だけではなく、新興国でも今後は医療や製薬の市場が拡大すると期待されます。新興国も徐々に高齢化が進行しますし、新興国の政府も、健康保険制度の重要性を理解しており、制度の充実が図られてきています。

現時点では、新興国よりも先進国の方が医療サービスのレベルが高いので、「メディカル・ツーリズム」と呼ばれる現象が起きています。これは新興国の富裕層の人が、先進国に行って健康診断や治療を受けるということです。このサービスではカナダやイギリスの人気が高いと言われていますが、やはり英語圏の国は人気が高いということのようです。

また、高齢化の進んだ国では、子育てを完了した世代の比率が増えることから、貯蓄率が高くなり、老後に備えた金融サービスの需要も増えます。人生100年時代などという表現が日本では広まっていますが、それだけ長生きするのであれば、老後の生活資金を貯めて、運用するという必要性が高いということになります。

日本は少子化も先進国

図5-4 日本の出生数の推移（図中の年齢は2020年時点）

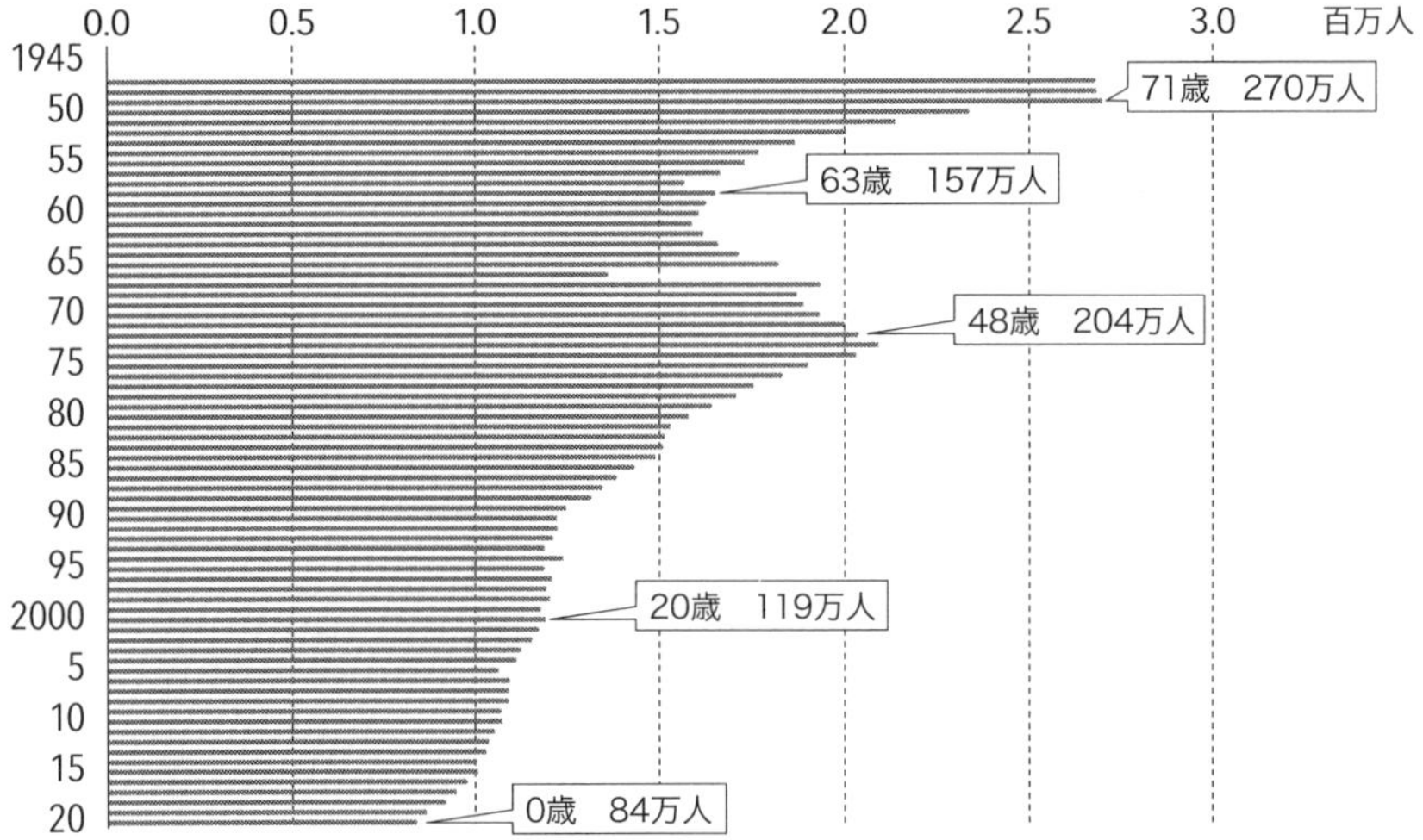

出所：厚生労働省「令和2年（2020）人口動態統計（確定数）の概況」

前にも説明しましたが、日本では人口減少が始まっています。その理由は出生数の減少です（図５－４）。１９４８年が出生数のピークで、一学年に２７０万人もいたのです。この世代（団塊世代）の子供も第二次ベビーブームと呼ばれ、一学年に２００万人もいました（この世代は団塊ジュニアと呼ばれています）。

しかし、その後に第三次ベビーブームは起きず、今の大学生くらいの年代だと一学年は１２０万人くらいです。出生数はさらに減り続け、２０２０年の出生数は８４万人でした。

なぜ第三次ベビーブームは起きなかったのでしょうか。先ほども説明した通り、都市型社会では少子化が起こりやすいという特徴があります、１９７０年代の日本はすでに都市型社会になっていたようにも思いますが、

2000年代になるまでにさらに人口の大都市部への移動が進んだということが理由の一つとして考えられます。

二つ目の理由として、子供の教育費が特に高くなったという理由が考えられます。団塊世代の頃は、なにしろ同学年の人数が多いのですから、高校受験も大学受験も大変な倍率でした。そこで予備校や学習塾に通って有名校に合格しようという行動が広まりました。団塊ジュニアの時代も同様に受験の倍率が高かったので、受験産業の市場が拡大し、子供一人当たりにかかる教育費も上がったと考えられます。

さらにもう一つの理由として、女性の社会進出が進んだということもあげられます。団塊世代の女性の多くは専業主婦になりました。「お父さんが会社で働き、お母さんは家で家事をする」というスタイルが、この世代ではまだ一般的でした。しかし団塊ジュニアが大人になった2000年代には、女性も仕事をすることが一般的になりました。仕事が忙しいので結婚の時期が遅くなり、結婚しても出産を選択せずに仕事を優先する人が増えたのだろうと言われています。

しかし、三つ目の理由は日本だけの問題かもしれません。先進国では共通して合計特殊出生率が下がっていて、一つ目の理由（都市型）と二つ目の理由（教育費）は先進国に共通の現象なのですが、欧米の先進国では女性の社会進出は普通のことなので、それによって少子化が加速したというわけではなさそうです。

図5－5は地域別の出生率比較ですが、欧州・北米は1975年頃から2・1という人口維持レベル

図5-5 出生率の予測

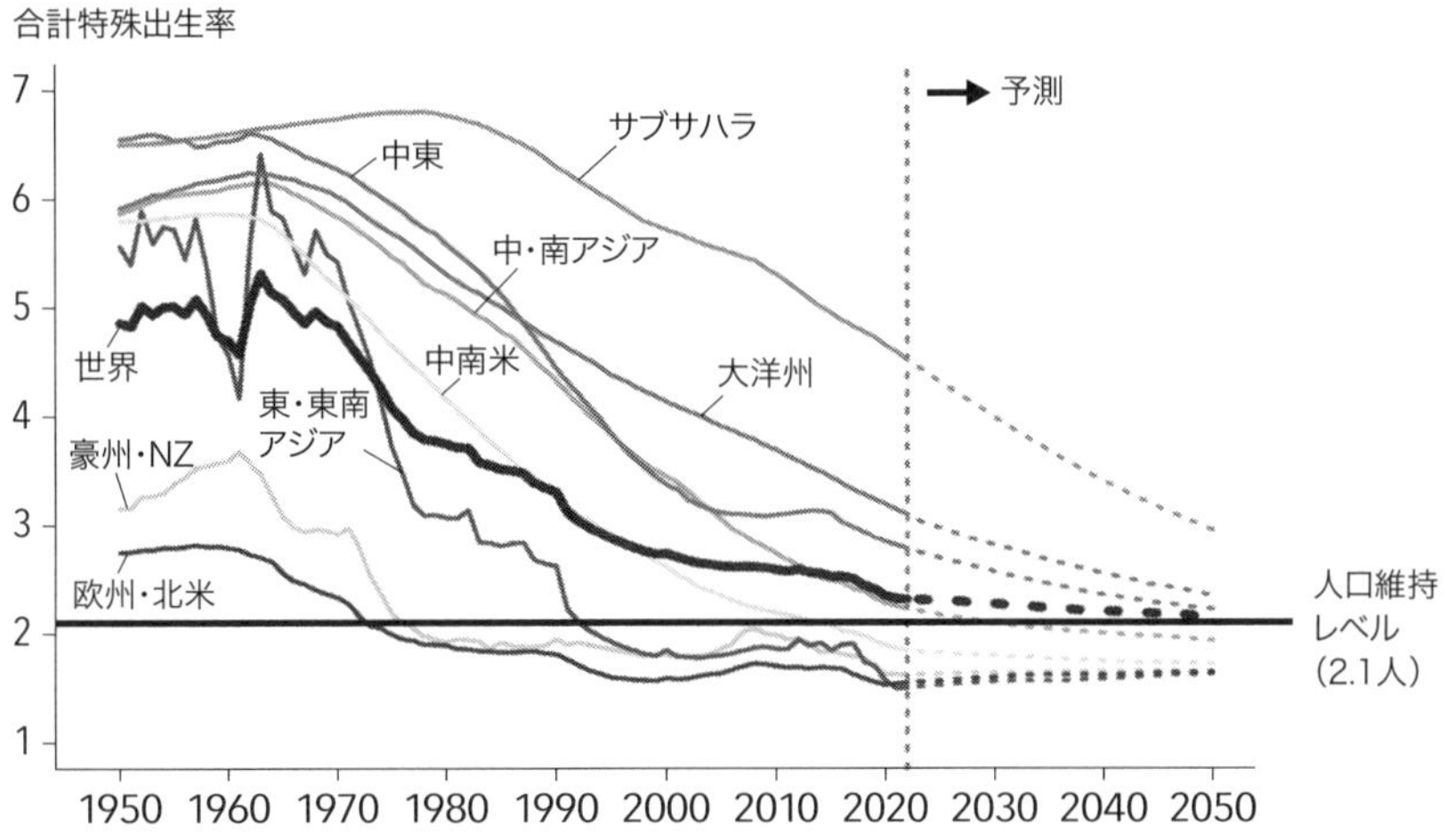

出所：World Population Prospects 2022

を下回っています。日本の2020年の合計特殊出生率は1・34人で、この図の欧州・北米よりもさらに低い位置にいます。

後の章（第11章）で詳しくは解説しますが、国別のデータで見ても欧米先進国の出生率は日本ほど悪化していません。「女性の社会進出によって、女性だけが不利をこうむる」という現象が日本に顕著に起きているということが真相です。

これも第11章で詳しく説明しますが、日本の伝統的な大企業では同質的な企業文化が強みとして機能してきたという歴史があり、「欧米に追いつき、追い越せ」という時代にはそれがプラスに作用しました。そのために長時間労働をいとわないという企業文化が形成され、「お父さんが会社で長時間働き、お母さんは家で家事をする」という分業になりました。

企業が男性社会だった頃から、社員全員が長時間働くということが当たり前になっていたので、女性社員が増えても、その習慣が継続してしまったわけです。会社で長時間労働を強いられ、なおかつ子供の保育園への送り迎えも、食事を作るのも、掃除も洗濯もお母さんの役割、というのでは、子供を2人以上産むのはかなりの難行ですよね。

日本だけ少子化が突出したというのは、日本独自の事情があったと考える方が普通なので、やはりこの長時間労働が習慣化しやすい企業文化が、大きな理由となっていたと考えることが妥当なようです。

人口ボーナス期と人口オーナス期

ここまで見てきたように、日本は高齢化も少子化も世界のトップランナーです。この両方が同時に起きているということは、人口に占める「若い世代」の比率が低下しているということになります。ここで「若い世代」の人数のことを「生産年齢人口」と呼びます。

次の見開きページの図5－6のグラフの縦軸は、全人口における生産年齢(20～60歳)の割合の、2000～2050年の間での変化率を示しています。職場で働いて生産活動に従事する年代である「生産年齢」(この図では20～60歳、調査機関によっては15歳からとしたり、65歳までとしたり、幅があります)、すなわち若者の比率が上がっている国は、上の方に位置し、若者の比率が下がっている国は下に位置しています。横軸は2000～2010年の経済成長率を示しています。

この図で日本は下にいますから「若い人の比率が下がっている」国ということです。若者の比率が2050年までに約25%も下がるのです。他にも似たような国はあります。イタリアやドイツも下がりますし、韓国、シンガポール、香港も下がります。中国も下がると予測されています。

逆に上の方にいる国はどこかというと、アフリカや南・東南アジアの国がきています。これらの国は、「生産年齢人口」の比率が上がっている状態です。この状態のことを「人口ボーナス期」といいます。

人口ボーナス期とは、いわば「多産少死」の状態にあって、若者の比率が上がるのですが、消費市場としては、可処分所得が増加する層が多いため、成長市場ということになります。若い世代が増えるということは、住宅の取得などが増加するわけですから、それに合わせて家具や家電などを買いそろえるなどして需要が増加します。

農村に住む若者が都市部に移動して給与生活者になるという動きも同時に起きることが多いので、都市型生活者による需要がさらに増加します。こういう世代が多いということは、全体として国民が将来には楽観的になります。国の将来は経済成長して明るくなるはずだと皆が思えるからです。

また労働市場としては、比較的低賃金でも若者を雇用することが可能な市場ということになります。若いから賃金が安いということもありますが、働き口よりも、働き手が増加するため、企業が競って給料を引き上げなくても十分な数を雇用できそうということになります。なので、海外企業なども、こうした国に進出すれば人材を安く雇用できるのです。

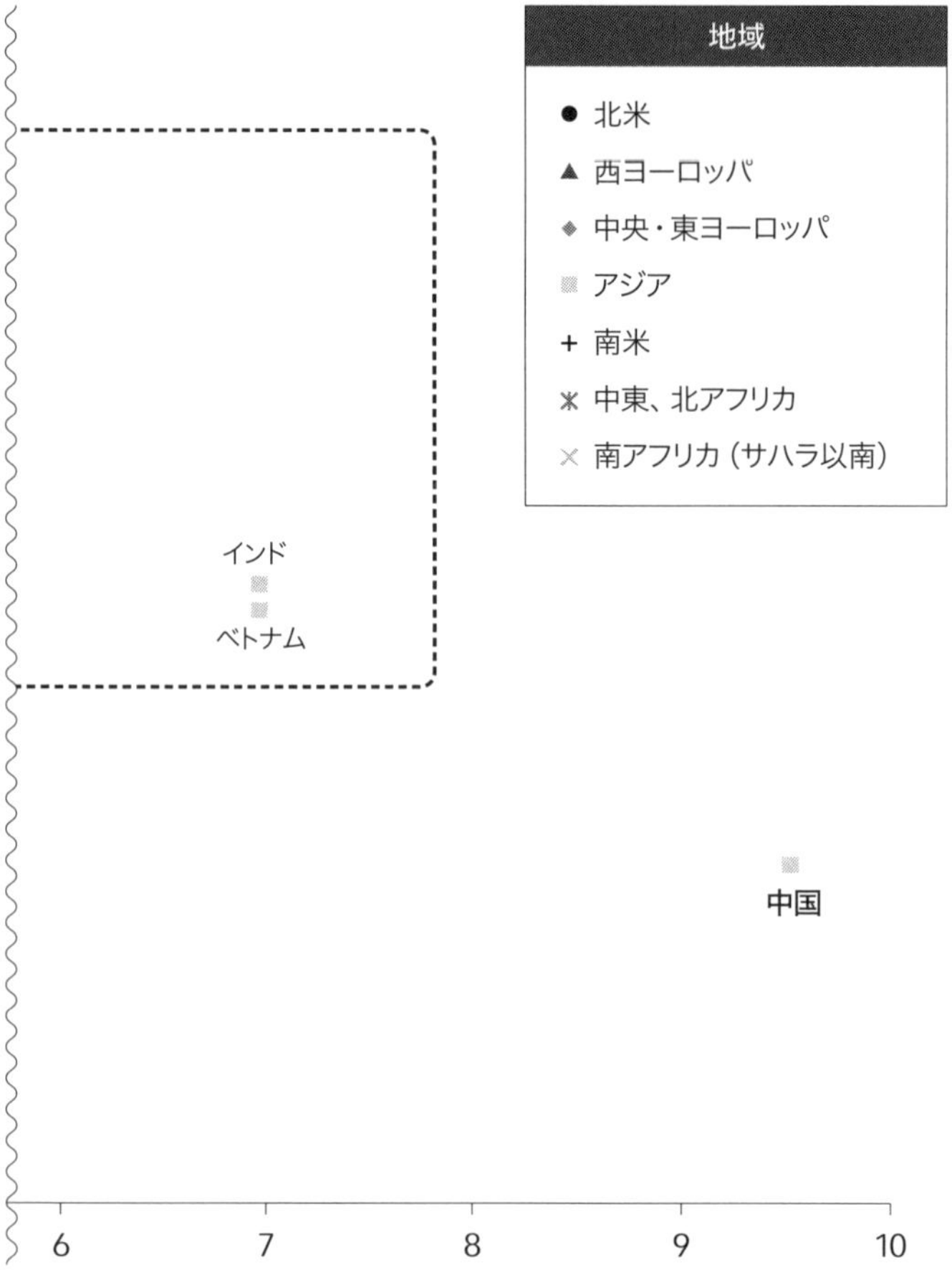
地域
北米
西ヨーロッパ
中央・東ヨーロッパ
アジア
南米
中東、北アフリカ
南アフリカ（サハラ以南）
インド
ベトナム
中国
6
7
8
9
10

図5-6 GDPの成長率と生産年齢層の割合

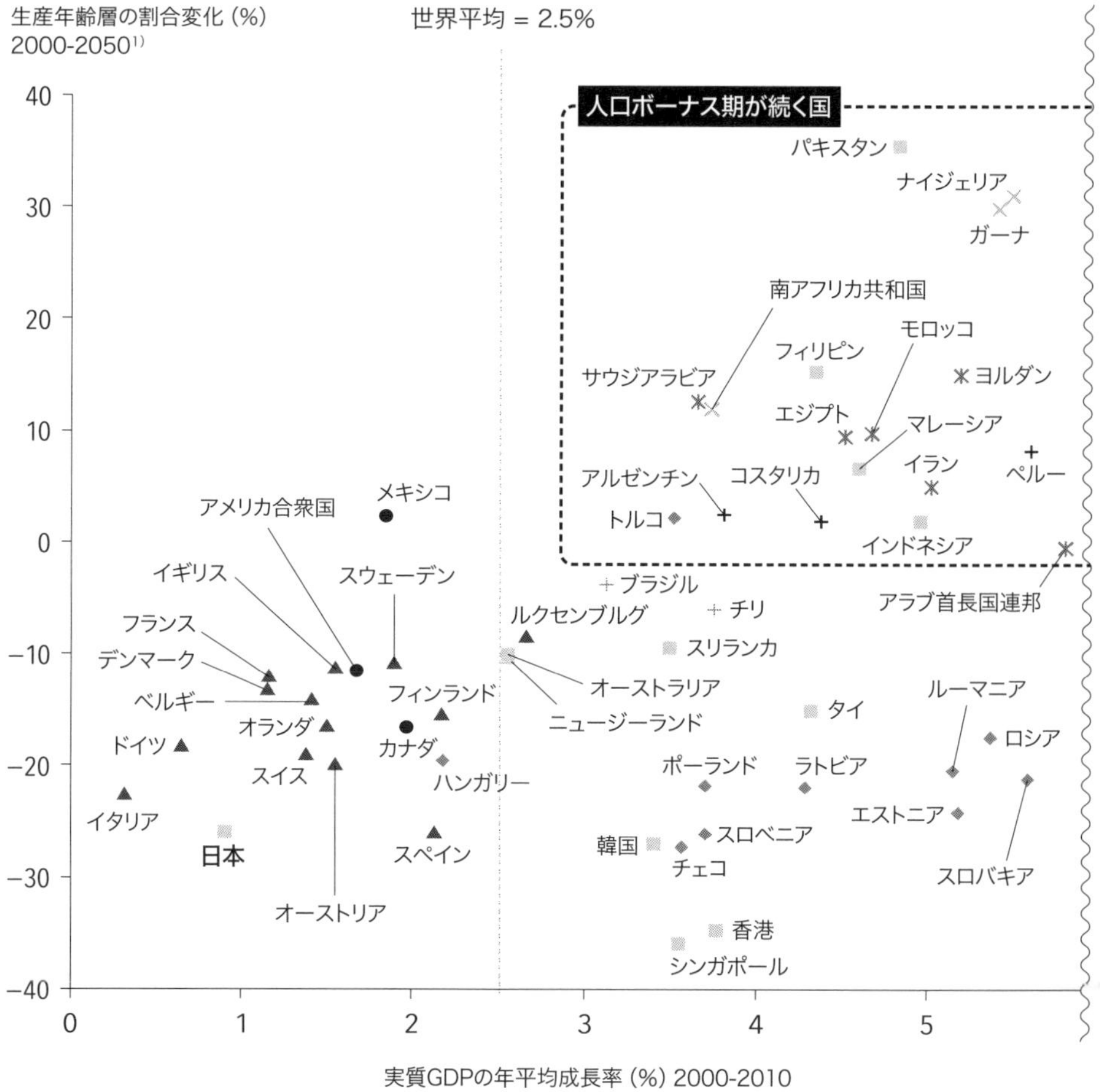

1）全人口における生産年齢（20-60歳）の割合の、2000-2050年の間での変化率
出所：アメリカ合衆国国勢調査局 "International Data Base", Global Insight

高度成長期（1950年~1990年）の日本も人口ボーナス期にありました。消費市場が拡大しましたし、製造の人件費でも有利でしたから、安い製品を大量に生産することができ、国内の需要も旺盛で、海外への輸出でも有利で、国の将来は経済成長して明るくなるはずだと皆が思っていました。

今の新興国も同じ状況です。工業化に成功すれば、貧困化や食糧問題も防ぐことができ、それに伴って政情も安定します。典型的には「低人件費」を武器にして、生産活動を自国に呼び込み、そこで働く労働者を「都市型消費者」として、生活需要を増やしていく政策がとられます。

一方、「生産年齢人口」の比率が下がっている状態のことは「人口オーナス期」と言います。オーナスとは「重荷」を表す英語です。この時期はいわば少産少死の時期で、消費市場としては、住宅需要が減少するなどして、低成長化します。労働市場としても、人件費が上昇します。中高年の労働者が多いので人件費が高い人材が増えるのですが、働き手の数も少なくなります。生活水準が全体的に上昇し、働き手が仕事を選り好みするようになります。

また、高齢者福祉の負担増加など、社会的な不均衡が問題化します。1990年以降の日本が典型的な人口オーナス期です。日本の場合は多くの産業で商品供給が過剰になって、価格の過当競争が起こり、値下げ競争が起こりました。このためコストも下げないといけなくなったのですが、労働人口の年齢が上がっていたので、人件費の安い労働者を雇うことが難しく、給与水準が抑え込まれるということになりました。

日本だけでなく、中国も韓国なども人口オーナス期に突入します。社会に高齢者が増えるため、住宅需要（およびそれに伴う耐久消費財需要）が鈍化し、社会保障の負担が重くなっていきます。グローバルに事業規模を追求しようとする大企業は、人口オーナス期の国を避けて、アフリカなどの人口ボーナス期の国に展開することになります。

人口オーナス期の社会保障問題

人口オーナス期では高齢者の数が増え、生産年齢人口が減ります。つまり社会保障を受ける側の人数が増え、払う側の人数が減るということになってしまいます。これがまさに今の日本で大きな問題になっています。

次のページの図5－7は、日本の社会保障給付費と社会保険料の推移を見たものです。社会保障給付費（年金の支払いや健康保険などの支払いが含まれます）は高齢化の進展とともに増加しますが、社会保険料（現役世代が支払う年金保険料や健康保険料）は、生産人口が伸びないため、増加ペースが鈍くなります。

そしてこの両者の差額は、税金によって穴埋めされることになります。差額がどんどん広がっているので、その穴埋めに税金がより多く使われることになってしまい、ただでさえ日本は財政赤字が大きいのに、その赤字がさらに拡大してしまうのです。

ここで、日本ならではの解決方法が実はあります。日本特有の、**男性中心だった労働者構成を、女性も働く構成に変えていけばよい**のです。女性の社会進出が進んだとは言うものの、子供の出産や育児で

図5-7 社会保障給付費と社会保険料の推移

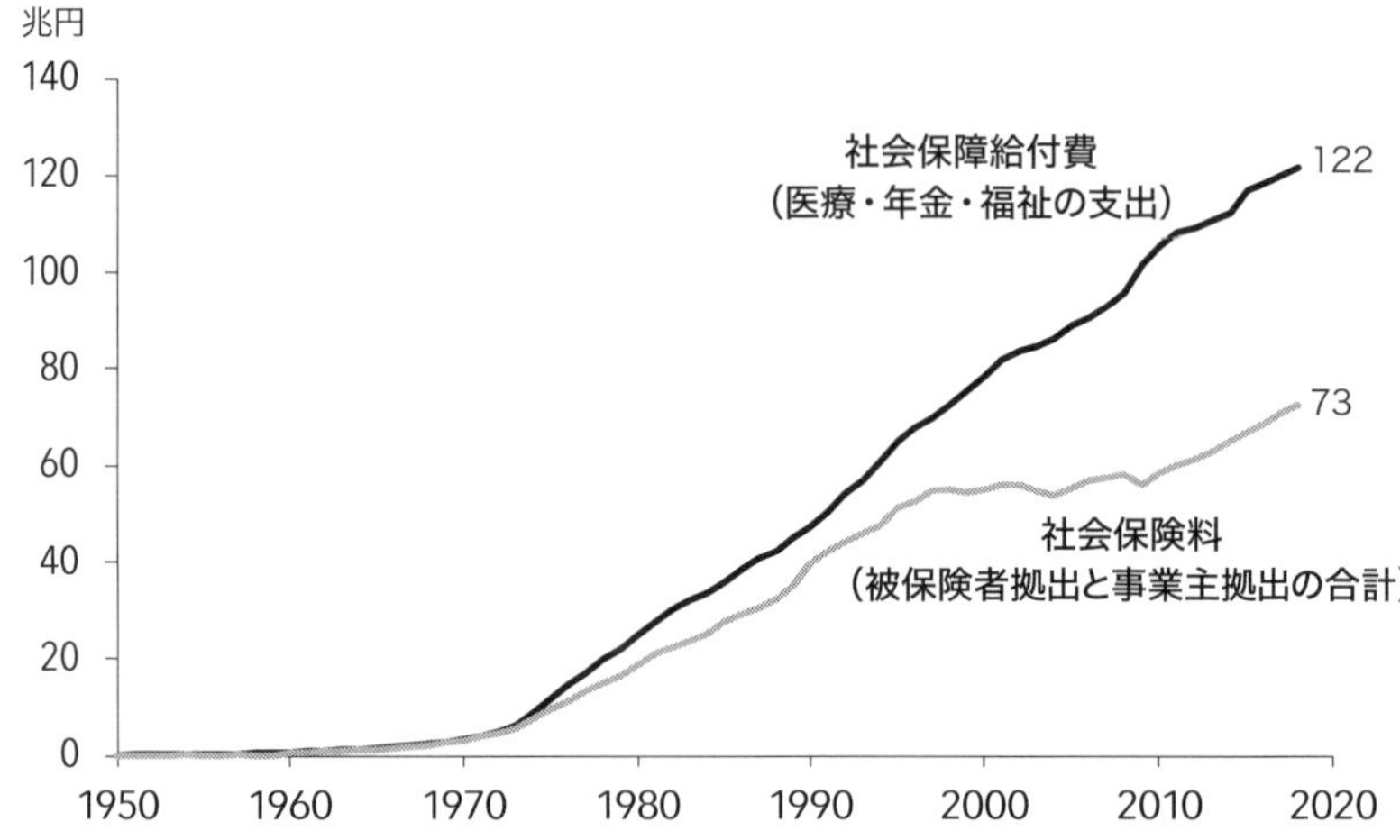

出所：厚生労働省　平成30年度社会保障費用統計

職場を離れた女性がそのまま復帰せずにいる比率が、日本はまだ高いのですが、この人たちに職場復帰してもらい、65歳まで働いてもらうようになれば、保険料を支払う側の人数を大幅に増やすことができるのです。

1980年の日本で65歳以上の人口は1056万人、15歳から65歳までの人口は7883万人でした。割り算をすると、7・4倍ですから、高齢者一人の費用を7・4人の労働者で負担していました。ここで極端に単純化して言うと、生産年齢人口の半分の女性が働いていなかったとみなせば、割り算は3・7倍です。つまり昔の日本では、高齢者一人の費用を3・7人の男性労働者が負担していたのです。

2020年になると65歳以上の人口は3016万人、15歳から65歳までの人口は7454万人でした。割り算をすると、2・

4倍です。ここでも極端に単純化して、生産年齢人口の半分の女性が働いていなかったとすると、割り算の答えは1・2倍です。逆に女性が全員働いてくれれば、割り算は2・4です。**高齢者一人の費用を男性労働者だけで負担すると、高齢者一人の費用を労働者1・2人で負担することになってしまいますが、女性も働けば、高齢者一人の費用を労働者2・4人で負担すればよくなる**のです。昔3・7倍だったものが2・4倍で収まるのであれば、（1・2倍と比べれば）だいぶ楽になります。

身もふたもない話なのですが、政府が一生懸命になって女性活躍推進を掲げている裏には、こういう事情があるのです。もちろん、こんな身もふたもない説明を政府がすれば猛反発を受けますから、そうは決して言いません。女性が活躍すること自体は社会的にとてもよいことですし、それを阻むような仕組みが日本特有の問題として存在していたのも事実なのですから、政府が旗を振ってこの問題を解決しようということは、良いことのはずです。

ビジネスチャンスについて考えよう

人口問題も少子化・高齢化も大きな社会課題ですから、これにまつわる課題も大小様々にあります。人口問題そのものを解決することは困難ですが、これにまつわる課題を解決することでも大きなビジネスチャンスになります。人口問題および少子化・高齢化関連のビジネスチャンスとしては、以下のような論点を考えることができます。これらは、あまり技術寄りでないものもあるので、文系出身の人でも新たなビジネスチャンスがつかめるかもしれません。

□新興国でこれから出生数がさらに増えるということは、日本などの先進国で利用実績の多い育児の手間を解消する商品やサービスなら、新興国でも展開可能なのではないか
□新興国で都市型消費者が増えていくということは、当初は単身者が多いはずなので、単身者の手間を解消するような商品やサービスで、日本などの先進国で利用実績の多いものであれば、新興国でも展開可能なのではないか
□新興国で「一足飛び」の進展が起きるなら、スマホを用いた越境型のネット通販で、日本の商品を直送するようなサービスも人気を集められるのではないか
□肉食化が耕地面積を逼迫させるのならば、植物由来の代替肉が広まれば問題解決になるが、日本でも栽培できる作物（コメ、イモなど）でも作ることはできるのか
□日本の農業機械や灌漑、農芸化学などの技術やノウハウは、新興国の農業生産性（特に稲作）の向上にもっと役立てるのではないか
□日本の農業ベンチャー希望者を自治体などが大々的に募って、優秀な事業アイディアには休耕田などを

まとめて安く貸すというようなコンテストはできないのか

□日本の野菜や果物を取り揃えて海外の顧客に直販するビジネスを行うとしたら、何が障害になるのか（輸入規制があるなら緩和を働きかけられないのか）

□日本の医療サービスの中で、メディカル・ツーリズムに適したものや、海外に普及できるようなものはないのか

□日本の高い貯蓄率の金融資産を活かして、新興国の金融機関と組むなどして、現地の農業者向けなどに融資の支援をすることはできないのか

□日本企業の長時間労働の習慣はだいぶ改まってきたとは言うものの、ワーキングマザー向けなどに、リモートワークなどをもっと（再）活用する余地が残されているのではないか

□ワーキングマザーは「家事の時短」をしないといけないのだが、洗濯せずに返却できる子供服レンタルなど、アイディアはまだまだあるのではないか

□人口ボーナス期の国の若者向けにオンラインでできるアルバイト（日本語を用いなくて済むもの）の機会を提供できたら、低コストでできるのではないか

□人口オーナス期の日本の退職後の高齢者などを日本語学校の教師へと育成して、オンラインで海外の生徒にマンツーマンで教えるようなサービスは、低コストでもできるのではないか（日本語を学びたいという人が増えないといけないが）

□女性活躍の推進の一環で女性管理職や女性役員を増やさないといけなくなるが、そうした女性向けの研修サービスが必要なのではないか

chapter 6

メガトレンド❹

移民とメガシティ化という人口移動

1 新興国から先進国へと移民が増える

なぜ移民は増えるのか

第1章でも説明しましたが、「移民」とは経済的な理由で海外へ移動する人のことで、「難民」とは母国にいると政治的な迫害を受ける可能性があるので海外へ移動しようとする人のことです。先進国と新興国の間に所得格差が続く限り、新興国の人々は、より高い所得を得ようとして、先進国に行こうとします。

移民の行先として最も顕著なのがアメリカです。中南米からの移民によって、アメリカ国内にヒスパニック系（中南米のスペイン・ポルトガル語圏出身）住民が増加しています。次に顕著なのは、中東やアフリカからヨーロッパへの移民で、これによって、ヨーロッパ内にイスラム系住民が増加しています。他には、インドや東南アジアから中東の産油国への移民、中国や韓国からアメリカへの移民、中国や東南アジアからオーストラリア、ニュージーランドへの移民などが多くいます。これらの移民の特徴は、単純労働（工場や建設、店員など）が中心となっていることです。

単純労働以外の移民もいます。アメリカは、もともと「新大陸」としてヨーロッパから多くの人々を移民として受け入れることで成立した国ですから、単純労働者以外に、熟練労働者や知識労働者も多く移民として受け入れてきました。特に近年では東欧、ロシア、インド、中国などから、高度な教育を受けた人（または高度な教育を受けたい人）の移民が増加しています。有名なところではアップルの創業者スティーブ・ジョブズ（父親がシリア出身）や、グーグルの創業者の一人、セルゲイ・ブリン（ロシア出身の移民）などが海外にルーツを持つ人です。

知識労働者は西欧やロシアにも移民として向かっています。こうした人々は、より高い知識の修得と、その知識を活かした起業の機会を求めて、アメリカなどの先進国に向かうのです。

単純労働者が「南北」（例えば中南米から北米）方向に移動するのに対して、熟練労働者や知識労働者は「東西」（インドや中国からアメリカや欧州へ）方向に動くという特徴もあります（次ページ図6－1）。

日本からも昔は移民が出ていました。戦前の日本では農業従事者の所得水準が低く、しかも新たな農地を開拓することが難しかったので、海外に渡って農地を開拓して儲けようという希望を持った人々が海外に移民しました。ハワイやアメリカ本土、カナダ、ペルー、ブラジルが主な移民先でした。1924年にアメリカで移民全般を制限する法律が制定されて日本人の入国が禁止されて以降は、南米への移民が中心となりました。戦前には約77万人が移住したとされています。

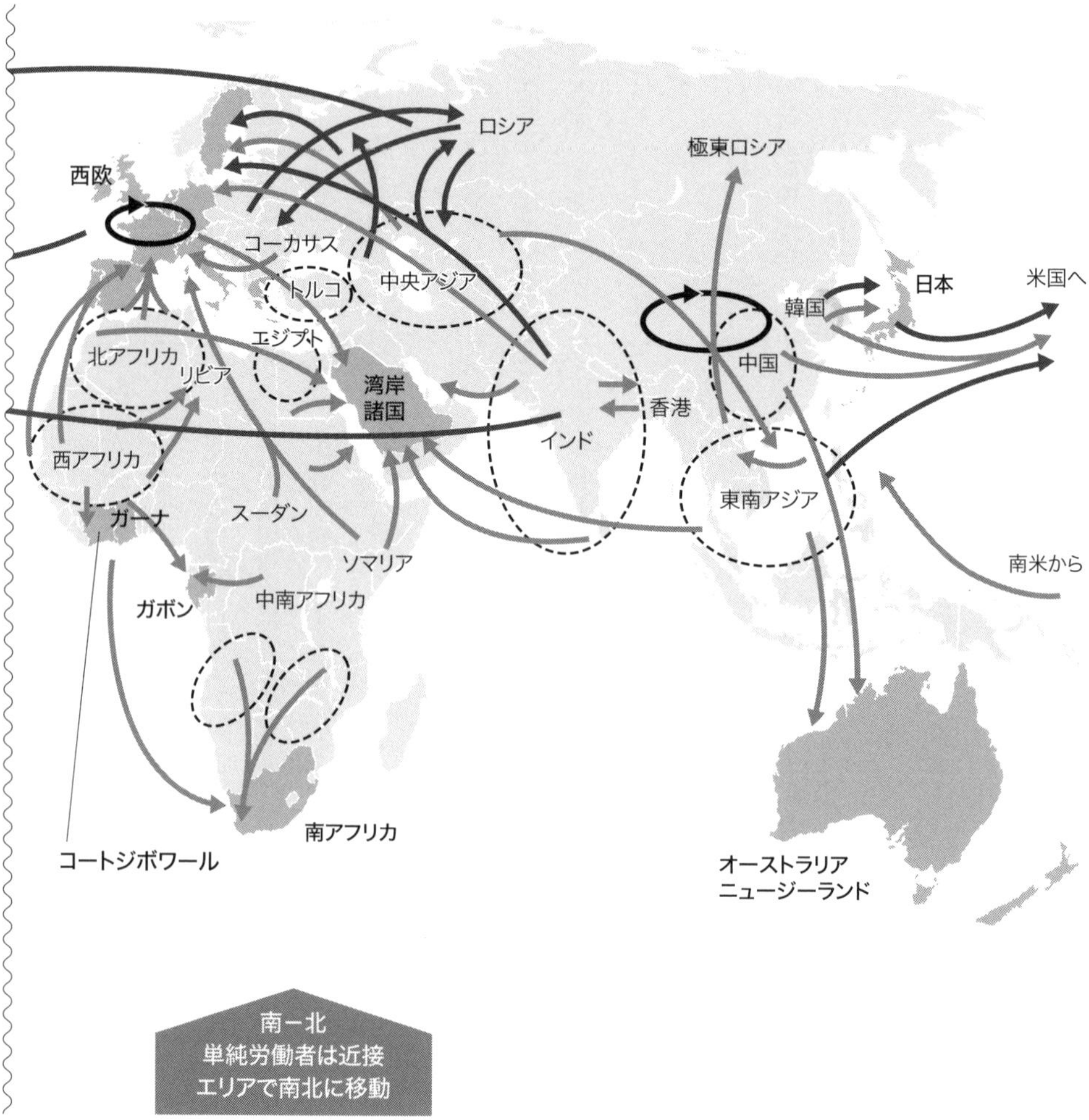
ロシア
極東ロシア
西欧
コーカサス
中央アジア
トルコ
日本
米国へ
韓国
エジプト
北アフリカ
リビア
湾岸
諸国
中国
香港
インド
西アフリカ
東南アジア
ガーナ
スーダン
ソマリア
南米から
ガボン
中南アフリカ
南アフリカ
コートジボワール
オーストラリア
ニュージーランド
南ー北
単純労働者は近接
エリアで南北に移動

図6-1 労働力移動の流れ

出所：Simon, UNESCO, CNRS-Université de Poitiers, Migrinter; Agence France Presse, Reuters and Philippe Rekacewicz (Le Monde Diplomatique)

一方、戦後の日本は、むしろ日本にいたほうが経済的に成功しそう（かつて移民した人々は大きな苦労をしていた）という考えから、移民に出る人の数は少なくなっていきました。今の日本人には企業の「海外駐在」という形で海外に行く人が多いですが、そういう人は任期が終わると帰国するので、移民ではありません。

なぜ移民問題と呼ばれるのか

新興国側から移民を目指す理由はわかりましたが、受け入れる先進国の側はどうだったのでしょう。先進国側は単純労働者が不足していたので、むしろ移民の受け入れを進めてきました。

先進国の住民は低収入の仕事を避けて、高収入の仕事を選り好みしますし、全般的に給与水準が高くなっているので、低人件費の労働者を雇いたい企業側としては、移民で来てくれる労働者はありがたい存在です。

しかし、先進国の文化に移民が同化してきたわけではありませんでした。先進国内で失業者が増えてくると、失業者たちは「自分の仕事を奪ったのは移民たちだ」という被害者意識を持つようになります。また、アジア系の移民は一般的に高学歴志向（儒教の影響があるせいか、親が経済的に困窮していても、子供にはいい教育を受けさせたいという文化があります）なので、有名大学に合格する率も高くなっています。アメリカの大学は人種差別をなくす意図で、一定割合の少数民族の受け入れ枠を設定していましたから、その枠にアジア系の移民の子供たちが入ることができるのです。そうなると、少数民族間でも対立が起きます。中南米系の移民が「自分の仕事を奪ったのはアジア系移民たちだ」と被害者意識を持つのです。

こうした複雑な感情が根底にあるため、先進国の住民も移民の受け入れには困惑気味でした。移民する側もそうした意識から発生する地元住民の差別的な言動に困惑することになります。ヨーロッパでは特に移民側にイスラム教徒が多いため、地元のキリスト教住民たちとの文化のギャップを感じることも多いようです。移民側と地元住民側の双方がそうした状態に不満を持ってしまうため、様々な摩擦が起きてしまい、究極的にはテロ事件のようなことにまでなってしまうのです。

こうした問題を解決するための方策として、移民が「エスニック・コミュニティ」を作り、一定の秩序を形成することで、地域との共生をはかれるようにしてきました。例えばアメリカでは古くから「チャイナタウン」「コリアンタウン」などが形成されてきました。これには、移民同士が助け合い、移民の「世話役」を通じて地元自治体などとの接点を作ることで、移民が生活しやすい環境を作れるようになるという効果があります。また、コミュニティ内での生活サービス（母国料理のレストランや、食料品店、理美容店など）で雇用を生み出せる可能性も高まります。

過去の経緯　**日本への移民**

日本にも横浜の中華街、神戸の南京町、東京の新大久保のコリアンタウンなどと呼ばれる場所があります。それだけ多くの外国人たちが日本にいるということでもあります。第二次世界大戦前に日本が中国（満州）や台湾、韓国を占領していた時代には、その地域の人々も日本国民として扱っていて、日本に移り住んできた人たちもいました。第二次世界大戦の終了後も日本に残っていた人々とその子孫らには、「特別永住者」という制度ができ、職業の制限もなく、資格更新の必要もなく、日本で生活できます。いわゆる移民とはちょっと違っていて「元日本国民」というような位置づけで日本に住んでいるわけです。

いわゆる移民というイメージに最も当てはまるのは「永住者」と呼ばれる人々で、日本在住が10年以上で、就労資格や居住資格を持って5年以上在留していることなどが条件となります。そのうち日本人（永住者、特別永住者）と婚姻関係が3年間結ばれていれば、1年以上日本に在留することで日本の永住権を取得することができます。日本人（永住者）の実子（特別養子）の場合は1年以上日本に在留していれば永住権の申請を行うことが可能です。

さらに「日本人の配偶者等」（日系2世を含む）も在留資格があります。仕事の制限はないのですが、在留資格の更新が必要となります。ここまでが「旧来からの移民制度」と呼ばれるものです。

日本は移民を増やすべきなのか

第5章で見た通り、日本は人口減少社会です。本章ですでに見たように、アメリカや欧州各国では、移民を受け入れて労働力として活用してきました。アメリカが人口を増やしている（1990年2・5億人→2020年3・3億人）のは、移民からの帰化を受け入れてきたからという要素もあります。では、日本はどうなのでしょうか。低賃金の職業に就こうとする若者が少ない中、東南アジアなどの外国人労働者に依存する傾向が強まっています。移民によって経済の活力を維持し、人口減少に歯止めをかけるべきなのでしょうか。

しかし、日本では、移民に関する議論はほとんどされてこなかったというのが実情です。日本の「旧来からの移民制度」は比較的厳しい方で、この条件をクリアして日本に移住できる人の数はそれほど多くありませんでした。日本でも人手不足が深刻になってきた時期に移民受け入れの議論をすべきだったのですが、そういうこともなく、「移民ではない制度」が作られてきました。

1989年に入国管理法が改正された際には、「定住者」という区分ができました。これは日系人対象の在留資格で、制限なく働くことができます。かつて南米に移民していった人たちの子孫が、この「定住者」という形で、人手不足になったメーカーの日本の工場で多く働いていました。

次に2009年の入国管理法改正で新設された「技能実習」は、日本の職場で技能を学び、それを本国に持ち帰って仕事に活かしてもらうという建前の制度です。日本への定住は目的ではないので、「移民ではない」ということになっています。

ベトナムなどの東南アジアから多くの若者がこの資格で来日し、今も多くの工場で戦力として役に立っています。定住目的ではないので、技能実習生の就労期間は最長5年です。技能を学ぶためのものですから、対象となる職種には制限があり、期間中に仕事を変えることは原則不可能です。

この技能実習生は人手不足対策として非常に有効だったのですが、雇用者側から見ると5年で帰ってしまうことが問題でした。そこで2019年に新設されたのが「特定技能」という制度です。これも職種に制限があり、在留期間は最長5年です（技能実習生から移行すれば計10年いられます）。

ちなみに、皆さんがコンビニや居酒屋などで見かける外国人の店員は、「技能実習」ではありません。「技能実習」は主に製造業などの技能が必要な職場に限定されています。では、店員さんたちは何の資格なのかというと、多くは留学生のアルバイトです。中には学生ビザで来日したにもかかわらず、学校には行かずにアルバイトだけをしているような人も多くいるようです。

2020年6月末の時点で、日本では約290万人の外国人が在留資格を持っています（図6－2）。内訳を見てみると、「技能実習」や「定住者」など、労働力として期待はしているが、移民ではないと

図6-2 主な在留資格（2022年6月末 法務省統計による）

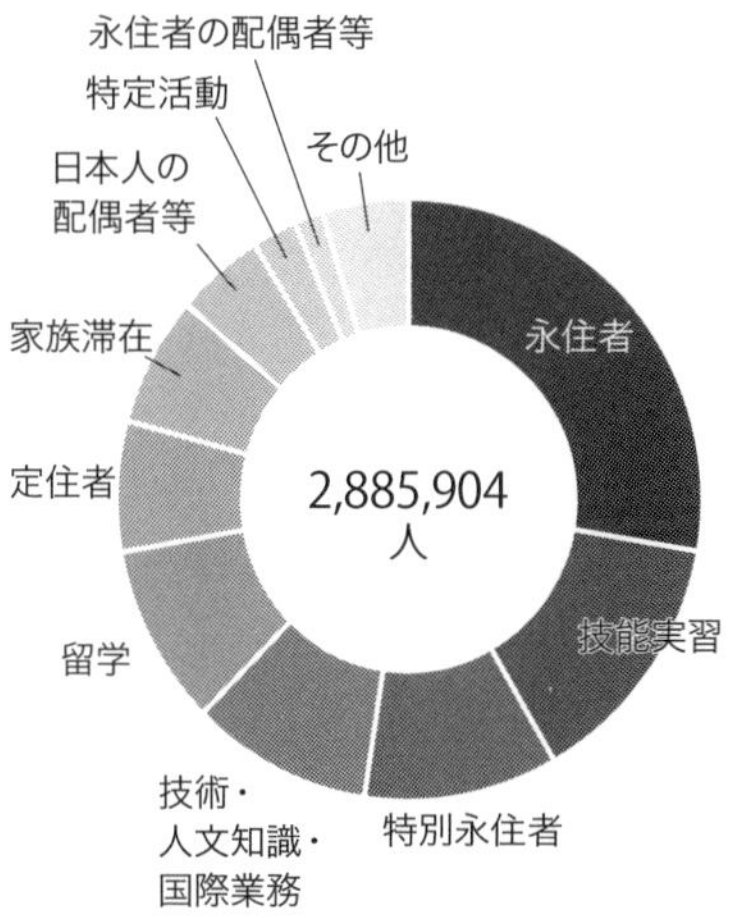

旧来からの移民制度

- ▶「永住者」は、日本在住が10年以上で、罰金刑がないことなどが要件となる
- ▶「特別永住者」は第2次世界大戦前から日本国民として住んでいた外国人と子孫らで、職業の制限や更新の必要はない
- ▶「日本人の配偶者等」（日系2世を含む）は仕事の制限はないが、在留資格の更新が必要

新たに創設された制度

- ▶「定住者」は、89年に入管法が改正され日系人対象の在留資格として新設された。制限なく働くことができる
- ▶「技能実習」は、2009年の入管法改正で新設された。就労期間は最長5年。職種に制限があり、原則として仕事は変えられない
- ▶「特定技能」は、人手不足対策ととして2019年に新設。職種に制限があり、在留期間は最長5年（技能実習生から移行すれば計10年）

出所：朝日新聞Globe+

いう建前の人たちが4分の1程度います。さすがに「技能実習」の名目で「労働力」を確保するのはおかしいということで、「労働力」確保のための制度に衣替えするという検討が2023年に始まると言われています。

移民が増えるということは、日本で生活する人が増えるということですから、実質的な人口増加ですし、それによる内需拡大の効果もあるはずです。しかし日本では、移民を増やす代わりに、「インバウンド外国人旅行者」を増やすことが優先され、それで需要を増やそうとしてきました。

すでに実態として100万人規模で労働力を日本に招いているのですから、制度もそれに合わせていくべきでしょう。

なぜ移民に関する議論を今まで政府が避けてきたのかというと、与党の支持層の中には、

「移民が増えると日本の文化や伝統が失われる」というような抽象的な反対理由の人がいるからのようです。

社会の治安が悪化するという懸念を持つ人もいそうですが、それは正式な移民を受け入れないせいで、不正に定住して定職につけない人が増えるからです。

日本人の雇用が奪われるから、というのは、人口減少時代にはもはや理由になっていません。長期的には、外国人を正式に雇用し、正式に納税してもらい、社会が多様性を受け入れるようになることが求められるはずです。

新興国内で都市部へと人口が移動する 2

なぜ都市部へ人は移動するのか

移民というのは、経済的なメリットを求めて、新興国から先進国へ移住することですが、地方部から都市部へ移住することでも、経済的なメリットを得ることができます。第5章では農村型社会と都市型社会とを対比させて、出生数の違いを説明しましたが、農村部で生まれた子供たちは、親が農家の労働力のつもりで産んだとしても、成長する過程で経済成長が起きてくると、都会で働いた方がより豊かになれるのではないかと考えるようになります。

仮に長男が実家の農業を継ぐとした場合、他の兄弟姉妹は長男を手伝って収入を得ることはできますが、農地の面積が増えない限り、農業として家族全体の収入を増やすことは難しいとわかります。そこで、農村部から都市部への人口移動が起こるのです。

こうした人口移動は、1950年代の日本にもありました。農村部で中学を卒業した生徒たちが京浜や京阪神の製造業の企業に大量に就職することを、「集団就職」と呼んでいました。彼らは当初は会社の寮に住むのですが、家庭を持つようになると、「ニュータウン」と呼ばれる住宅造成地に住むようになります。中卒ですぐに就職するという人はその後減っていったため、「集団就職」もやがて下火になり、大学で都会に出てきて都会で就職するパターンの方が一般的となりました。国として経済発展の初期段階にあると、農村部と都市部とのギャップが生じやすいので、この時期に都市部への大きな人の移動が起こるのです。

メガシティが新興国に次々と登場する

人口1000万人を超える都市圏のことをメガシティと呼ぶのですが、2010年の時点で世界にメガシティは23か所ありました。日本では東京と大阪が該当します（メガシティは「都市圏」という広がりで考えるので、いわゆる首都圏、京阪神、というような単位で見て、人口が1000万人を超えているということです）。他に欧米先進国ではニューヨーク、ロサンゼルス、パリの3か所のみがメガシティに該当しました。一方、残りの18か所は中国（4か所）、インド（3か所）、ブラジル（2か所）など、新興国でした。つまり、2010年時点でもメガシティの多くは新興国にあったのです。

2010年に23か所だったメガシティは、2018年までに11か所（うち中国3か所、インド2か所、他も全て新興国）増え、さらに2030年までに10か所（うち中国2か所、インド2か所、残り6か所が新興国）増えると予測されています（図6－3）。もともと人口の多い国の中で、農村部か

図6-3 メガシティ（人口1,000万人以上の都市圏）の増加

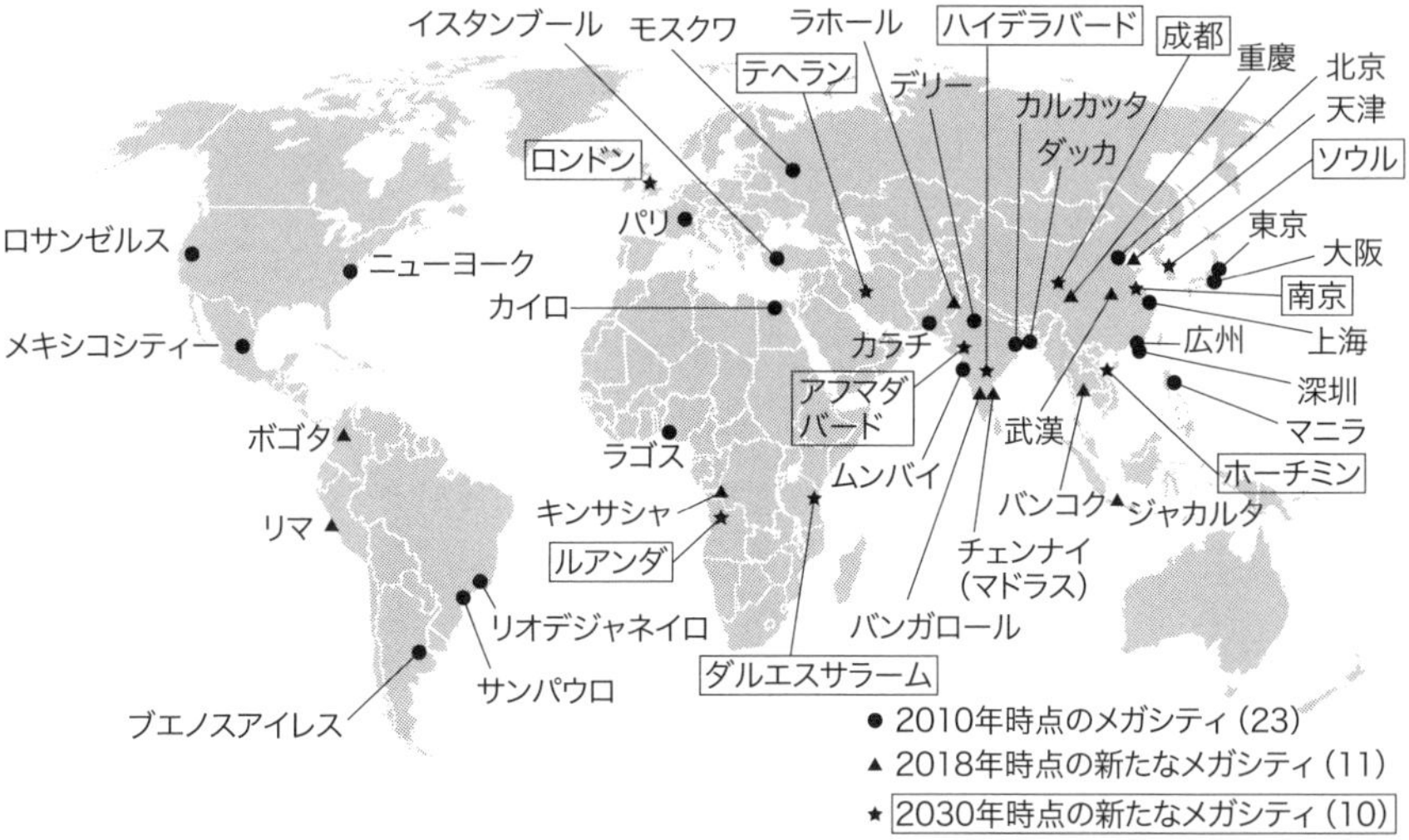

出所：国連統計局"世界都市化予測報告2011年、2018年"

ら都市部に人が移動するのですから、1000万人規模の都市が次々と登場してくるのです。

新興国での「メガシティ化」には、経済成長の面では好ましい効果があります。国土の広い国の場合、農村部まで開発するのは大変ですが、大都市に開発努力を集中することができれば、効率的に生活環境を整備することができます。

また、都市型消費者が増加すれば、引っ越しに伴って家具や家電を買うなどの内需拡大が期待できますし、その後も食材などを（物々交換ではなく）店舗で購入するようになるので、経済活動がより活発になります。人が増えれば企業の進出も増え、雇用機会が増えます。

つまり都市化を推し進めることで、より経済発展を後押しすることができるのです。

メガシティには課題も多い

メガシティが先行して経済発展するというのは、いいことばかりのようですが、実はそうでもありません。人口が急増することによる課題も多く発生しています。

まず起こるのは地価の高騰です。都市が巨大化するにつれて家賃が上昇し、店舗の家賃なども上昇するために消費者物価が上昇します。都市に移住することで所得は増加するのですが、生活コストも全般的に上昇します。

次に、インフラの整備を上回るスピードで、人口が増えていくために、インフラ不足という問題が生じます。一番わかりやすい例が交通渋滞です。タイのバンコクやインドネシアのジャカルタなどが渋滞で有名ですが、他にもインドのムンバイ、コロンビアのボゴタなどが渋滞のひどさで際立っています。

第3章でも少し触れましたが、水資源も問題です。図6－4で「安全に管理された飲料水サービスを利用する人口の割合」が75％に満たない国も存在していることがわかります。

ごみの収集もまた問題です。ごみは全て埋め立ててしまえばいいわけではありません。埋立場がすぐにパンクしてしまうからです。分別を行って、再生できるものは再生に回し、焼却すべきものは焼却し、最終埋立量を減らすという努力が必要になるのです。実際、日本では最終埋立量が減らされていますし、最終埋立場が衛生的に管理されています。

図6-4 安全に管理された飲料水サービスを利用する人口の割合（%、2017）

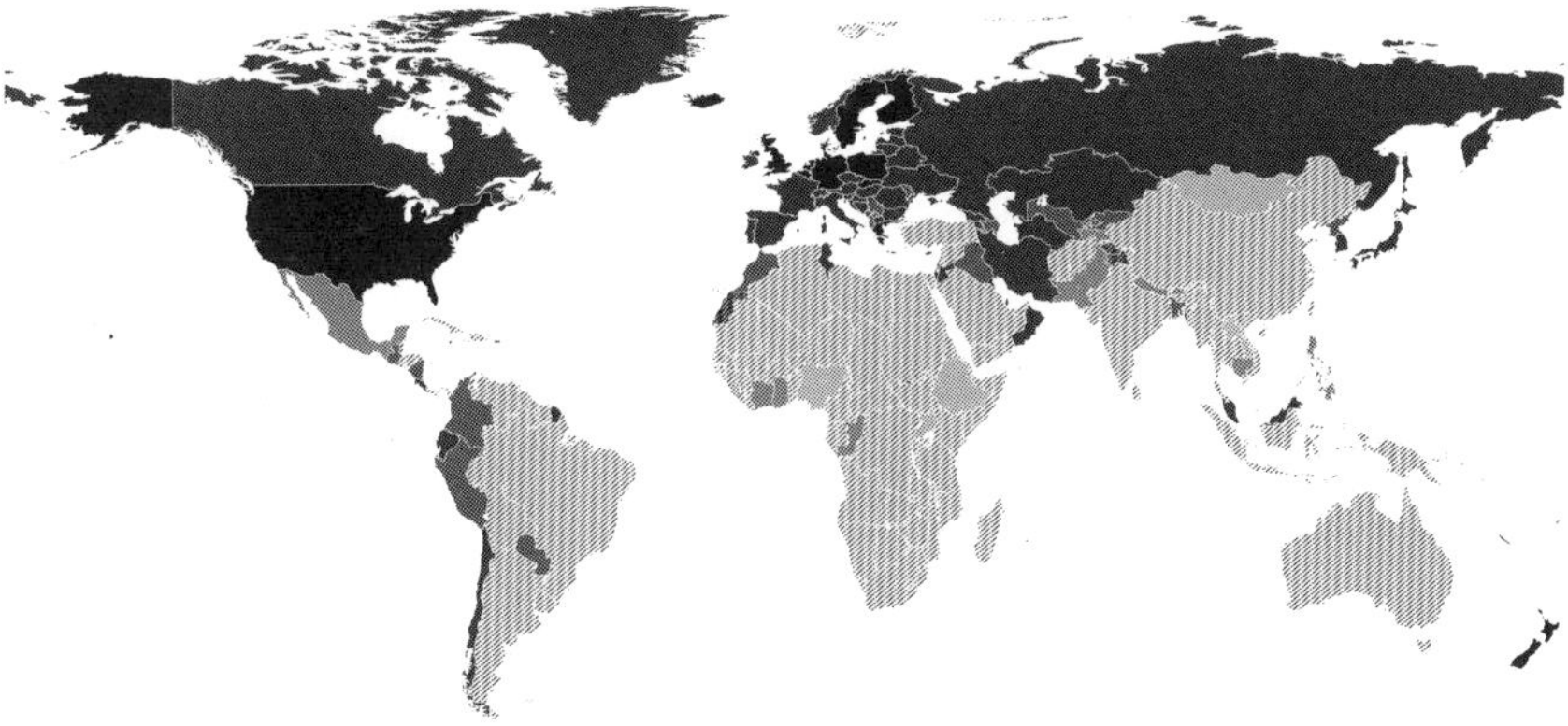

出所：Progress on household drinking water, sanitation and hygiene 2000-2017（WHO UNICEF JMP）

また、都市化が進むと犯罪発生の問題も深刻化します。日本は1000万人都市であっても犯罪発生率が低いのですが、ブラジルのメガシティ（サンパウロとリオデジャネイロ）は、人口当たりの殺人件数も多く、強盗や窃盗などの犯罪件数が多い都市となっています。

ちなみに「交番」というのは日本独特の仕組みですが、犯罪抑止に効果があるということで、多くの国が「KOBAN」を導入しました。ブラジルでも2005年に交番が登場し、サンパウロ州では殺人事件の件数が激減したそうです。

メガシティの課題は解決可能

メガシティには問題も多いということがわかりましたが、実は世界最大のメガシティである東京は、こうした問題がほぼ起きていません（もしくはすでに解決しています）。東京や大阪では鉄道網が発達したため、通勤時の交通渋滞はあまり起きていません（帰省ラッシュなどは起きますが）。水資源にはもともと恵まれていたため、上水道も下水道も整備が進んでいます。ごみ問題は１９６０年代にはひどかったそうですが、１９６４年の東京オリンピック前にごみ収集体制が整備されました。そして犯罪発生率も低いことで知られています。

つまり、新興国のメガシティの課題の解決方法は、東京や大阪を見ればわかるということです。中でも特徴的なのは、阪急や東急など、民間資本が街づくりを推し進めた点です。両社とも戦前に、人口の少ない地域に鉄道を計画し、沿線の土地を広めに買収しました。そして、買収した土地に住宅を造成して分譲して、鉄道建設資金を回収したのです。

また、都心部に百貨店、都心から離れた駅に遊園地や劇場を開業して、鉄道の旅客数を確保しました。こうした開発のおかげで、自動車を所有しなくても通勤でき、駅を中心として徒歩圏内で買い物がしやすい街づくりができたのです。

新興国では、どちらかというと通勤用の鉄道は後回しにされ、空港、港湾、高速道路、長距離鉄道などが先に開発されていく傾向にあります。日本では、通勤用の鉄道の建設が民間主導で先に進められていたというのが、他の国と違っていた点です。

スマートシティによる課題解決

前にも述べましたが、新興国では「一足飛び」の進歩をすることがあります。固定電話の時代を経ずに携帯電話の時代になるというようなものです。メガシティの課題解決にも、同じようなことが起こるかもしれません。スマートシティという言葉が最近使われるようになっていますが、これは都市のインフラをインターネットでつなぎ、利便性の高い街を作るという構想です。高速通信インフラで街中のいろいろなものをつなぐということが基本で、その上にバラバラのシステムを乱立させるのではなく、共通のプラットフォームを用いることで、利用者にも使いやすいものにしようというものです。

特に期待されているのは、将来のクルマの自動運転を想定して街づくりをすることで、まさに「一足飛び」に新たなサービスを受けることができるようになることです。

例えば、有料道路の通行料金を時間帯によって変えることで交通量をコントロールしたり、どの駐車場が今利用できるかを教えて誘導したりできます。さらにはどこで車を止めても自動運転で駐車場まで車が行って入庫したり、逆にアプリで車を呼べば自分の車が駐車場から自動で出てきたりというようなことができればすごく便利ですし、駐車場待ちの渋滞を減らすこともできそうです。

他にも、太陽光発電などの供給量を需要のピークに合わせて管理したり、監視カメラで不審者を抑止したり、救急車が入院できる病院をすぐに探せたり、宅配の受け取り場所を自由に選べたり、分別ごみの収集も自動運転でできたりなど、街ぐるみでＩＴ化を一気に進めれば、いろいろなことができそうです。このような試みは、古くからある都市では難しいですが、ゼロから街を開発するような場合だからこそ、可能になるでしょう。

技術の課題

自動運転は本当に普及するのか

クルマの自動運転が徐々に現実味を帯びてきました。そもそもクルマには交通事故がつきものだったわけですが、自動運転が本当に実現すれば、交通事故は激減するはずです。また、免許がなくても自由に移動できるわけですから、高齢者にも子供にも便利です。

自動運転のレベルは5段階に分かれています。

レベル1は「運転支援」と呼ばれるもので、例えば自動ブレーキ（クルマが前方に障害物を検知したら自動でクルマを止める）、クルーズコントロール（一定の速度で走行する、または前方の車との距離を一定に保って走行する）、レーン・アシスト（車線からはみ出しそうになったらハンドルを動かして元に戻す）などの機能です。これらは市販車にすでにかなり搭載されている技術です。

レベル2は「特定条件下での自動運転機能」というもので、高速道路で遅いクルマがいれば自動で追い越す、高速道路での合流を自動で行うなどの機能です。これも実用化はかなり進んでいます。ただし、運転手が自分で運転することがメインであり、自動運転はまだ特定条件下のみという状態です。

レベル3は「条件付き自動運転」というもので、全ての運転作業は自動で行うのですが、自動運転が困難になりそうな状況になると、ドライバーに交代要請を行うというものです。これも技術的にはもう可能になっていて、2021年3月にはホンダが「レベル3」の運転自動化システム搭載車両として認可を受けた「レジェンド」を発売しました。

ただし、何でも自動運転できるというものではなく、時速50キロまでだったら「直ちにドライバーが復帰できるという条件でクルマ任せ」にしてよいのと、時速125キロまでだったらハンドルから手を放していてもよいというものです。運転席にドライバーが必ず乗っていなければなりません。

レベル4は「特定条件下における完全自動運転」で、これだと運転席に人がいなくても大丈夫です。日本では、一般の車が入らないような遊歩道の一部区間で運行を開始したという状況ですが、中国やアメリカの一部都市では自動運転タクシーがサービスを開始しています。つまり、技術的にはこのレベルは実現可能になってきています。

そして、レベル5は「完全自動運転」で常にシステムが全ての運転作業を行うというものです。どのような場所でも、運転席に人がいない状態で大丈夫というものです。

技術的には、もうレベル4まで来ているのですが、まだ本格的に実用に提供されるには至っていません。その大きな理由は、「もし交通事故が起きたら誰が賠償するのか」が明確になっていないからです。自動運転車は今よりも交通事故が減ると想定されているのですが、ゼロになるとは限りません。運転席に人がいない状態で自動運転車が事故を起こした場合、運転者がいないのですから、運転者の責任にはできません。車の所有者の責任にするにしても、所有者にも何も過失がありません。

では自動運転システムを作ったメーカーなのでしょうか。もしメーカーが全ての賠償責任を負うのであれば、かなりの巨額の負担になる可能性があるため、メーカーもその責任を負うことには躊躇するでしょう。例えば、自動運転専用の自動車保険への加入を義務付け、その保険料はメーカーが負担する（結局それは車の販売価格に転嫁される）というような解決策が必要になるかもしれません。

そうなると、自動運転車が普及するのは、まだ先のことなのでしょうか。自家用車が全て自動運転車に切り替わるのは、かなり先の将来かもしれません。しかし、長距離トラックやバスなどは、もっと早くに切り替わる可能性があります。なにしろ長距離ドライバーの仕事は激務で、人手不足も深刻化しています。眠気との闘いという人間ならではの問題は、自動運転になればなくなります。

例えば高速道路の一車線を、時間帯限定で自動運転専用などという形にできれば、レベル4でいう「特定条件下」が実現しやすいでしょう。高速道路の出入り口のそばにトラックやバスの停車場を作って、そこで運転手が乗り降りできれば、その間の区間は無人で運行できるようになります。高速道路上では歩行者との間の事故も起こらないので、賠償責任問題もそれほど深刻にはなりません。

政府が主導していけば、このような形で自動運転のメリットを実現できる可能性があるのです。技術的にはレベル4はすでに実現可能な領域に来ているのですから。

ビジネスチャンスについて考えよう

人口移動が起きるのは、そもそも所得格差があるせいですが、それは次の章でも検討します。それでも所得格差が当分は残るとするならば、移民問題も、メガシティへの人口集中もまだ続くと想定すべきです。こうした人口移動に伴う課題が様々に発生するのですから、これらを解決することで大きなビジネスチャンスになります。

人口移動関連のビジネスチャンスとしては、以下のような論点を考えることができます。

□移民の受け入れ国は、単純労働者を必要としているのだが、そもそもその労働を自動化することで、移民の人数を少なくすることは可能ではないのか

□移民した本人は単純労働者かもしれないが、その子供はよい教育を受けて、より高い収入を得る機会が得られるべきであり、そのような教育システムを導入すべきではないか

□移民の子供世代は、複数の言語、複数の国の文化を理解できるため、「将来のグローバル人材」の有望な候補であり、企業が積極的に採用し、育成していけば、貴重な戦力になるのではないか

□エスニック・コミュニティは異文化体験のできる観光資源になりつつあるので、より積極的に地元住民とも交流できる機会を作れるのではないか

□日本の場合、「移民ではない」資格を新たに作るのではなく、例えば「累積の納税額が多い人は早く在留資格が取れる」ようにすれば、企業ももっと海外の人材を受け入れるのではないか

□企業が海外の人材を受け入れるようになるには、海外人材の採用、育成、日本定住支援、子供の教育支援、などのサービスが充実していく必要があるのではないか

□新興国のメガシティには、通勤用の鉄道が不足しているところが多いが、新幹線のような長距離鉄道だけではなく、通勤用の鉄道への支援をもっと増やすべきではないか

□通勤用の鉄道を作るのであれば、駅前の商業施設や住宅なども一体で開発し、スマートシティを実現することを目指すのがいいのではないか

□スマートシティは、先進国の既存の街を改造して作ろうとしても年数がかかりすぎるので、新興国でゼロから作り出すような街で様々なサービスを実証しながら作り上げる方が早いのではないか

□新興国のメガシティは、そもそも高度成長期の東京や大阪が再現されていくようなものであり、多くの業界（不動産、小売、宿泊、飲食）にとってのビジネスチャンスであり、日本での経験が活きることも多いのではないか

□日本企業の多くは海外進出の際に「どの国に進出すべきか」という考え方をするが、これからは「どのメガシティに進出すべきか」を考えるべきではないか

□自動運転に関しては、自家用車の困りごとを「薄く広く」解決するよりは、業務用の困りごと（長距離トラック、長距離バス、宅配車、高齢者施設送迎など）を「狭く深く」解決する方が、技術的にも実現性が高く、省人化のメリットもあるので対価も高く取れるようになるのではないか

chapter 7

メガトレンド❺

所得格差は解消するのか

1 所得格差はどのくらい深刻なのか

所得格差のある国は多い

新興国の人々が海外や大都市に移動しようとする理由は、より高い所得が得られそうだと考えるからでした。新興国では特に農村部に低所得の人が多くいます。農村では食費や生活費がそれほどかからないので、都市部よりは低所得でも生活できるのですが、生活がままならないレベルの低所得の人も多くいます。所得格差を表現する指標としては、ジニ係数というものが使われます。これは、平等な所得分布だった場合（ローレンツ曲線）と、実際の所得分布との違いを数値化したもので、この数字が大きいほど、所得格差が大きいということを表しています（図7－1）。

最も所得格差が大きいのは南アフリカ諸国で、ブラジル、メキシコなどの中南米諸国が続きます。逆に所得格差が小さいのは北欧、東欧で、西欧とカナダなどが続きます。アメリカは格差がやや大きい方の国、日本や中国は格差がやや小さい方の国ということになります。やはり新興国の方が、所得格差が大きいという状況にあります。

図7-1 国ごとの国内所得格差（ジニ係数[1] 2017年）

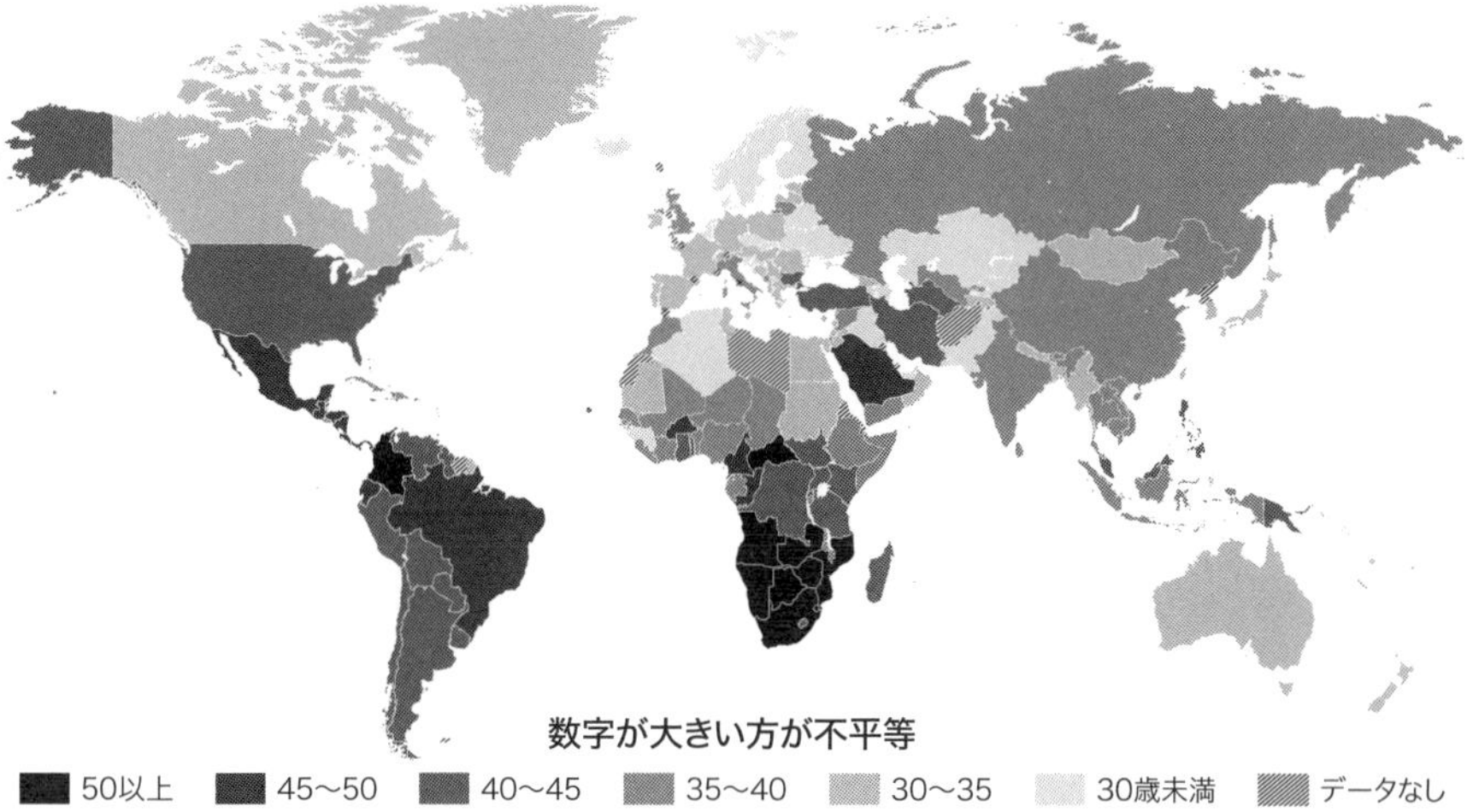

1）所得格差を表現する指標。平等な所得分布のローレンツ曲線と、実際の所得分布との違いを数値化
出所：CIA World Factbook

所得格差は、新興国と先進国では異なる形で進展しています。新興国では、大多数を占める農村生活者（経済統計上は貧困層に分類される人が多い）が、都市生活者に転じて、徐々に所得を高めています。今後は中流層の人口拡大と、貧困層の水準向上が期待されています。

一方の先進国では、ごく一握りの「成功者」に富が集中し、その一方で失業率が上昇すると、都市生活者の中の貧困者の数が拡大します。

そして、「起業長者」などの経済的成功によって、さらに格差が広がっていくことが懸念されています。

所得格差が今後どうなるかというと、新興国の経済水準の向上に伴い、中流層が大きく増加すると見込まれています。図7－2は、2007年と2030年の予測との比較です

図7-2 世界人口の所得階層別の推移

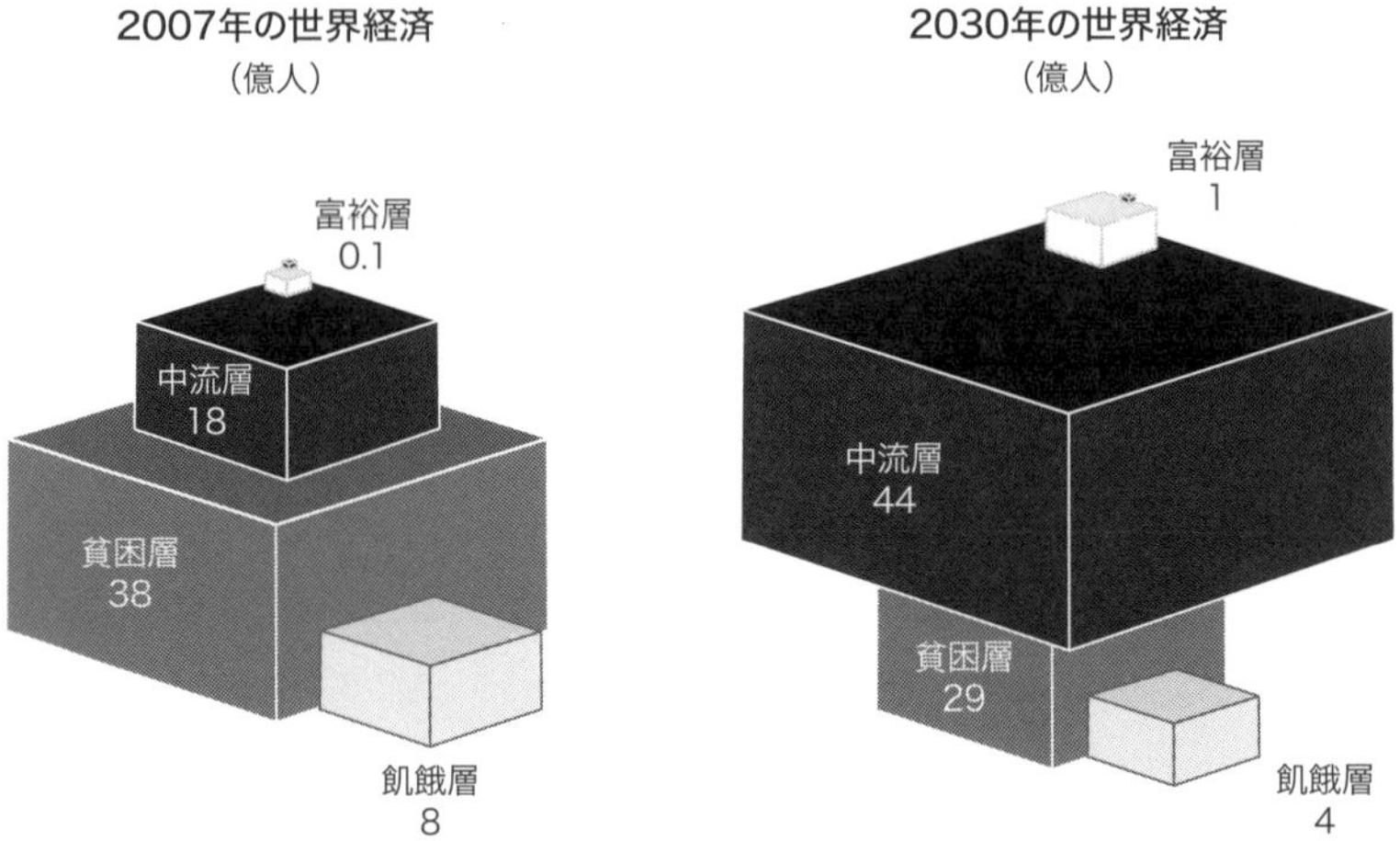

出所：Zukunftsinstitut, World Bank

が、2007年に貧困層と飢餓層の合計が46億人もいたのに対して、2030年予測では33億人に減少し、中流層は18億人から44億人に増加すると予測されています。

つまり、世界全体で見ると、飢餓層・貧困層が減り、中流層が増加するということなので、格差問題は次第に改善の方向に向かうということです。

過去の経緯

社会主義は失敗したのか

格差問題を解消しようとして登場したのが社会主義でした。資本主義の弊害として少数の資本家と大多数の労働者の間の貧富の差が拡大するので、より平等で公正な社会を目指そうとして19世紀に登場した思想です。社会主義国では、国家が生産や分配を統制する計画経済という方針がとられ、生産手段は国有・公有とされます。

社会主義では、格差が発生しにくく、国有企業同士での競争もないのですが、働いても働かなくても収入が変わらないために、労働者の労働意欲が低下し、経済成長率が低迷してしまいました。また少数の官僚が生産計画を立てるのですが、誤算が発生すると、物資の余剰や不足が生じてしまいます（資本主義では企業がそれぞれの見通しで増産や減産を行うので、各社には誤算による過不足があっても全体としては相殺されます）。

第二次世界大戦後は、ソ連、東ドイツを含む東欧と、中国、北朝鮮、北ベトナムなどに社会主義政権が誕生しました。当初は軍事力や宇宙開発技術などで欧米の資本主義国と競うレベルだったのですが、経済成長のスピードが鈍くなり、国民の生活レベルがなかなか上がらなかったので不満がたまるようになりました。このため、１９８９年にはベルリンの壁の崩壊など、東欧諸国では政権交代が起こって資本主義国に転じ、１９９１年にはソ連が崩壊してウクライナなどが独立しました。

一方中国は市場経済の導入を進め、実質的に社会主義ではなくなり、大きな経済成長を果たしました（一党独裁という体制は残っています）。

結局、社会主義は「皆が貧しくなる」という意味で平等化を実現してしまったのですが、資本主義国との間で豊かさの差が大きくついてしまい、国民の支持を得られなくなって崩壊してしまったのです。

一方の資本主義では企業間の競争があることで技術進化のスピードが上がり、一攫千金を夢見て起業する人たちがいて社会課題も解決していくことになりました。資本主義の方が成功したとは言えるのですが、結果として格差問題が残ることになったのです。

日本での所得格差は問題なのか

日本でも格差問題という言葉がよく使われています。日本では1991年のバブル崩壊以降、新卒社員の採用数が減ってしまい、正社員になれなかった人々が派遣社員として働くようになりました。正社員の数を減らした企業では、業務がこなしきれないことが起きますが、正社員を雇うよりは低コストで済むので、派遣社員を使うのです。もともと派遣社員というのは短期的な労働力不足を補う手段だったのですが、低コストで済むというメリットがあるために、新卒採用をさらに減らし続け、恒常的に派遣社員に業務を行わせるという企業も多くなりました。

それが2008年のリーマン・ショックと呼ばれる世界的経済危機の時に、業績が悪化し、業務量自体も減ってしまったために、派遣社員の雇用を止めるということが多発しました。これが「派遣切り」と呼ばれた現象です。この頃から格差問題という言葉が頻繁に使われるようになりました。

こうした事情があったので、2008年当時の格差問題では、正社員と派遣社員の格差という点に注目が集まりました。しかし、その裏にあったのは、「バブル崩壊前に正社員になれた世代」と「バブル崩壊後なのであまり正社員になれなかった世代」との世代間の格差という問題でした。

終身雇用の慣行がある日本の大企業では、正社員になればめったに解雇されません。賃金が年功序列で決まるので、バブル前入社の中高年社員は、給料も高いということになります。企業の側としては低価格競争で生き残るためには低コストにならなければならないので、「終身雇用は維持するが、給与の上昇幅は引き下げる」という解決策をとるしかありませんでした。

このため、「派遣社員の給与水準が低い」だけではなく、「正社員の給与水準も低い」「バブル前入社の社員の給与も昔の中高年よりは低い」ということになったのです。

結果、格差が開いたわけではなく、所得格差の水準を表すジニ係数（図7－1）で見ても、日本はやや低い側に分類されているのです。日本にはアメリカの大富豪のような人がほとんどいませんから、そのこともあって格差が小さいということになっています。

つまり、**日本の所得に関する問題は、実は「所得格差」ではなくて、「低所得化」**の方が深刻だったということが言えます。第1章の図1－4で示した通り、平均賃金が増えていないという問題です。派遣社員だけではなく正社員も、若手社員だけではなく中高年も、賃金がほぼ上がってきませんでした。

では、この「低所得化」は今後も続くのでしょうか。実はここで人口構成の問題が、いい方向に作用します。大企業の職場ではバブル前に入社した社員が今後続々と定年退職していきます。企業としては高給与の社員が退職してくれるので、若手社員に入れ替えれば人件費が下がります。業務量がそれほど減るわけではないので、退職者による人員の減少分を新卒社員で埋めようとします。

しかし、今の新卒社員の世代の人数は一学年当たりで団塊世代の半分以下ですから、減少分を埋めるほどの数を採用することは困難です。最近の若い社員は転職に対しても肯定的ですから、給料が低い会社からは、給料の高い会社に転職していってしまうリスクがあります。なので、これからは「売り手市場」（社員になる側の立場が強い）になり、給与は上がる方向になります。

過去の経緯

バブル崩壊とは何か

若い人も、バブル崩壊という言葉は何度も聞いたことがあると思います。これは１９９０年代初頭に起こったことで、それまでの好景気が一変して不景気になったことを指した言葉です。

図７－３の上は東京都の地価の変化を表したグラフです。１９８６年から１９８７年にかけて地価が倍増し、１９９１年から１９９３年にかけて約半額に下がるという、急激な変化が起きたのです。

株価は景気を先取りして変化すると言われますが、下のグラフで見ると、１９８９年１２月から１９９０年９月までの９か月の間に株価指数がほぼ半分に下がっています。この大きな上昇がバブルで、大きな下落がバブル崩壊と呼ばれているのです。

なぜ「バブル」が起きたのでしょうか。

そもそもは、１９８０年代、日本が輸出主導で欧米市場を席巻し、「貿易不均衡」という批判を受けたことに始まります。日本が輸出を増やしすぎたので欧米企業の雇用が減ってしまったという批判を浴びたのです。この不均衡を是正しようと１９８５年９月に主要国の財務大臣と中央銀行総裁が為替レートを見直そうという「プラザ合意」を取り決めました。その結果として大幅な円高が起こり、この当時２３５円だったドル／円の為替レートが１年後には１５０円台になりました。これほどの円高になると日本企業の輸出が困難になるため、不況が起きると懸念されました。

図7-3 日本のバブル崩壊

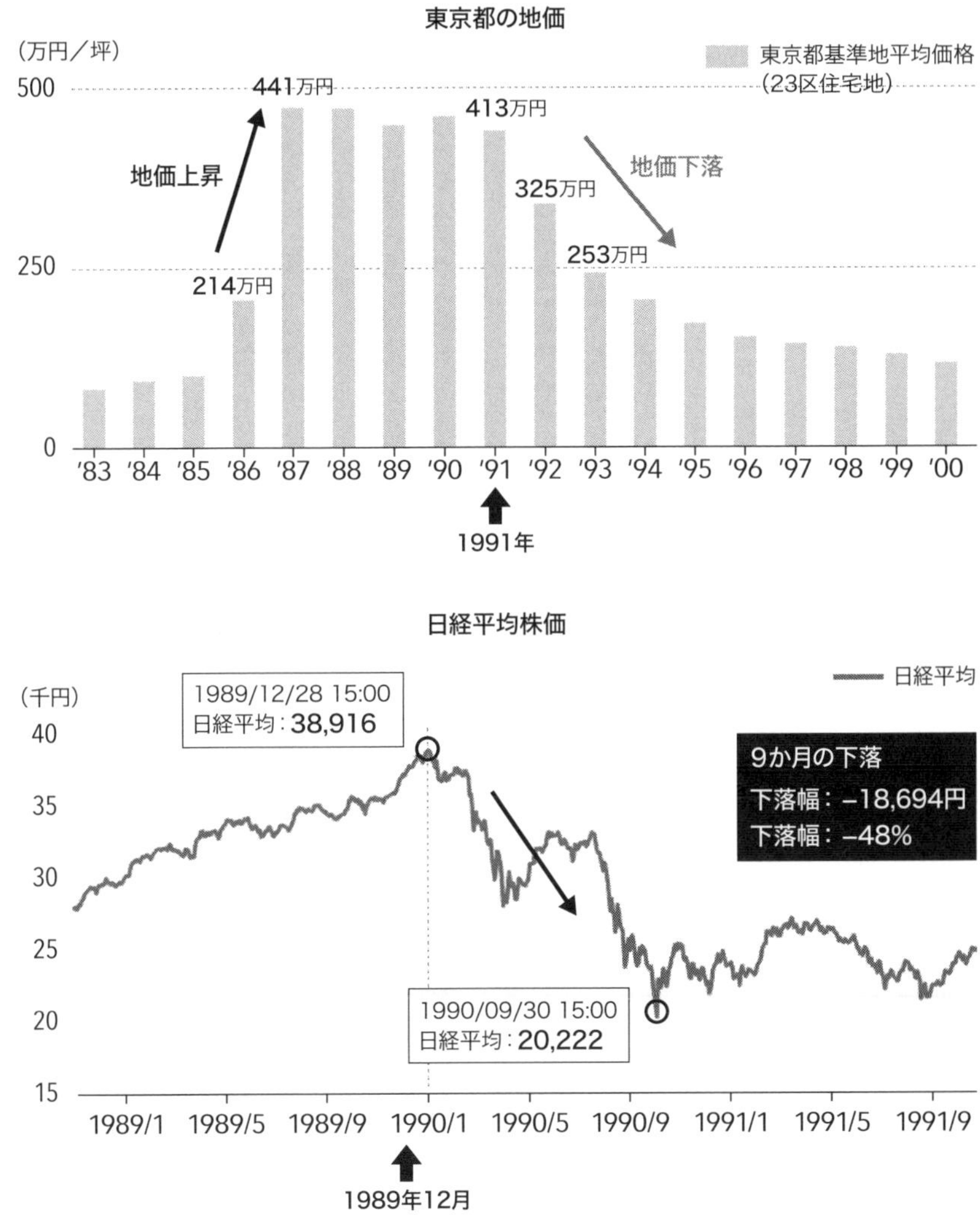
東京都の地価
(万円／坪)
東京都基準地平均価格
(23区住宅地)
500
250
0
441万円
413万円
325万円
253万円
214万円
地価上昇
地価下落
'83 '84 '85 '86 '87 '88 '89 '90 '91 '92 '93 '94 '95 '96 '97 '98 '99 '00
1991年
日経平均株価
日経平均
(千円)
40
35
30
25
20
15
1989/12/28 15:00
日経平均：38,916
9か月の下落
下落幅：−18,694円
下落幅：−48%
1990/09/30 15:00
日経平均：20,222
1989/1 1989/5 1989/9 1990/1 1990/5 1990/9 1991/1 1991/5 1991/9
1989年12月

出所：日経予測

例えば1ドル235円の時に235万円のクルマをアメリカで売ろうとすると、ちょうど10，000ドルという価格をつければよいことになるのですが、同じ車を1ドル150円になってから10，000ドルで売ると、150万円にしかならず、大赤字になってしまいます。そこでドル建ての価格を値上げします。15，667ドルに値上げすれば、以前と同じ235万円の収入になります。

しかし、アメリカの消費者から見ると、同じ車の値段が1・5倍以上に上がってしまっては買う気が起きなくなる（他社の上級車が買える）ので、日本車の売上は激減するだろうと予測されます。

このようにして輸出が急減することが予測されたので、日本の政府は景気対策のために、公共工事などの財政支出を急拡大させ、金利引き下げなどの金融緩和も行って「カネ余り」の状況を作り出しました。

余ったお金は土地の購入に向かいました。日本は国土が狭く、人口も（当時はまだ）増えているので、土地の値段は下がることがないと皆が信じていたからです。その結果としてグラフで見たように地価が急上昇を始め、土地開発ブームが起きました。そして、この頃には、「地上げ屋」と呼ばれる人たちが一攫千金を狙いました。

都会の中で木造住宅が密集しているような場所があるのですが、そこの住民たちに何千万円、何億円という価格を払って土地を買い取って、周囲の土地も全て買い上げて建物を取り壊し、広い更地にして何百億円で大手の不動産会社に売却するという人達が「地上げ屋」と呼ばれました。

大手の不動産会社はそうして買い取った広い更地に巨大なビルやマンションを作って儲けることができます。不動産会社も、「地上げ屋」も、立ち退いた住民も皆が儲かりましたし、日本中の地価が上がったので、手持ちの土地を売った人は皆儲かりました。これで気が大きくなった人たちが豪華に消費をしたことが、のちにバブル景気と呼ばれました。

では、なぜ「バブル」は崩壊したのでしょうか。バブル景気による不動産開発の過熱化が起きたため、これを鎮めようと金利引き上げなどの金融引き締めを日本銀行が行いました。これをきっかけに、株価が急落したのです。それまでは「買うから上がる、上がるから買う」という形で株式市場に資金が流入していたのですが、そうした過剰な期待が冷め、「もう下がるかもしれない」と皆が思い始めたので、一斉に株が売られて、株価が下がったのです。

その後から、土地の価格も急落しました。そうなると、不動産を担保に融資を受けていた不動産開発会社が返済不能に陥りました。日本では銀行が融資をする際に不動産を担保にとることが多いのですが、これは、借り手が返済不能になった場合に備えて「この土地を担保に差し出しますよ」と借り手が銀行に約束をすることです。

例えば10億円借りる際には12億円の価値のある土地を担保に差し出すなどします。地価が下がると、担保価値12億円の土地の価値が8億円に下がるということが起きます。そうなると銀行は、「追加の担保を差し出してください。それができないなら全額返済してください」と言うのです。

不動産開発会社も「地上げ屋」も、バブルの頃は担保価値が上がり続けるので、いくらでも融資を受けることができました。しかし地価が下がり始めると、追加の担保もありませんし、全額返済するほどの資金もないということになり、倒産を選択します。

融資をしていた側の銀行も、貸出先が次々と倒産してしまうと、貸していた債権が返してもらえなくなり、債権の価値が下がります。これを不良債権問題というのですが、この問題が深刻化して銀行がいくつも経営破綻してしまいました。このようにしてバブルは崩壊していったのです。バブル崩壊の傷は深く、その後30年以上たっても、日本の株価指数は当時の水準に戻っていません。

過去の経緯　リーマン・ショックとは何か

アメリカでは2001年から2006年頃にかけて、サブプライム住宅ローンのブームというものが起きました。それまで住宅ローンは、きちんと返してくれそうな、信用状態の良い顧客（プライム顧客と呼ばれていました）にしか提供されていませんでした。しかし、高めの金利を設定すれば、やや信用状態の悪い顧客（サブプライム顧客）に貸しても儲かるのではないかと考えて、金利のやや高いローンが提供されるようになりました。返せなかった人が数％いたとしても、それで返ってこない分を少し上回る金利を取っていれば、儲けは残るという考えです。

そして、このローンを融資する銀行は「証券化」した証券を発行して原資を調達しました。

日本のように預金が多く集まる国では、銀行は預金で集めたお金で融資をします。一方、アメリカのように「預金をするお金があるのなら株などに投資をする」という人が多い国では、融資を先にしておいて、その融資から返ってくるお金を受け取る権利を「証券」にして売却して資金を集めるという形をとります。銀行は証券売却ですぐにお金が入るので、貸したお金と釣り合います。融資を受けた人が返済したお金は、銀行ではなく、証券の買い手に入ります。こうしてできた証券を組み込んだ投資商品には格付会社が格付を行い、世界中の金融機関が、そうした投資商品を購入しました。

ところが2006年頃からアメリカの不動産価格が下落に転じ、危機が生じたのです。住宅購入という目的ではなく、地価が上がっているというブームに乗じて、投機目的で不動産を購入した人も多かったのですが、地価が下がると、そうした人たちが返済できなくなってしまいました。それを受けて、格付会社が、サブプライム・ローンの証券化商品の格付を引き下げました。そうなると世界中の金融機関がその投資商品を売ろうとして、その投資商品の価格が下がりました。

そして2008年9月に、アメリカの大手投資銀行リーマン・ブラザーズが連邦破産法11条の適用の申請、つまり倒産をしたのです。つぶれるはずがないと思われていた大手の金融機関のリーマンがつぶれたということで、リーマン・ショックと呼ばれるようになりました。

これでアメリカやヨーロッパ各国は不景気に陥り、そうした国に製品を多く販売していた日本のメーカーの業績が急に悪化しました。そのあおりで「派遣切り」などの問題が日本で起きたのです。しかし、(日本のバブル崩壊が長引いたことから学習をしたためでしょうが)この時のアメリカの金融危機は比較的短期間で回復し、公的資金の投入を受けて救済された金融機関も、早めに立ち直って公的資金を返済できました。

2 新興国の中流層が興隆する

新興国では富裕層ビジネスが先行する

新興国の経済成長が始まると、まず富裕層が登場します。新興国のファミリー企業などの中から、海外資本との提携を行って技術導入や製品輸入を行ってビジネスを伸ばす人たちが現れ、まだライバルが少ない状態のうちに先行者メリットを享受して、利益を稼ぐようになります。次に起業家たちが登場して、先進国にあったビジネスのアイディアを自国に持ち込んで利益を稼ぎます。国によっては、政府系企業などとのつながりの強い実業家が、利権をうまく獲得して利益を稼ぎます。このようにして、経済成長の初期に富裕層が登場します。

こうした富裕層は、先進国の富裕層と同様の購買力を持ち、先進国に留学や駐在した経験のある人も多いので、質の高さを重視する傾向があります。欧米的な生活へのあこがれもある人たちですので、欧米のブランド企業が有利にビジネスを行うことができます。価格的にも先進国と同様の水準で問題ありません。富裕層は海外旅行にも多く行くので、海外で買い物をすることも多く、その中で海外有名ブランドの商品をリピート購買するようにもなります。

ただし、新興国の富裕層向けのビジネスは「一握り」の顧客を相手にするため、それほど大規模なものにはなりません。富裕層の周囲にいる準富裕層あたりまでは浸透するとしても、その先の中流層にまではなかなか広がらないということになります。

中流層を相手にするには、全く別のビジネスになります。新興国の中流層というのは、数は多いものの、年収100万円程度という水準なので、先進国市場と比較すると「段違いの安さ」を提供できる企業が有利になるのです。

新興国の中流層ビジネスが伸びる

新興国の中流層（新中間層という言い方をすることもあります）とは、おおむね年収6，000ドル（90万円）から30，000ドル（450万円）程度の人々を指します。先進国でイメージする中流層よりは少ない年収です。この層というのは、（貧困層と分類される人たちが多い）農村部の若者たちが都市部に移住して、給与所得者となって年収を高めていった層ということになります。

日本でもこのような人たちがかつて中流層を形成しましたし、韓国などでもこうして中流層の人口が増えました。中国では今まさに中流層が増えている局面で、もう数年すると中流層から卒業する（30，000ドル以上の年収になる）人たちの方が、中流層の仲間入りをする（6，000ドル以上の年収になる）人よりも多くなり始めるので、中流層の人数が減り始めると考えられています。

新興国の政府としては、都市部を優先して発展させることで経済成長をスタートさせ、中流層の人口を増やすことで税収も増やしていこうという方針を立てることになります。すでに中国の都市部の人件費がかなり上昇したので、欧米などのグローバル企業は、「ネクスト・チャイナ」と呼ばれる国々（ベトナム、タイ、インドネシアなど）、さらにはアフリカへと生産拠点を移そうとしていきます。

こうした新興国では、相対的な低人件費を武器として、グローバル企業の工場や、グローバル企業向けの部品工場を呼び込むことで、雇用を拡大させようとします。進出する企業にとっても低コスト化のメリットがあり、新興国にとっても雇用の拡大、所得水準の上昇というメリットがあるということです。海外企業から見ると、生産面でのビジネスチャンスが訪れるということになります。

こうして生産活動が活発化していくと、都市型の消費者が増えて中流層を形成します。この層を対象にすることができれば、海外企業には消費のビジネスチャンスが訪れます。ただし、先進国の中流層よりも年収が少ないので、新興国向けの商品では、「段違いの安さ」を提供できる企業が有利になります。そうなるとグローバル企業は、先進国向け製品を転用するのではなく、現地子会社（や提携先企業）を通じて、「段違いの安さ」の製品を提供することが必要になります。また、その国でヒットした製品は、他の新興国にも展開していけます。

こうした大きなビジネスチャンスは実際に中国に出現しました。２０００年頃の中国は「世界の工場」と呼ばれ、各国の企業が工場を中国に建設して低コストの製品生産に活かしました。２０１０年以降の中国は「世界の消費市場」としての地位も築き、例えば２０２１年の乗用車の販売台数では中国は世界市場の３８％を占めるほどの巨大市場になりました（日本自動車工業会データより）。他の新興国もこのような順序で経済発展をしていくと考えられます。

過去の経緯　新興国企業の力を利用する

新興国市場では、先進国と異なるニーズがあり、しかも安い価格でそうしたニーズを満たす現地企業が登場します。それを放置しておくと手ごわいライバルが出現してしまうのですが、逆に頼れる味方を新興国に作ることもできます。かつて日米間で起きた事例を紹介しましょう。

1960年代、アメリカのゼロックスはコピーに関する独占的な特許を持っていて、世界でコピー機のビジネスを順調に展開していました。日本の富士写真フイルム（現・富士フイルムホールディングス）は、ゼロックスの技術を日本に導入してコピー機の事業を始めようとして交渉し、出資比率50対50の合弁会社の富士ゼロックス（現・富士フイルムビジネスイノベーション）を、1962年に設立することになりました。

この際に、ゼロックスの特許情報は富士ゼロックスにしか開示しないという取り決めになったのですが、これは富士写真フイルムとしては「当てが外れた」形になりました。当初は富士写真フイルム自身がゼロックスの特許情報を活用することを期待していたからです。一方のゼロックスは当時新興国だった日本のビジネスには興味があまりなく、富士ゼロックスの経営にもあまり口出ししませんでした。

その後、日本では1965年にリコーが、1968年にキヤノンが普通紙コピー機を開発し、1970年にはゼロックスの基本特許が切れたこともあり、この二社が小型コピー機を開発して日本での販売数を伸ばすようになりました。アメリカのゼロックスには小型コピー機がなかったので、富士ゼロックスは仕方なく、独自に小型コピー機を開発して対抗しました。本来、富士ゼロックスは新製品開発を行うことはできない取り決めだったのですが、ゼロックスはこれを黙認しました。

リコーとキヤノンの二社は1970年代以降、小型コピー機をアメリカで販売するようになって急速にシェアを伸ばしました。低価格の小型コピー機が母国市場に上陸してきたので、これに慌てたゼロックスは、富士ゼロックスが小型コピー機を開発していたことに気づき、アメリカに輸入して販売を開始しました。その後富士ゼロックスは、小型コピー機だけではなく、プリンターなどでもゼロックスに小型機を供給するなどして、海外でのビジネスを伸ばすことに成功しました。

つまり、当時の新興国であった日本に味方を作っていたことで、ゼロックスはアメリカのビジネスを守ることに（ある程度）成功したわけです。

多くの場合、先進国のメーカーでは厳しい安全基準や品質基準を定めており、そのためにコストの高い部品を用いたり、コストの高い工程で製造したりしています。しかし、新興国の提携先企業が設計する場合であれば、新興国向けに「割り切った」簡素な設計も可能でしょうし、より安価な（その分耐久性の低い）部品を採用することもでき、新興国の企業と互角に戦えるというわけです。

新興国の底辺層はどうなるのか 3

底辺層ビジネスも成立する

底辺層とはBOP（ベース・オブ・ピラミッド）とも呼ばれますが、おおむね年収3000ドル未満（45万円）の層を指します。底辺層といえども全世界で40億人以上いるので、巨大な市場と言うこともできます。底辺層の市場の内訳としては、食料が過半を占め、エネルギー、住居、移動（交通手段）などが市場規模で続きます。

底辺層を相手にしてビジネスになるのだろうか、と疑問に思う人も多いでしょう。しかし、底辺層だからこその困りごとを抱えているわけですから、それを新しいアイディアで解決すれば、新たなビジネスを生み出すことができます。

例えば中南米の貧しい人々は、家を建てるときに風水害などを避けるためにコンクリートで建てるのですが、一回の工事で一部屋または一階分だけを建てようとします。資金がないのでそうするしかないのですが、小さな部屋をまず確保してから、住民は次の増築の資金を貯めるのです。

メキシコの最大手のセメント会社セメックスは、こうした用途にセメントが使われていることを理解して、1998年に少額の融資（マイクロファイナンス）を提供できるようにしました。底辺層の住民たちは融資を受けられるはずがないと考えて、小さな部屋を一つずつ建てようとしていたのです。家を建てようと思うほどの意欲がある人であれば、職業訓練などをきちんと受ければ、年収を増やすことができ、底辺層を脱することもできるはずです。マイクロファイナンスとは、このように生活水準と所得水準を高める支援も行いながら融資を提供するという仕組みです。

ユニリーバというイギリス系の日用品メーカーはインドのBOPビジネスで成功した事例として知られています。農村の底辺層の女性に、販売員としての教育を施し、マイクロファイナンスで資金を提供して、自社製品の販売員として育成したのです。

衛生状態の悪いインドの農村部では、石鹸で手を洗うという習慣がなく感染症で命を落とす子供が多かったのですが、ユニリーバは抗菌効果の高い石鹸を開発して、子供たちの命を守るという価値のある製品と位置づけて、女性販売員たちに供給しました。女性販売員たちは数人のグループで活動するのですが、これは販売ノウハウをお互いに教え合うことや、励まし合うことを期待したものです。この結果、ユニリーバが売上を伸ばしただけでなく、女性販売員たちが経済的に自立した収入を得られるようになり、彼女たちの啓蒙のおかげで手洗いの習慣が普及したのです。

貧困からの脱出を支援するグラミン銀行

グラミン銀行はバングラデシュで1983年に創業したマイクロファイナンス専門の銀行です。底辺層を対象に、比較的低金利の融資を主に農村部で実施しています。借り手には「16の決意」を守ってもらうことで、前近代的な環境から脱出してもらいます。この16の決意は、次のページの図7－4に示していますが、日本人から見ると驚くような内容です。

例えば3番には「私たちはあばら家には住みません」、9番には「私たちは穴を掘ったトイレを作り、使います」、10番には「私たちは筒井戸から水を飲みます」とあります。衛生的な住環境を整えることができないと、貧困から脱出することはできないのです。また11番には「私たちは幼年での結婚をさせません」などが書かれています。貧困を脱出するために人身売買に近い習慣があることを念頭に、そうした習慣から脱することを呼び掛けているのです。

そして4番には「私たちは一年を通して野菜を育てます」5番には「私たちは耕作期には多くの種をまきます」とありますが、これは借り手が農業を通じて生計を立てることを支援しようという方針を表しています。

グラミン銀行が融資を行うにあたっては、土地担保は求めません（担保とは、お金が返せないときには土地を差し出すということですが、そもそも底辺層は売れる土地など持っていません）。その代わりに、顧客5人による互助グループを作ることが条件になっています。これは融資を返済できなかったときに他の人が肩代わりするという目的ではありません。借り手同士が励まし合い、助け合うことで皆が貧困から脱出することを目指すものです。

こうした仕組みがうまく機能し、融資の返済率は９８％と言われています。底辺層に貸したお金がほとんど全て返済されているのですから、これは奇跡的な水準なのです。

こうしてバングラデシュの底辺層の救済に多大な貢献をしたグラミン銀行は、２０１６年にノーベル平和賞を受賞しました。

図7-4 グラミン銀行16の決意

1. 私たちはグラミン銀行の４つの原則に従い、私たちの人生のあらゆる歩みの中でこれを推進する：規律、団結、勇気、そして勤勉。
2. 繁栄は家族のために。
3. 私たちはあばら家には住まない。まず第一に家を修繕し、新しい家を作るために働く。
4. 私たちは一年を通して野菜を作る。私たちはそれらを豊富に食べ、余った分を売る。
4. 私たちは耕作期にはなるべく多くの種をまく。
6. 私たちは家族を増やしすぎないように計画する。支出を抑え、健康に気を遣う。
7. 私たちは子供たちを教育し、子供たちの教育費を払えるよう保証する。
8. 私たちはつねに子供と周囲の環境を清潔に保つ。
9. 私たちは穴を掘ったトイレを作り、使う。
10. 私たちは筒井戸から水を飲む。もし井戸がない場合は、水を沸かすかミョウバンを使う。
11. 私たちは息子の結婚式で持参金をもらわず、娘の結婚式にも持参金を持っていかない。私たちのグループは持参金の呪いから距離をおく。私たちは幼年での婚姻をさせない。
12. 私たちは不正なことをせず、また他人に不正なこともさせない。
13. 私たちはより多くの収入を得るため、共同で大きな投資をする。
14. 私たちはつねにお互いに助け合えるよう用意する。もし誰かに困難があれば、私たちは全員で彼または彼女を助ける。
15. もしどこかのグループが破綻しそうだとわかったときは、私たちはそこへ行って回復を手助けする。
16. 私たちは全ての社会活動に共同で加わる。

出所：16 decisions of Grameen Bank (grameen-info.org)

ビジネスチャンスについて考えよう

所得格差は解消の方向に向かうとはいえ、すぐに解消することはなく、今後何十年もかけて徐々に解消していくものと考えられます。過去の日本で起きたようなことが最近の中国で起き、今後は東南アジア、南アジア、アフリカで起きていき、各々の地域で所得格差が時間差で解消していくでしょう。ということは、今東南アジアで起きている所得格差関連のビジネスチャンスがこれから南アジアやアフリカに広まっていくことになります。

これとは別に、日本との関連でも所得格差関連のビジネスチャンスとして、以下のような論点を考えることができます。

□新興国の富裕層は日本にも多く旅行してきているが、彼らを日本のファンにしてリピート顧客になってもらうためには、どういうサービスを提供すればよいか

□日本国内である程度成功しているビジネスのうち、今から新興国の富裕層にも展開可能なものはどのようなものがありそうか（和食、アニメ、ゲームなど以外に）

□新興国の中流層向けに、日本で（かつて）中流層向けに成功したビジネスを展開することはできないか（ボーリング場などのレジャーやスポーツクラブなど）

□韓国や中国に続く新興国では、これから中流層が子供の教育にエネルギーをかけるようになると思われるが、日本の教育産業の中で海外にも展開可能なものはないのか

□ネクスト・チャイナと呼ばれる国で、これから優秀な若い人材が都市に集まってくるが、こうした人材を（リモート技術を活用して）グローバルに活躍させるようなビジネスは考えられないか

□新興国で販売されている「段違いに安い」商品は、機能や品質を割り切っているからだとしても、日本でもそうした商品（格安の電気自動車など）を受け入れる層もいるのではないか

□マイクロファイナンスのような、生活指導や職業訓練まで含めた金融サービスは、日本の低所得者向けにも展開可能なのか

□日本の若者は人手不足によって雇用も給与も改善していくと考えられるが、低所得化している中高年の職業訓練には、どのようなビジネスが貢献できそうか

□インドのユニリーバのように販売の仕事をしてもらって経済的自立を支えるビジネスは、日本にも古くから（生命保険や化粧品など）あるが、新たに普及を図りたいサービス（例えば過疎地の高齢者向け移動販売）などにも応用可能ではないのか

chapter 8

メガトレンド❻

ビジネスのグローバル化がさらに進む

1 グローバル化の始まりとは

製品の輸出・輸入による経済へのメリット

グローバル化が始まったのはいつのことでしょうか。日本では遣隋使や遣唐使の時代（7世紀から9世紀）から中国との交流があったと言えますが、江戸時代に鎖国政策をしいていたこともあり、本格的にグローバル化が始まったのは明治維新以降ということになりそうです。ヨーロッパは地続きなので古くから民族の移動や戦争が起きていましたが、海を越えて広がったのは、コロンブスのアメリカ大陸到達（1492年）以降ということになるでしょう。

貿易が本格的に始まったのは、1600年のイギリスの東インド会社、1602年のオランダ東インド会社からになります。これらの会社は、現在もある株式会社の初期的な形態なのですが、貿易を行うための資金を集めるという目的で登場しました。東インドとは現在のインドネシアを指していて、ここの香辛料をヨーロッパに輸入することで大きな利益を得ようとしたのです（のちにインドの絹や綿なども輸入するようになりました）。

当時の航海は悪天候や海賊などの危険を伴うものでしたから、冒険家でないと船を出すことはできませんでした。しかし船を作るにも、船員を長期間雇うにも多大な資金が必要であり、冒険家にはそのような資金はありません。そこで会社という仕組みを考案し、外部の出資者から資金を集め、航海に成功した後に、儲けた利益を出資者で山分けするということにしたのです。

つまり、事業家（＝冒険家）と資本家が分離することで、より大きな資本を集めて、事業を行えるようになったのです。

この頃の貿易は、自国では産出しない製品を他国から輸入するという性格のものでした。しかし、ある程度自給自足できている国の場合は、わざわざ海外から輸入しなければいけないものはそれほどありません。江戸時代の日本はその状態だったと言えます。

では、明治維新後の日本はなぜ貿易を開始したのでしょうか。それは、「輸出で儲ける」ことを目指したからです。幕末の時点で欧米の列強と言われた諸国は大きな軍事力と海運力をもってアジアに進出し、中国を植民地化しようとしていました。

経済力で遅れをとっていた当時の日本は、このままでは植民地化されてしまうと感じました。そこで「輸出で儲ける」ことで経済力を高め、軍事力を増強する資金を得ようとしたのです。明治期に日本の産業成長を支えたのは繊維産業でした。富岡製糸場などが有名ですが、カイコの糸を原料にした絹糸が主要な輸出品目でした。

（当時の日本のような）新興国にとっては、自国を経済発展させるために「輸出で儲ける」ことが重要な柱になるのです。

過去の経緯

比較優位説による貿易のメリット

では、先進国同士でも貿易をするのはなぜなのでしょうか。19世紀に登場した「比較優位説」という理論がこの理由を説明しています。図8－1で解説しましょう。

イギリスとポルトガルが、貿易をせずに、ブドウ酒と毛織物を生産していたとしましょう。各々の国が各々の製品を1単位生産するのに必要な労働力は図の左上にある通りです。縦に合計した人数がいれば、両国ともブドウ酒1単位、毛織物1単位を生産できます。

ここでもし、ポルトガルがブドウ酒、イギリスが毛織物に特化したらどうなるでしょうか。図の左下にあるように、合計の生産量はアップします。ポルトガルのブドウ酒は2・125単位生産できますし、イギリスの毛織物は2・2単位作れるのです。

では、ポルトガルが毛織物を欲しいときにどうすればよいでしょうか。

図の右下にあるように、ポルトガルがブドウ酒1単位分の生産にかかる労働力を毛織物生産に移動させると、0・88単位の毛織物を自国で作ることができます。

一方、ブドウ酒1単位をイギリスに輸出し、イギリスで毛織物に交換すると、毛織物1・2単位が手に入るのです。イギリスでは120人分の人件費をかければブドウ酒1単位を作れますが、100人分の人件費で作れる毛織物1単位の1・2倍の価値があるので、ブドウ酒1単位と毛織物1・2単位が等しい価値として交換されるのです。

図8-1 リカードの比較優位説

品目	ポルトガル	イギリス
ブドウ酒	80人	120人
毛織物	90人	100人

品目	ポルトガル	イギリス
上記の合計	80+90 =170人	120+100 =220人
特化すると	170人で ブドウ酒を 作る 170/80 =2.125単位	220人で 毛織物を 作る 220/100 =2.2単位

ポルトガル	
切り替え	貿易
80人で 毛織物を作ると、 90/80 =0.88単位 作れる	イギリスで ブドウ酒 (120人分)は 毛織物 (100人分) 1.2単位分に 交換できる

出所：リカードをもとに著者作成

つまり、貿易をした方が、両国にとって有益ということなのです。この説明は二国間の二品目に単純化していますが、多国間で多品目でも同様の原理が通用します。つまり、各々の国は、自国が得意な品目に特化すれば、他の品目を安く手に入れられるのです。各国が自給自足しているよりも、貿易を行った方が、多くの商品を安く入手できるようになるということです。

余剰生産力を持つ企業へのメリット

このように、グローバル化の始まりは、輸出と輸入でした。先進国は自国にない製品を輸入しようとし、新興国は輸出で儲けようとします。また先進国同士であったとしても比較優位説があるので、自国の有利な産業に特化した方が有益です。これは国レベルで見たときのメリットです。

では、個別の企業のレベルで見た場合はどうでしょうか。

まず原材料の問題について考える必要があります。自国で産出しない原料を使っている場合は、海外から調達するしかありません。例えば製鉄メーカーは鉄鉱石を海外から輸入しないと、鉄を作ることができません。プラスチックを製造する化学メーカーも、石油を海外から輸入しないと作れません。もし原料が調達できれば、国内の工場で生産し、国内で販売することで、ビジネスとして成立します。

次に販売先について考えましょう。日本で生産した製品を海外でも販売できればよいのですが、それが必ず儲かるとは限りません。

例えばオーストラリアの鉄鉱石を日本の製鉄メーカーが輸入して、日本で鉄を作って、アメリカに輸出しようと考えたとしましょう。アメリカにも製鉄メーカーがあって、オーストラリアやブラジルなどから鉄鉱石を輸入して鉄を生産して販売しています。日本からアメリカに鉄を輸出しても、アメリカの製鉄メーカーの調達・生産コストに比べて、日本からアメリカへの輸送料が余計にかかるわけですから、高い値段になってしまい、アメリカでは売れません。

しかし、鉄の場合は、特殊な事情がありました。鉄の生産設備（高炉と呼ばれます）が非常に大規模で、いったん工場を作ったら数十年も使い続けないと「元が取れない」ので、簡単に新工場を建設することができないのです。アメリカの製鉄工場は１９５０年代までに多く建設されていて、それを使い続けないといけなかったのですが、日本の製鉄メーカーが高炉を多く建設したのが１９６０年代だったので、アメリカよりも新しい技術が利用でき、アメリカよりも安く鉄を作ることができました。こうした事情がある場合は、後発企業の方が安く作れるので、輸出しても儲かる可能性があります。

後発の方が新技術を使えるというメリットがない産業の場合はどうなのでしょうか。

その場合でも、大量生産できる大規模な工場を作ることで、より安く作るということが可能です。

例えばアメリカ企業が100億円の工場を建てて、10年間、1万台の製品を生産しているという場合、工場建設投資額を10年の生産台数で割ると1台10万円です。一方、日本企業が200億円の工場を建てて10年間、2・5万台の製品を生産するという場合、工場建設投資額を10年の生産台数で割ると1台8万円です。

この場合（1台当たりの輸送費が2万円より安ければ）、輸出しても儲かる可能性があります。

もう少し、難しいケースを考えてみましょう。次のページの図8－2は損益分岐点分析というものなのですが、左の図は、日本のメーカーが、1台3万円の販売価格の製品を国内で60万台販売しているという状態です。ここでは固定費という、生産台数が何台になっても増えも減りもしない費用（典型的には工場の建設や維持に関する費用）が80億円かかり、変動費という、生産台数に比例する費用（典型的には原材料費と運送費）は1台1万円と想定されています。

60万台の販売だと変動費は60億円かかることになります。販売価格は3万円ですから、売上は60万台で180億円です。この場合の利益は、180億円（売上）－80億円（固定費）－60億円（変動費）＝40億円（利益）です。ちなみに、この工場は100万台生産可能なので、稼働率は、まだ60％でしかありません。

図8-2 低価格で輸出しても利益が増える場合

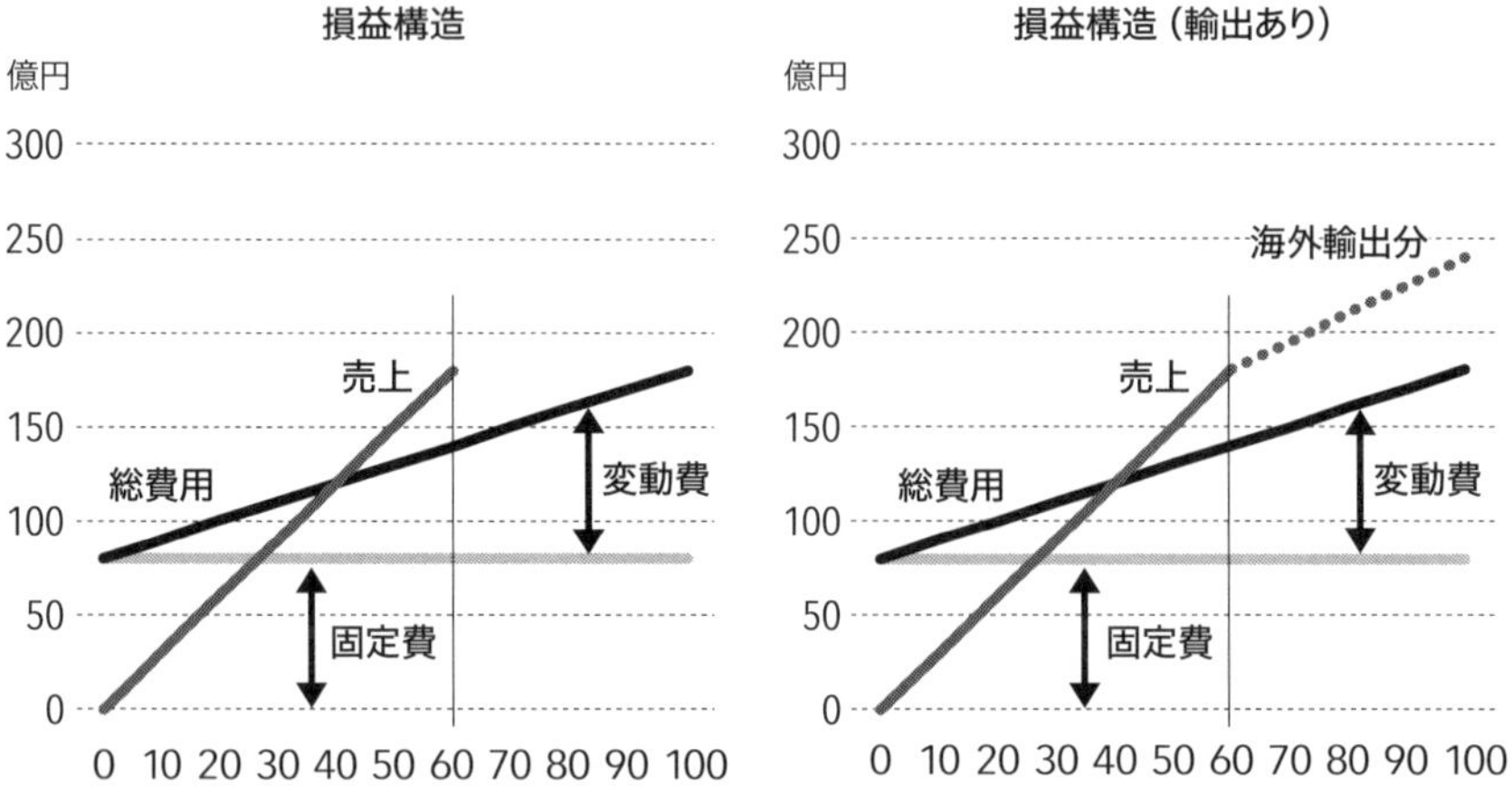

出所：著者作成

今度は右の図を見てください。国内向け60万台に加えて、海外向けに1台1・5万円という低価格（国内の半額です）で輸出を始めたという状態です。この場合の固定費は80億円のままで、変動費も1台1万円のままです。

40万台輸出できたとすると、変動費は40億円の追加なので計100億円になります。売上は輸出向けに1・5万円で40万台ですから60億円が追加されるので、国内の180億円と合わせると240億円です。

この場合の利益は、240億円（売上）−80億円（固定費）−100億円（変動費）=60億円（利益）です。輸出の利益率はかなり低い（価格は国内の半額）ですが、そんな低価格であっても、輸出した方が利益は40億円から60億円へと増えるのです。

これは1・5万円という価格でも変動費1万円より高いから成り立つのです。

100万台全て1・5万円で売ってしまっては赤字になるのですが、国内3万円、海外1・5万円であれば、赤字にはなりませんし、海外1・5万円のビジネスを追加することでトータルの利益が増えるのです。

これはどういうことかというと、余剰生産力がある場合、その余剰分を活用して安値で売れるビジネスを追加すれば、利益がさらに増えるということなのです。余剰生産力がない場合（100万台全て日本で売れる場合）は海外に輸出する必要はありません。あくまでも余剰生産力がある場合に限り、（変動費を上回る程度の）安値の輸出が有効というわけです。

まとめてみましょう。

①自社（自国）でしか作れない製品（資源など）の場合は、輸出で儲けられます。

②自社（自国）で作った方が立地面で低コストという場合（ポルトガルのブドウ酒など）も、輸出で儲けられます。

③自社の工場の方が新しい技術を使えるので低コストという場合も、輸出で儲けられます。

④自社の工場の方が規模の大きい分、低コストという場合も、輸出で儲けられます。

⑤自社の余剰生産力を活用するので低価格でもよいという場合も、輸出で儲けられます。

高度成長期に日本のメーカーが輸出で儲けてきたのは、②（当時の日本は低人件費国でした）に加えて、③④⑤が成り立つ産業・企業が多かったというのが主な理由になります。その後は日本製品の品質の高さなどが評価されていくのですが、1960年代から1970年代あたりは、こうした事情による安さが主な理由でした。

2 グローバル化の中身が変わった

先進国市場の成長が鈍化した

1980年代くらいまで、グローバル化とは「製品のグローバル化」であり、つまり輸出によって市場を拡大することでした。当時は米欧日の先進国くらいしか市場がなかったので、自国でのビジネスが飽和に近づくと、企業は他の先進国に輸出をして利益を増やそうとしました。

しかし、1990年くらいになると、先進国同士のグローバル化は一段落してしまいました。先進国市場は「混みあった」市場になってしまい、各国にいる同業のライバルが各々に海外に輸出するので、価格競争に陥り、数量的にも先進国の需要はほぼ取りつくしたので、これ以上利益が伸びないという状況になりました。このため、先進国企業の多くは、一時期「異業種に多角化」しようとしました。自社の「本業」で自国市場を取りつくし、他の先進国市場も取りつくした企業は、次は「本業以外」に多角化しないと利益成長できないと考えたのです。1970年代くらいであれば、多角化してもまだライバルが少なかったのですが、1990年代にもなると、多角化した先にも、強いライバルが存在するようになってしまいました。このため多角化しても儲からないという状況に陥りました。

貿易摩擦が激化した

1990年代以降、先進国の経済成長はスピードダウンします。そんな中、品質が大幅に改善し、しかもコストの安い日本の製品輸出は欧米企業との競争に勝ちました。1981年には、アメリカの貿易赤字の70％が日本相手だったというくらいに、日本の輸出が伸びていったのです。特に自動車は日本車の品質が非常に高まり、しかも1ドル235円などという円安水準だったため、非常に多くアメリカで売れました。このことが（前章で説明した）「プラザ合意」による円高につながるのです。

こうした日本製品の輸出の伸びは、アメリカやヨーロッパで「自国の雇用を奪っている」と大きな批判を受けることとなりました。アメリカでは国会議員が日本の電器メーカーのラジカセ（ラジオ付きカセットテープレコーダー）をハンマーでたたき壊すなどのパフォーマンスを行って、日本製品を排斥すべきだと訴えました。日本からの輸入品には高い関税をかけ、さらに輸入数量にも上限を設けようという議論にもなりました。日本が海外製品の輸入をほとんどしていなかったこともあって、「日本は自国市場を閉鎖的に保護しておいて、海外には不当な安値で輸出している」と批判されたのです。

そこで日本企業は、そうした批判を避けるために、輸出ではなく現地生産に切り替えることにしました。現地に工場を作り、現地で部品を調達することで、関税問題をクリアしようとしたのです。

現地には日本メーカーの品質水準などの要求に応えられる部品メーカーは少なかったのですが、日本の部品メーカーが海外に工場を建設して、日本の製品メーカーに部品を供給する体制としました。１９９５年頃には、アメリカにおける日本車の輸入台数を現地生産台数が上回るようになり、現地での雇用増加に貢献する形で（工場の進出先の知事などの政治家に感謝されながら）ビジネスを拡大する道に転換しました。

新興国企業もグローバル化した

経営学を勉強しようとして教科書などを見ると、「学習効果」（経験曲線）という理論が紹介されています。これは１９５０年代頃にアメリカで登場した理論で、「累積生産量の多い企業の方が、不良品の発生率などを減らすことができるので、低コストになる」という法則です。当時のアメリカ企業同士を比較研究したところ、生産コストには企業ごとに違いがあり、低い生産コストの理由は不良品率の低さにあり、不良品率の低さは累積生産量の多さに比例するということがわかったのです。

もし、これが本当なら、先行企業ほど累積生産量が多くなりやすいので、低コスト化しやすく有利となるはずです。実際、１９５０年代の米国企業同士を比較した場合はその通りだったので、この当時は正しいと受け入れられ、今でも経営学の教科書に載っています。

しかし、先ほど述べた通り、１９６０年代以降の日本は「安価な製品で」先進国に輸出することに成功しました。人件費が先進国より安い分、有利でしたし、古い技術よりも低コストの新技術を採用できる点でも有利でした。余剰生産量を活かすという戦術をとれれば、さらに有利になりました。つまり「学習効果」理論という、先行企業が有利になる法則は、同じ国の中での比較にしか使えないものであり、グローバル化が始まった１９６０年代以降はこの理論は通用しなくなっていたわけです。

後発の方が有利というのは１９６０年代以降の日本企業が実証したことなのですが、同じことは他の新興国にも当てはまります。鉄鋼の例で言うと、アメリカより新技術だった日本の高炉よりも、１９８０年代に建設された韓国の高炉はさらに低コストでしたし、今ではインド系のアルセロール・ミタルが世界最大の製鉄メーカーです。人件費水準も新興国の方が低いことが多く、やはり後発が有利です。先進国企業も、コスト競争に負けるわけにはいかず、新興国に工場を建設するようになります。もしくは新興国の企業に製造を委託することでコストを下げようとします。

有名な例で言うと、アップルは自社で製品の組み立てはせずに台湾の鴻海精密工業などの会社に生産を委託しています（アップルは技術開発、製品設計、部品の調達、販売、ソフトウェア開発、サービス運営などは自社で行いますが、ハードウェアの生産は海外に委託しているのです）。また、半導体メーカーの多くも、開発や設計は自社で行うものの、半導体の製造は台湾のＴＳＭＣなどに委託していて、そのＴＳＭＣが今では世界最大の半導体メーカーとなっています。

新興国企業は、後発のメリットも活かし、製品の品質を大幅に高めることで成功し、さらに海外の企業を買収するなどしてグローバル展開を進めています。先ほど少し紹介したアルセロール・ミタルはもともとインドの製鉄メーカー（ミタル）ですが、欧州などの同業他社を多数買収して世界最大の規模になりました。

新興国市場も成長した

本書の第6章や第7章でも見ましたが、新興国は「世界の工場」を経て「世界の市場」へと進化します。先進国の企業は、新興国の都市型消費者の増加に対応して、販売先としての新興国ビジネスを強化していきました。

かつてのグローバル化は、米欧日の先進国同士のグローバル化でした。しかし、先進国の市場は低成長化し、先進国内で多角化しようとしても、そこもすでに混みあっているという状況になってしまいました。そこで多くのグローバル企業は、多角化をやめて、新興国を含む「本業分野」（自社の強みが最も活かせるはずの分野）に回帰するようになりました。新興国市場も含めれば成長性は期待できますし、新興国のライバルは低コストで強力ですが、自社の強みを活かせば十分に対抗できるはずだからです。

今のグローバル化は、むしろ日本企業にとって不利になってきています。ライバルが欧米企業だけだった頃は、低コストで高品質ということで勝てたのですが、すでに韓国や台湾企業に電子機器分野では勝てなくなり、自動車などでは中国企業が競争力を強めているからです。一方の欧米企業は「儲からない多角化」から手を引き、自社の強みが最も活きる分野に再集中してきています。

グローバル競争が激化している例として、ビール市場を見てみましょう（図8－3）。2014年の段階で世界のトップ企業のABインベブは、日本のキリンやアサヒの10倍の規模になっています。華

図8-3 世界のビールメーカーのシェア（2014年）

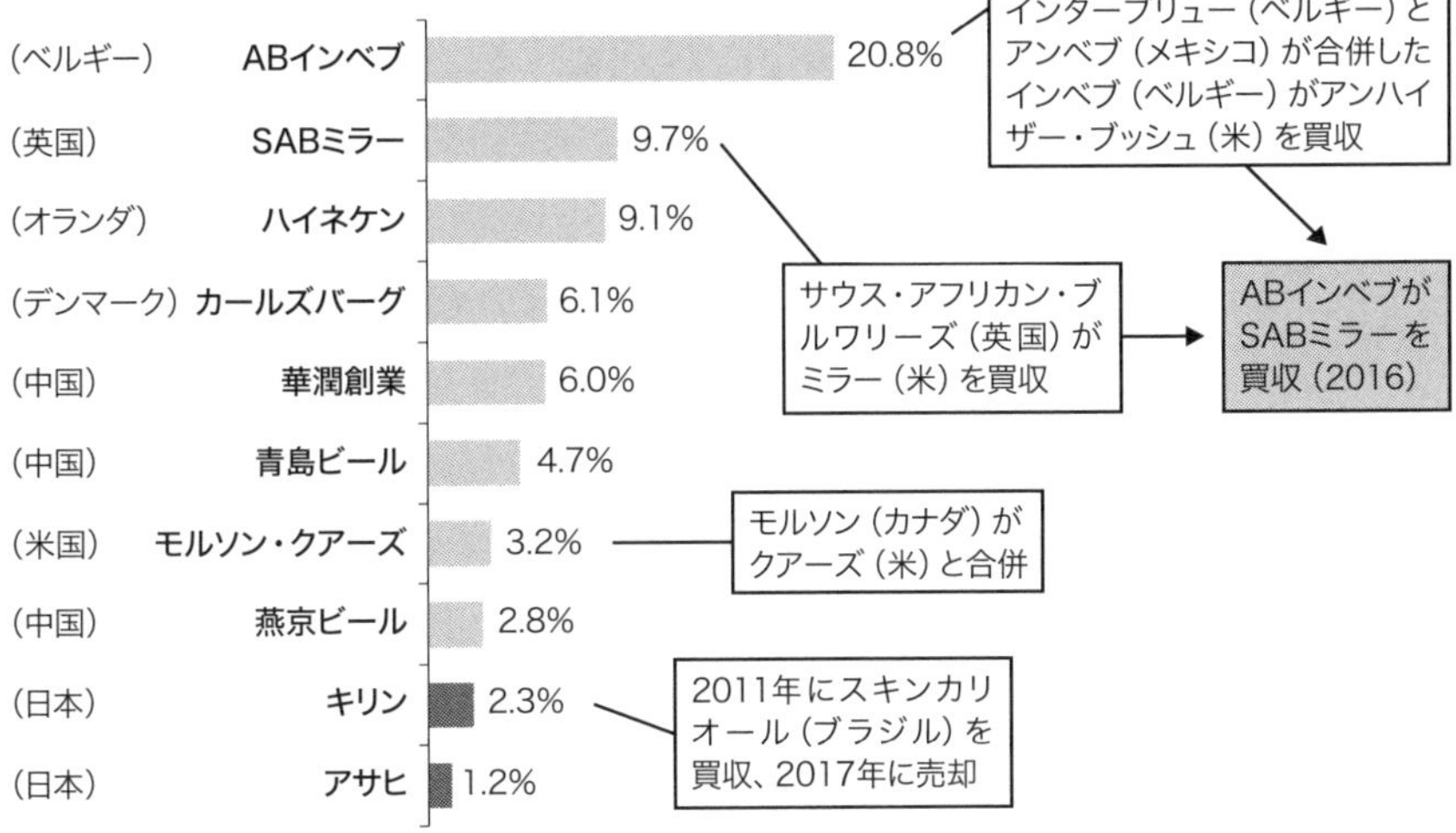

出所：Euromonitor

潤、青島、燕京は、人口の多い中国市場で成長してきた企業で、キリンやアサヒを大きく追い抜いています。

ハイネケン（オランダ）とカールズバーグ（デンマーク）は自国市場の人口が少なかったので昔から海外に進出していたメーカーです。

２位はＳＡＢ（南アフリカ）がイギリスなどの会社を買収し、さらにアメリカのミラーを買収した会社で、１位はインターブリュー（ベルギー）とアンベブ（メキシコ）が合併し、さらにアメリカのアンハイザー・ブッシュを買収した会社です。そして２０１６年にはＡＢインベブがＳＡＢミラーを吸収合併して、世界シェアの３０％を有する巨大企業になったのです。

なぜビール会社がこれほど巨大な合併をしたのでしょうか。ビールは長距離を輸送すると味が落ちるので、できるだけ消費地の近くに工場を建てた方が他社との競争上有利です。これからは新興国市場が伸びるのですが、海外から輸入するのではなく、新興国の消費地の近くに工場を建てた方が（おいしいビールを提供できるので）有利です。

その際に、多くの有名ブランドを同じ工場で生産できれば、その国の顧客（新興国の富裕層は先進国の有名ブランドを好む傾向があります）をより満足させることができます。このため、世界的に有名なブランドを持つ企業同士が合併するのです。これなどは、「新興国も含めたグローバルな競争」のかなり極端な姿かもしれません。

日本のキリンやアサヒは（ソフトドリンクやウイスキー、健康食品などに）多角化したのですが、世界の巨人はビールに集中してさらなる巨大化を実現したのです。

過去の経緯　多角化が持てはやされた時代

この章ではすでに「学習効果」（経験曲線）の話を少し説明しました。この理論の登場は、「市場シェア」が重要だということを、当時の多くの経営者に印象付けました。市場シェア（その製品の売上の何%を自社が占めているかの指標）が高い企業ほど、他社よりも毎年の生産量が多いので、他社よりも早く累積生産量を増やすことができるのです。

先ほど説明したように、この理論はグローバル化以前にできあがっていたものなので、グローバル競争の時代においてはほとんど通用していません。実際に日本企業が欧米企業を打ち破って輸出を伸ばし

図8-4 プロダクト・ポートフォリオ・マトリックス（PPM）

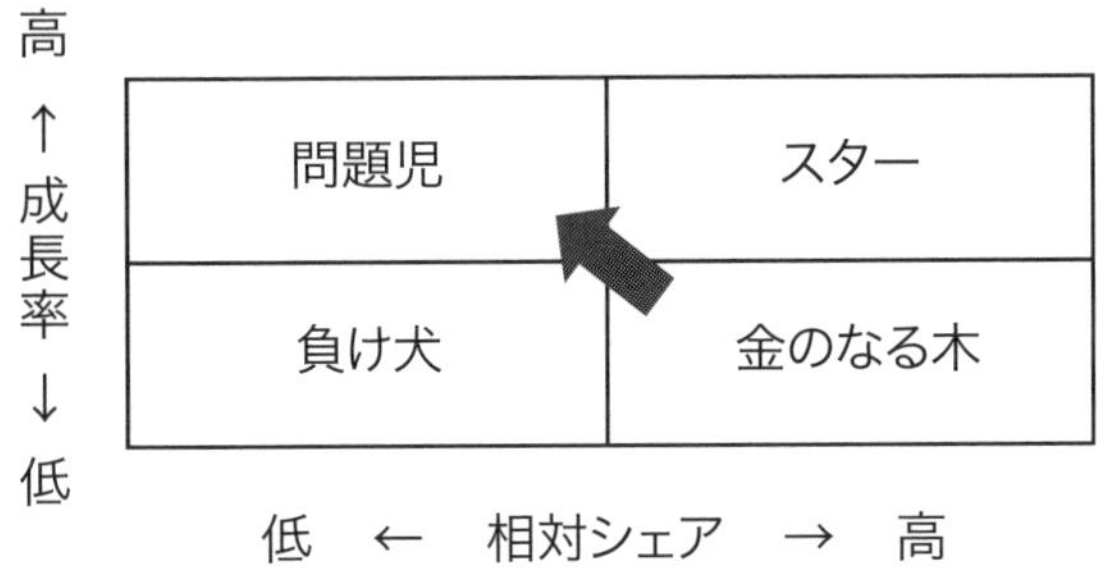

出所：ブルース・ヘンダーソン（The Product Portfolio）

たのは、学習効果（先行企業が有利）とは逆に、（新技術や低人件費によって）後発企業が有利となったからです。

1960年代に非常に有名になった経営学の理論がもう一つあります。PPM（プロダクト・ポートフォリオ・マトリックス）というもので、当時から非関連事業への多角化を進めていたGEという会社のために、ボストン・コンサルティング・グループによって編み出された理論です。

これは図8－4のように表されるのですが、横軸は「相対シェア」というものをとります。A社のシェアが30％で、B社のシェアが15％だった場合、A社の相対シェアは（1位の会社の場合は2位の会社の何倍かの）2・0となります。B社の相対シェアは（2位以下の会社の場合は1位の会社の何倍かの）０・５となります。縦軸はその事業の売上成長率をとります。こうして縦と横で４つに分割して、自社の多角化した事業がどこに該当するのかを見るのです。シェアが高い事業は儲けを生み出し、成長率の高い事業はさらなる投資をすればもっと成長できると見なされていました。

シェアも高く成長率も高い「スター」事業は、儲けを同じ事業に再投資すればさらに成長します。シェアも低く成長率も低い「負け犬」事業は撤退すべきです。そしてシェアが高く成長率の低い「金のなる木」事業から得た儲けを、シェアが低いが成長率の高い「問題児」事業に投資して、これのシェアを高めていけば、次の「スター」事業になれます。

この理論は、事業同士に何の関連性がなくても（例えば、電球事業と、プラスチック事業と、エンジン事業と、金融事業）成り立つのが特徴です。儲けを生む事業と、投資すべき事業の間のお金の流れだけを管理すればよいのです。

この理論は非常に有名になり、この理論を活用したＧＥは１９９０年代くらいまでは優良企業の代表格とまで言われていました。しかし、今やＧＥは投資家にはほとんど評価されていません。投資家は電球会社とプラスチック会社とエンジン会社と金融会社の株式にそれぞれ投資すればよいのですから、会社同士が合併している必要は全くないのです。先進国にしか市場がなかった時代（１９９０年代まで）は多角化も選択肢の一つと見なされていましたが、新興国に成長の余地が大きく残されている時代になると、ＧＥのような多角化は資金の無駄使いと見なされてしまっているのです。

3 経営のグローバル化が必要になった

輸出だけではなく開発も生産も

1980年代以降の貿易摩擦の結果、日本からの輸出によるグローバル化は限界となり、欧米での現地生産を行うことが必要になってきました。そのためには現地に生産部門や開発部門などを開設することになり、日本も、「製品のグローバル化」から「経営のグローバル化」に踏み出していったのです。さらには、新興国での生産による低コスト化も目指さないといけなくなり、部品などは新興国で作ることも必要になっていきました。

そうなると、各国で現地社員による工場運営を行う必要がでてきました。工場の社員であれば、日本の工場に連れてきて短期間研修することで、日本流の生産管理手法を身につけることは可能なので、人材育成もある程度可能でした。

一方で、開発や、販売や、調達などの仕事も、だんだんと現地社員で行うようになっていきました。これらの仕事は、日本の工場で体験させればいいというわけではありません。日本のメーカーの工場運営は世界的に見てもレベルが高いので、生産のプロとして中途採用された外国人社員の目から見ても、学ぶものが多いはずです。しかし、開発や、販売や、調達などの仕事に関しては、その道のプロとして中途採用された外国人社員は、自分のスキルの方に自信があるので、日本的なやり方を学ぶ必要性も感じません。さらにそうして中途採用された外国人社員は、待遇が悪いと感じればすぐに転職してしまいます。

日本に進出して成功している外資系企業を見れば、本国の社員だけで全てを運営しているわけではなく、日本のことを理解している日本人社員が幹部として登用されています。同じように、海外の日本企業でも、日本人社員だけで現地子会社を運営できるわけはなく、現地の外国人社員を幹部として登用しないと、その国で成功することはできません。

本社のグローバル化も必要

日本企業でも、売上高や利益の過半を海外で稼ぐような企業が珍しくなくなってきました。その割に日本企業の本社は、あまりグローバル化しているようには見えません。ほとんどの社員が日本人で、日本語で仕事をしています。海外の子会社には現地の外国人幹部を登用していても、日本の本社にはあまり登用されていないのです。

また、日本企業が海外企業を買収する事例も多くなってきています。日本たばこ産業による2006年のギャラハー（イギリス）買収、サントリーによる2014年のビーム（アメリカ）買収、武田薬品工業による2018年のシャイアー（アイルランド）買収、セブンアンドアイによる2020年のスピードウェイ（アメリカ）買収、などが近年の大型買収として知られています。

こうした企業では、買収先の事業をきちんと経営できないと、全社の業績に大きな影響が出てしまいます。東芝による2005年のウェスチングハウスの原発事業（アメリカ）買収は、業績が悪化しただけではなく、不正会計も発覚して2016年に巨額の損失を東芝に与えてしまいました。

こうなると日本人の社長で、グローバル企業は経営できるのかという疑問もわいてきます。実際、シャイアーなどの巨額買収を実行した武田薬品工業の社長は、2014年に就任したクリストフ・ウェバー氏です。

日産のカルロス・ゴーン氏もグローバル企業を再建した立役者です。1999年に破綻寸前にまで業績が悪化していた日産を救済したのはフランスの自動車会社ルノーでした。ルノーは日産に出資し、経営者としてゴーン氏を派遣しました。ゴーン氏は日産の高コスト体質にメスを入れて、稼働率の低かった工場を閉鎖したり、ルノーとの間で部品を共同購買できるようにしたり、新車の開発体制を変更したり、数多くの改革を短期間で行って業績を立て直しました。この業績が認められてゴーン氏は日産の会長とルノーの会長の両方を兼務するまでになったのです。

しかし、それ以降は公私混同が目立つようになったとして2018年に日産の会長を解任され、日本の法律に違反したとして逮捕され、さらに海外に逃亡してしまいました。若い人は、この頃の騒動だけを覚えているかもしれませんが、もともとはグローバル化に失敗して挫折していた日産の経営を立て直した手腕の持ち主だったのです。

ゴーン氏の行った改革の一つは、若手・中堅の社員300人程度と自ら面接して、その中の優秀な人材を改革プロジェクトのリーダーに抜擢したことでした。10人以上いたプロジェクトリーダーは各プロジェクトのテーマに関してゴーン氏に直接、提言を行い、その提言の実行に際して解決すべき課題があれば、これもまた改革チームを組織して解決させました。

再建当初はルノーから派遣された幹部が多くいたのですが、10年程度でその幹部はほとんどフランスに戻り、その後は中途採用された社員（外国人を含む）が要職に抜擢されるようになりました。こうした一連の改革手法は、欧米の企業ではよく見られるものでした。

ビジネスのグローバル化はさらに進む

本書ですでに何度も論じてきた通り、これからの世界経済では新興国の比重がより高まっていきます。先進国企業も新興国のビジネスを取り込もうと多大な努力をしていますし、新興国の企業もグローバル化を推し進めようとしています。日本企業にとってみても、海外の大手企業との直接の競争は避けられないことになってきていますし、グローバルに事業を展開しようとする企業は、今までのような日本的経営には安住できません。このため、日本企業でも経営のあり方をグローバル化する試みも出てきているのです。

新興国の政府は、自国の経済発展を重視していますので、海外企業の進出を促す方針をとり続けると考えられます。経済発展が進んだ方が国民からの支持も得やすくなりますから、規制緩和などの改革をさらに進めることになるでしょう。

中には国内の既得権益の企業（国営企業）などを守ろうとする国もあるはずですが、保護主義的な政策をとろうとする国には海外企業も進出せず、投資もしなくなるので、あまり経済発展が進まなくなるでしょう。新興国同士も競争の関係にあるのですから、より改革的な国の方に海外からの投資が集まることになります。

新興国出身の企業がよりグローバル化するという流れも続くでしょう。日本からトヨタやソニーが世界で活躍したように、韓国のサムスンやヒュンダイ、台湾の鴻海やＴＳＭＣが世界で活躍しています。中国からはファーウェイが躍進しすぎて、アメリカが安全保障上の心配をするまでになりました。これからはアルセロール・ミタルのようなインド出身の企業が世界で活躍するようになるでしょう。

ビジネスチャンスについて考えよう

ビジネスのグローバル化もまた、今後何十年も進んでいくものと考えられます。所得格差の解消と同様に、過去の日本で起きたようなことが、最近の中国で起き、今後は東南アジア、南アジア、アフリカで起きていき、経済発展が広がっていくでしょう。これに伴って、新興国向けのビジネスが伸びることは当然期待できますが、一方で新興国出身の企業のグローバル化が急ピッチで進み、競争がより激化することにもなります。

グローバル化関連のビジネスチャンスとしては、以下のような論点を考えることができます。

□新興国企業に工場などの投資をすることで、その国の労働力を活かした低コストの生産ができる余地が、まだまだ残されているはず

□新技術を活用することでさらに低コスト化が実現するという場合、新興国企業にその技術を供与すれば、しがらみなくビジネスを拡大できる可能性がある

□多角化のしすぎになってしまった先進国企業は、強みの活きる事業に再集中しようとして、多角化した事業を売りに出す傾向にあるが、その事業と同業にあたる会社であれば、売りに出た事業を買収して、より大きな規模を獲得できる

□自社で全てを製造しようとせずに、新興国の企業に生産を委託するという選択をした方が有利になるケースが、今後も出てくるのではないか

□逆に、新興国に生産受託をする工場を設立して、自社の持つ生産ノウハウをつぎ込み、先進国企業からの受託を取り込んでいくという可能性もあるのではないか

□ビールのように、規模を拡大することが有利になる業界においては、日本企業同士の合併だけではなく、新興国企業も含めた合併を行って、より大きな規模を目指すことができるのではないか

□先進国の既存企業でも、自社の強みを冷静に分析すれば、得意な部分は自社で行い、不得意な部分は新興国企業に任せるという提携関係が成り立つのではないか

□海外の子会社を経営できる人材が社内には見当たらないという場合、進出先の現地で外国人をスカウトすると日本のカルチャーとの衝突が起こりやすくなるが、海外企業で勤務経験のある日本人や、日本で勤務経験のある外国人なども含めて人選を考えれば、多文化を理解した人材が見つかりやすいはず

□本社のグローバル化を進めようとした場合、新卒入社以来、転職をしたことのない社長ではなく、他社（または海外）での勤務経験のある社長の方が、客観的に自社の強みと弱みを理解した戦略を立てられるはず

□今から起業する場合、日本人だけで起業するのではなく、最初から外国人（それも新興国出身者）を巻き込んでおいた方が、事業のグローバルな展開が早くなるのではないか

chapter 9

メガトレンド❼

国家間のパワーシフトが進む

1 アメリカ中心だった国家パワーの構図

国家パワーとは何か

かつては、軍事力で国際関係が決まる傾向にあり、その軍事力を高めるために必要なのが経済力でした。その典型が19世紀後半（日本で言う幕末）の状況でした。当時は、欧米列強と言われた国が世界中で勢力争いをしていました。イギリスはインドを植民地化し、南アフリカやエジプトなども支配し、中国との間でアヘン戦争を起こすなどしていました。フランスはアフリカの多くの地域を植民地化し、ベトナムにも進出してきました。アメリカはフィリピンやグアムを領有化し、ロシアも中国東北部などに進出してきました。その後、軍事力の衝突が起こり、20世紀には二回の世界大戦に突入したのです。

第二次世界大戦ののちは、軍事力ではなく経済力で勢力争いをするようになりました。その中で中心を占めたのがアメリカでした。第二次世界大戦の戦勝国5か国が常任理事国となったのが国際連合ですが、西側（アメリカ、イギリス、フランス）3か国の中で最大の経済力があったのがアメリカだったからです。東側（ソ連、中国）が社会主義の計画経済で停滞する中、西側の経済力は大きく伸びました。

図9-1 国家パワー指数

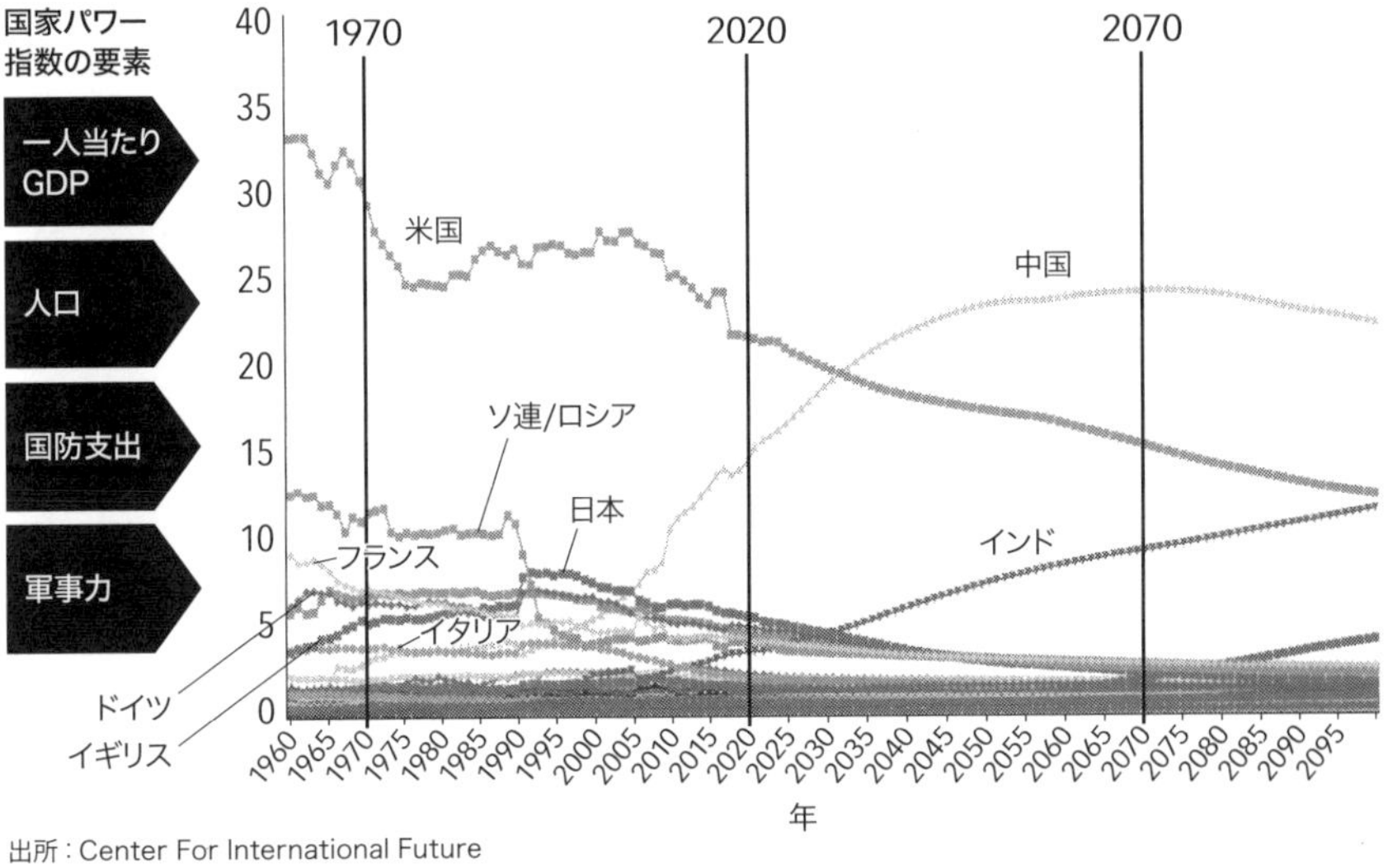

出所：Center For International Future

このため、20世紀後半の国際関係は、アメリカを中心とした西側先進国がルールを決めていく形となりました。つまり、米欧の民主主義的な価値観と、キリスト教的な思想を中心として、世界が動いていたのです。

ここで、国家パワー指数というグラフを見てみましょう（図9－1）。これは、一人当たりGDP（国内総生産）、人口、国防支出、軍事力などを指数化したものです。

1960年代から1970年代のところを見ると、アメリカが圧倒的に強く、ソ連が2位、続いてフランス、ドイツ、イギリス、日本となっています。軍事力だけで見ればこの時期の米ソはもっと拮抗していたはずですが、経済力も合わせた指数で見てみると、米ソの差が大きく開いていたのです。

1991年のソ連崩壊によってロシアの国家パワー指数は大きく低下し、代わりに世界

2位になったのが日本でした。日本はこの時期にすでにバブル崩壊が始まっていたため、ここから日本の国家パワー指数は低下していきます。

2005年頃に日本を抜いて2位になったのが中国です。中国は人口が極めて多いので国家パワー指数も高めに出る傾向にあり、この指数で見ると2030年頃にはアメリカを抜くと考えられています。そして、その2030年頃に日本を抜いて3位になると予想されているのがインドです。

こう見てみると、2030年頃にグローバルなビジネスの環境が大きく変わる可能性があるとわかります。中国とインドがパワーを強めていくので、国際的なルールを決める際にも、アメリカや西側が全てを決めるというわけにはいかなくなるのです。例えば、「電気自動車の充電規格をこうしよう」と欧米が主張しても、世界で一番電気自動車を生産している（ことになっている可能性が高い）中国がそれに従わなければ、その規格は意味を持たなくなってしまうのです。

経済力だけに着目する場合はGDPを見ることが多いのですが、第1章の図1－5ですでにみた通り、2050年には、日本は中国、インド、インドネシアに抜かれて世界第5位になる予測です。人口も減っていく日本の地位が下がることは仕方ないのですが、アメリカの地位もじわじわと下がっていき、中国、インドなどの新興国の発言力が上がっていくという流れが今後起きていくことは避けられません。

国家間のパワー構造が米欧中心ではなくなっていく、とはどういうことでしょうか。

民主主義的な価値観とは異なる国（中国は中国共産党の一党独裁）がパワーの一角を占めることにな

り、政治的に米ソのどちら側にもつかなかった国（インドなど）が経済力を強め、イスラム教徒が多数を占める国（インドネシアやトルコ）も台頭してきます。

つまり、パワーの分散化が起こり、アメリカの地位が相対的に低下していくということになります。このことは軍事的な不安定化も招きます。中国が急速な軍事力の拡大を進めていますが、このことは周辺国（日本も含む）の大きな不安材料となっています。

救いがあるのは、国家間のパワーシフトの源泉が経済力にあるということです。つまりビジネスをやりやすくする新興国がどんどん発展することになり、国際情勢はビジネスの成功を目指した駆け引きが中心になっていくことになります。

一方、海外の企業を冷遇するような国には投資が向かわずに発展が遅れるようになります。なので、国家間のパワーシフトが起きても、グローバルなビジネスは展開しやすくなっていくでしょう。

日本はなぜ経済大国になれたのか

新興国がどのような発展をしていくのかを見るには、かつて新興国だった日本がどのように成長したのかを理解しておくと、わかりやすくなります。

バブル崩壊後に生まれた皆さんは、日本が経済大国だったと言われても実感がないと思います。しかし、第二次世界大戦で敗戦したにもかかわらず、日本は奇跡的な経済復興を遂げ、世界第2位の経済大国にまでなっていたのです。それはなぜだったのでしょうか。

第二次世界大戦の終戦後、アメリカは日本を占領し、ＧＨＱ（連合国軍最高司令官総司令部）は日本を弱体化させようとしました。日本国憲法では戦争放棄を定めさせ、戦前の日本の経済力を支えてきた財閥を解体するなどして、戦前の勢力を排除したのです。

しかし１９５０年に朝鮮戦争が起こり、アメリカが韓国側につき、中国とソ連が北朝鮮側について戦うことになりました。この戦争に際してアメリカは、日本のメーカーに兵器や砲弾などの生産許可を与え、軍服やテントなどの繊維製品や、陣地構築のための鋼材やセメント、食料品などを日本で調達しました。これは朝鮮特需と呼ばれ、日本の経済が立ち直るきっかけとなりました。

この時、アメリカは日本をアジアにおける西側の拠点として強化することに方針を転換しました。ソ連がアジアで勢力を伸ばそうとしていたことは明白でしたが、西側の拠点となる国がアジアにはなかったのです。

そのためには日本を民主主義、資本主義の国として育成する必要があるのですが、ＧＨＱは日本の民主化のためには、情報を正しく伝えることが重要と考えていました。そのためには「ラジオ産業」を育成することが必要であり、技術者を日本に多く派遣しました（当時はテレビがなかったのです）。この時日本に派遣された技術者たちが品質管理の手法を日本企業に伝授したのです。

１９６０年頃から日本は高度成長期に入り、品質管理が向上した日本企業は、低い人件費と、最新の技術も活かして、低価格での欧米への輸出を増加させました。そうなった原因をたどると、ＧＨＱが占領政策の方針転換をして、日本を西側の拠点として民主化・工業化させようとしたことにあったのです。

つまり、日本が自力で経済発展したのではなく、当時の先進国アメリカの後押しを受けて発展したということです。また、経済発展の初期段階では製造の技術（人件費が低いだけではなく、不良品を減らすことでも低コスト化は実現します）がカギを握っていました。

過去の経緯　統計的品質管理とは

統計的品質管理を編み出したのは物理学者のウォルター・シューハートと言われています。彼はウェスタン・エレクトリックに就職したのですが、実際の生産は正確にはいかないことを知り、１９２４年に統計的な管理方法のアイディアを思いつきました。

例えば部品のねじの長さを１０ミリで作ることにしたとしても、９・８ミリだったり、１０・１ミリだったりというばらつきができます。ねじの生産工程で1時間に一回、何本かずつサンプル検査をして、そのばらつきが統計的な許容範囲にあるかをチェックし、もし許容範囲を超えたら、生産工程のどこかに問題があるはずだと判断するのです。

ほとんどの工場は、最終的な完成品を検査して、不良品があれば取り除いていました。しかし、シューハートは、「自然な分布」から外れた不良品が出る場合、工程に問題があるはずなので、その問題を解決すれば、品質は安定すると考えたのです。

第二次世界大戦中にはアメリカ陸軍省がウェスタン・エレクトリックに協力を求め、シューハートの方式が米軍に採用されました。戦後に「彼の品質科学こそ米国が連合国に果たした最大の貢献」と言われたほど、アメリカの兵器の生産性は向上しました。

エドワーズ・デミングは、1947年からGHQで国勢調査コンサルタントを務めるために来日していたのですが、共同研究者だったシューハートの統計的な品質管理手法を日本で広めた人物として有名です。彼は、「検査では品質は確立しない」「品質は検査の前に出来上がっており、最初に正しく作っておくことが重要」「統計的手法を使えば検査の必要がないような品質のものを最初から作れる」「検査で不良品をはねるやり方は、賃金の無駄であり、材料の無駄である」などの言葉を残しています。

デミングは日本企業の生産現場にも多く赴いて指導を行い、品質管理のための「QCサークル」が増えていきました。これは工場の従業員が持ち場ごとの小集団に分かれて終業後に「なぜこのプロセスで不良品率が高いのか」などの原因を考えて改善を行うというものです。アメリカの多くのメーカーが「従業員は考えるな、手を動かせ」という単純労働を求めていたのと対照的に、デミングの指導した日本企業は、従業員が問題解決方法を自ら考えるようになったのです。

この結果、日本の企業が高品質で低価格の製品を製造できるようになり、アメリカに大量輸出して、日米貿易摩擦が起きたのですが、1979年にアメリカのNBCテレビは、アメリカのビジネスの衰退をテーマにした特集を企画しました。番組製作スタッフは、ある無名の統計学者に会うように言われたのですが、その老紳士は、自分が戦後の日本復興に中心的な役割を果たしたと話しました。番組スタッフはその真偽を確かめたのですが、この学者が日本では有名であり、尊敬されているとわかりました。

彼こそデミングだったのです。そして1980年、「日本にできて、なぜ我々にできないのか」というタイトルの番組が放映され、統計的品質管理やQCサークルが紹介されました。

デミングの功績はアメリカでは全く知られていなかったのですが、この番組によってアメリカ国内で遅咲きの評価を受けました。

2 国家パワーの多極化が起きている

アメリカがIT革命で繁栄を謳歌

1990年代初頭に、「東側」のソ連・東欧では、経済発展の遅れから国民の不満が高まり、共産党支配体制が崩壊しました。ドイツで東西を隔てていた「ベルリンの壁」は崩壊し、ソ連からロシア以外の連邦国（ウクライナなど）が次々と独立しました。一方で中国は、徐々に資本主義経済の取り込みを始めていました。1980年代から鄧小平国家主席による「改革開放」路線が始まり、1997年には香港がイギリスから中国に返還されて、資本主義社会との「窓口」となりました。

2000年以降のアメリカでは、IT革命と呼ばれる現象が起きました。インターネットを活用したビジネスが成長し、アマゾン、デル、グーグルなど1990年代後半に創業した企業が急成長していきました。日本や韓国のメーカーと「製造」で競っても勝ち目はないということが明らかになった一方で、ソフトウェアやコンテンツで世界を席巻する企業が続出したのです。2008年にはリーマン・ショックと呼ばれる金融危機が起きましたが、この危機からもいち早く脱出することに成功しました。

アメリカから見ると、長年のライバルだったソ連が崩壊し、中国は市場経済化し、「製造」では勝てなくてもITでは勝てるということが明らかになり、アメリカ経済は順風でした。

一方のヨーロッパでは、EUが結成されました。1980年代には「英国病」と呼ばれる経済不振があり、これがヨーロッパ各国にも広がったのですが、以前からあったEC（欧州共同体）を強化したEU（欧州連合）に1993年に移行することで、経済政策をより強化することを目指し、1999年には統一通貨ユーロを導入しました。

新興国が徐々に台頭

1990年代にはNIEs（新興工業国、または新興工業地域）と呼ばれた韓国、台湾、香港、シンガポールなどが、日本の後を追って経済成長を加速させました。韓国、台湾は低価格・高品質の電子機器の製造で成長し、香港・シンガポールは貿易・金融で成長したのです。この4か国（地域）は、人口も国土も小さいのですが、農村部が少ない都市型中心の国家だったために、発展しやすかったという特徴があります。

2000年代以降は、中国経済が快進撃を続けます。鄧小平国家主席の「改革開放」路線を継続した中国は、江沢民・胡錦濤の下でも経済成長を続けました。西側諸国も、中国の経済成長をビジネスチャ

図9-2 フォーチュン500社に占める各国企業の割合（売上高上位の500社）

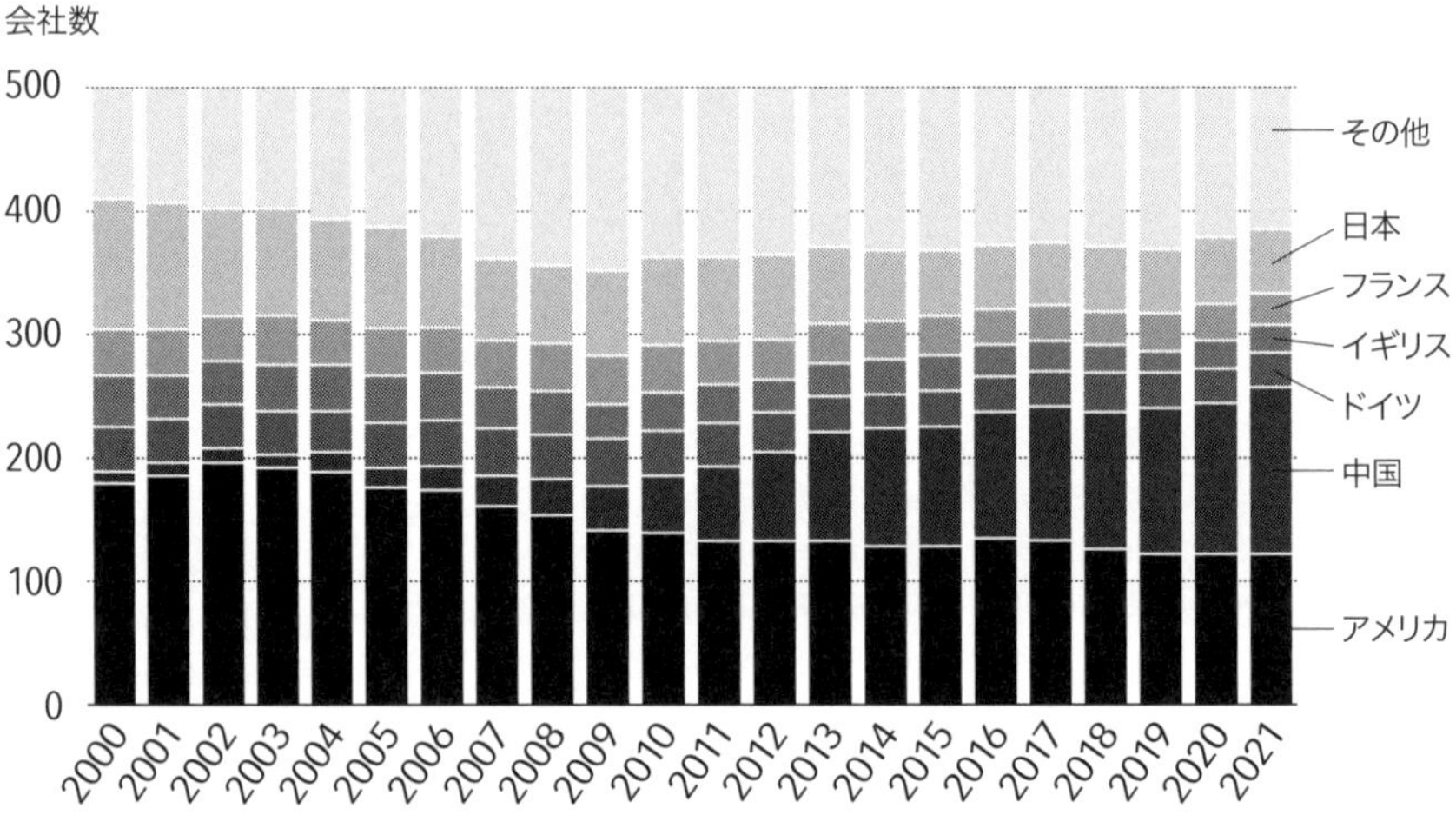

https://www.statista.com/

ンスにしようと進出してきましたが、中国も西側の資本や技術を積極的に受け入れました。２００８年のリーマン・ショックの後も、中国が巨額な景気対策の支出を行ったことで世界景気が長期低迷に陥らずに済んだと言われています。

民営の中国企業が急速に成長し、フォーチュン５００社（アメリカの経営雑誌フォーチュンが毎年発表している売上高上位の５００社）に占める中国企業の割合が２０１０年以降急増しました（図９－２）。

中国が経済発展するにしたがって、中国都市部の人件費水準は上昇し、このためグローバル企業は「ネクスト・チャイナ」として、他の新興国に展開するようになり、タイ、ベトナム、インドネシアなどが経済発展するようになりました。

東南アジア以外でも、インド、ブラジル、

メキシコ、トルコ、エジプトなど人口の多い国で、都市部への人口シフトが起こり、経済成長が起きています。

こうした流れとは別に、資源国が発言力を増すという流れも起きました。1970年代以降、中東を中心とした石油輸出国機構（OPEC）が石油価格の決定に影響力を及ぼすようになりました。OPECはサウジアラビア、アラブ首長国連邦、イラン、イラクなど中東を中心とした産油国の同盟で、輸出国の利益を守ることを主な目的としています。各国が収入を増やそうと増産すると、供給が需要を上回って価格が低下し、各国とも不利益になってしまうので、そうならないように加盟国が生産量を調整して価格の引き上げを図っています。

石油以外にも、鉄鉱石なども希少であり、オーストラリアなどが資源国として重視されるようになっています。また、電子機器に少量使われる「レアメタル」をめぐる争いも激化し、中国やアフリカが、その産地として注目されるようになりました。例えばコバルトは、リチウムイオン電池に不可欠な物質ですが、埋蔵量の6割をアフリカのコンゴ民主共和国が占めています。

3 国家パワーはこれからどうシフトしていくのか

中国の繁栄はまだ続くのか

２０００年以降、中国の経済成長は際立っていました。１４億人の人口を抱える国ですから、都市部の経済発展が一段落しても、まだ中堅都市の発展が続くでしょうし、そのあとにまだ農村部にも多くの人口が残っています。さらには在外の中国人（華僑、華人）たちも経済的に成功しています。

華僑とは中国の国籍を持ったまま海外で生活をしている人、華人とは居住国の国籍を取得して海外で生活をしている中国人というような意味で使われています。東南アジアで経済的に成功している財閥も、多くは華僑、華人系が占めています。

人口の多さと、海外でのネットワークの広がりを考えると、「中国人」経済の発展はさらに続くと考えられます。インターネット利用者で見ても、中国発祥のバイドゥ、テンセント、アリババにはすでに巨大な利用者数がいます。人口の多さで有利なのは、ハイテク系の学生や研究者、起業家の人数も非常に多いという点です。こうした人材が多くいれば、新たな技術が出てくる可能性も高くなります。

しかし、一党独裁の政治体制が長持ちするかは不透明です。中国は旧来の社会主義を脱して資本主義を取り入れましたが、中国共産党の一党独裁は残しています。経済発展が続くほど貧富の差は拡大し、汚職に手を染める役人の腐敗も進み、民衆の不満が高まっていくことは間違いありません。

中国共産党の幹部たちは、「旧ソ連の崩壊」を見たので、国内（特に周辺部）での不満の高まりに対しては敏感で、これらに対する政府の統制を強めています。ハイテク系企業に対する統制を強めているのも、政府よりも強い影響力を持つ企業が現れることを嫌っているからと見られています。習近平国家主席が任期制限を撤廃したのも、より集権体制を強化して民衆の不満を押さえ込まないといけないという危機感によるものと言えます。

１９８０年代以降の中国の「改革開放」路線の頃は、アメリカをはじめとする西側諸国は、「これで中国も徐々に民主化していくはずだ」と楽観視していました。経済発展をさらに続けるためには、グローバル化をさらに強めることが必要で、西側の経済体制と同質化していくと期待されていたからです。しかし、１４億人もの人口がいると、経済全てをグローバル化させなくても成長が可能で、国内の締め付けは厳しくしながら、海外で儲けるというような、二兎を追うことも可能でした。

しかし、中国の最大の弱点は、民衆の不満を押さえつければ押さえつけるほど、その不満が解消されずに蓄積されていくということです。本来であれば、そうした不満が解消するように、失業者対策などを充実させるべきところですが、景気対策としての不動産開発に資金を投入することを優先させてきたため、日本のバブル崩壊や、アメリカのリーマン・ショックのような経済危機を引き起こす可能性が高まっています。いったんそのような経済危機が起きてしまうと、民衆の不満が表面に出てきてしまいますから、押さえ込むのが難しくなっていくでしょう。

世界は再び分断されていくのか

2013年以降、中国は「現代のシルクロード」として、中国から西アジア、中東、ヨーロッパへと広域経済圏づくりを推し進める「一帯一路」政策を進めてきました。こうした地域の新興国に経済支援を行って、中国の味方をしてくれる国を増やそうという意図があると見られていますが、「援助に見せかけた支配」ではないかとの批判もあります。

例えば、スリランカに対しては、経済支援として港湾建設の融資を行ったのですが、その港湾が赤字続きで返済困難に陥ると、港湾の運営権が中国企業にわたりました。この件では、最初から交通の要衝である港を獲得することが目的だったとの疑いも持たれています。このため、周辺国も中国に対する警戒心を持つようになってきました。

かつての東西冷戦時代には、世界が「西側」「東側」に分断されましたが、今後世界が「アメリカ側」と「中国側」に単純に分断されるというわけではなさそうです。特にカギを握るのはインドです。インドは中国との間に国境紛争を抱えてきたこともあり、中国とは関係が良好ではありません。インド自体が今後経済成長して、世界第3位の経済大国になることを目指しているので、アメリカ側に単純につくことともなく、第三の道を作り出そうとすると考えられます。トルコやインドネシアなどのイスラム文化圏の国も、どちらの側にもつかない形を選択するでしょう。

つまり、**世界は「分断される」というよりは「多極化していく」**ことになると考えられます。

政治パワーから経済パワーへ

「多極化していく」というのは、どういうことでしょうか。アメリカのパワーが相対的に低下していき、中国、インド、ヨーロッパ、日本、そしてインドネシアなどの新興国が、各々にパワーを維持していくようになるでしょう。では、かつての超大国ロシアはどうでしょう。

2022年のロシアによるウクライナ侵攻は世界に衝撃を与えました。冷静に考えてみると、この裏にある流れは東欧の民主化でした。東欧諸国は経済停滞していた社会主義から脱して資本主義に転換し、その結果として生活水準が大きく改善しました。東欧諸国はさらなる経済的発展を目指してEU（欧州連合）にも加盟しました。EU内は関税もなく、人々の移動にパスポートも不要です。旧ソ連の構成国だったバルト三国（エストニア、ラトビア、リトアニア）もEUに加盟しました。

つまり、ロシアのすぐ隣国にまでEUが広がってきたのです。ロシアは天然ガスという資源が出るのが強みですが、GDPで見ると韓国なみ（11位と12位）にまで低下しています。一人当たりGDPではバルト三国より下です。もしウクライナまでEUに加盟して豊かになってしまうと、ロシア国民が「次は自分たちも民主化すべきだ」となってしまうでしょう。そうなることを防ぐために、つまりロシアの既得権益層の利益を守るためには、ウクライナを西側の一員にしてしまうわけにはいかなかったのです。

このことの意味合いは何かというと、結局のところ、資本主義化して、民主化していった方が国民は豊かになれるということです。国内に課題があったとしても、その課題を解決するビジネスを自由に起こすことができれば、それで起業した人は儲かりますし、そのビジネスを利用する人々は、かつてあった課題を解決できるわけです。社会主義ではそうした民間企業の行動は認められませんでしたし、一党独裁体制でも自由な経済活動が制限されていれば、課題を解決するビジネスができません。

鎖国していた時代の日本の庶民も「そこそこ幸せ」だったはずです。海外の情報がほとんど入ってこなかったので、産業革命がどれほどの変化を起こしていたのか、当時の日本人は知る由もありませんでした。今のロシア人や中国人の多くも（ネット時代であるにもかかわらず）情報を統制されているので「そこそこ幸せ」に感じていることでしょう。しかし、親戚も大勢いるような隣国（ロシア人の中にはウクライナに親戚が住んでいる人も多くいます）で経済発展が起きていることを知ると、自分たちは幸せではなかったと気づいてしまいます。

もちろん、資本主義には欠点があり、経済的に成功した人とそうでない人の格差が起きてしまいます。しかし、その格差を減らすこともビジネスで可能なのです（第7章でのマイクロファイナンスはその好事例です）。一党独裁の力で平等にしようとしても、それは低所得での平等化にしかなりません。

このため、多くの新興国の政府は、グローバル化して経済発展することを目指しているのです。経済成長が持続していけば、国内の矛盾も次第に解決していきます。逆に経済が停滞に入ってしまうと、一気に民衆の不満が高まってしまいます。独裁的政権を選択した新興国はたいてい経済政策で失敗してしまいます。このため、新興国の多くでは政治的課題よりも経済的課題が優先されるようになり、外資規制などを緩和したり、国営・国策企業よりも民間企業による成長を後押ししたりするようになります。その結果、旧来的な政治勢力の地位は、(締め付けや反動はあるものの)長期的には低下していくのです。

2018年には、日本が主導してCPTPP(環太平洋経済連携協定)という経済協定が締結され、アジア太平洋、北米・中南米の11か国が署名しました(アジアからは、日本、シンガポール、ベトナム、ブルネイ、マレーシア、その他の地域からはオーストラリア、ニュージーランド、カナダ、メキシコ、ペルー、チリ)。これは、太平洋でつながる国々の経済市場を統一化し、大きくすることを目指す協定です。ヨーロッパのEUのように政治的にも統合するものではありませんが、経済・貿易に関して統一的な枠組みにして、農産物や工業製品の多くの品目で関税を撤廃しようというものです。

まだ具体的な成果が出ているわけではありませんが、こうした取り組みによって、より自由な貿易や投資が行えるようになれば、日本のみならず加盟国の経済活動の活性化につながるものと期待されています。

本章で見てきたように、現代において国家間のパワーシフトの源泉は経済力にあります。つまりビジネスをやりやすくする新興国がどんどん発展することになります。このため、国家間のパワーシフトが起きる際に様々な摩擦が起こるとしても、最終的にはグローバルなビジネスが展開しやすくなっていくでしょう。

ビジネスチャンスについて考えよう

国家間のパワーシフトが起きると、新興国の影響力がさらに強まっていきます。新興国に関連するビジネスチャンスについては前章まででもかなり見てきましたが、それ以外のビジネスチャンスとしては、以下のような論点を考えることができます。

□将来の経済大国となることが予想されているインドに対して、日本が過去の産業化の経験から、提供できるノウハウは多くあるのではないか
□日本の統計的品質管理やQCサークルなどのノウハウは、日本企業の工場を新興国に建設するときだけでなく、新興国企業の工場建設に際しても提供可能なのではないか
□中国で格差問題が深刻化していくことが考えられるが、中国の底辺層向けのマイクロファイナンスなどを提供できる余地はあるのではないか
□中国の一帯一路政策に対して警戒心を持っている周辺国に対して、警戒されずに済む日本ならではの経済援助を提供する機会が多いのではないか
□TPP締結国の間では関税などの障壁がなくなるようになるが、日本のどのような製品の輸出入や生産にメリットが出るようになるか

chapter 10

メガトレンド❽

個人へのパワーシフトが進む

インターネットと個人主義

1

個人主義とは何か

前の章では国家間のパワーシフトということで、アメリカ集中型から多数の国へのパワーの分散化という話をしました。この章では、国の中で進行している個人へのパワーシフトについて解説します。日本で昭和の時代に小学校に入学した世代では、「集団（クラス）の秩序を守ること」が優先され、「個人が勝手に好きなことをする」と先生に怒られたものです（今でもそうかもしれませんが）。こうやって育てられると、「集団の中の一部としての自分」という自覚が強くなり、「集団の他のメンバーと同様の嗜好を持つ」ようにもなります。これは「集団主義」と呼ばれます。

一方の「個人主義」とは、「自分は集団（もしくは他人）とは異なる」「個人の主張を重視する」「個人としてのニーズを持つ」というような自覚を持つことです。欧米諸国ではこのような自覚を持った人が多いと考えられています。

図10－1は、オランダの社会心理学者ヘールト・ホフステードの「文化の範囲」という研究からのも

図10-1 個人主義指標（ホフステードの「文化の範囲」）

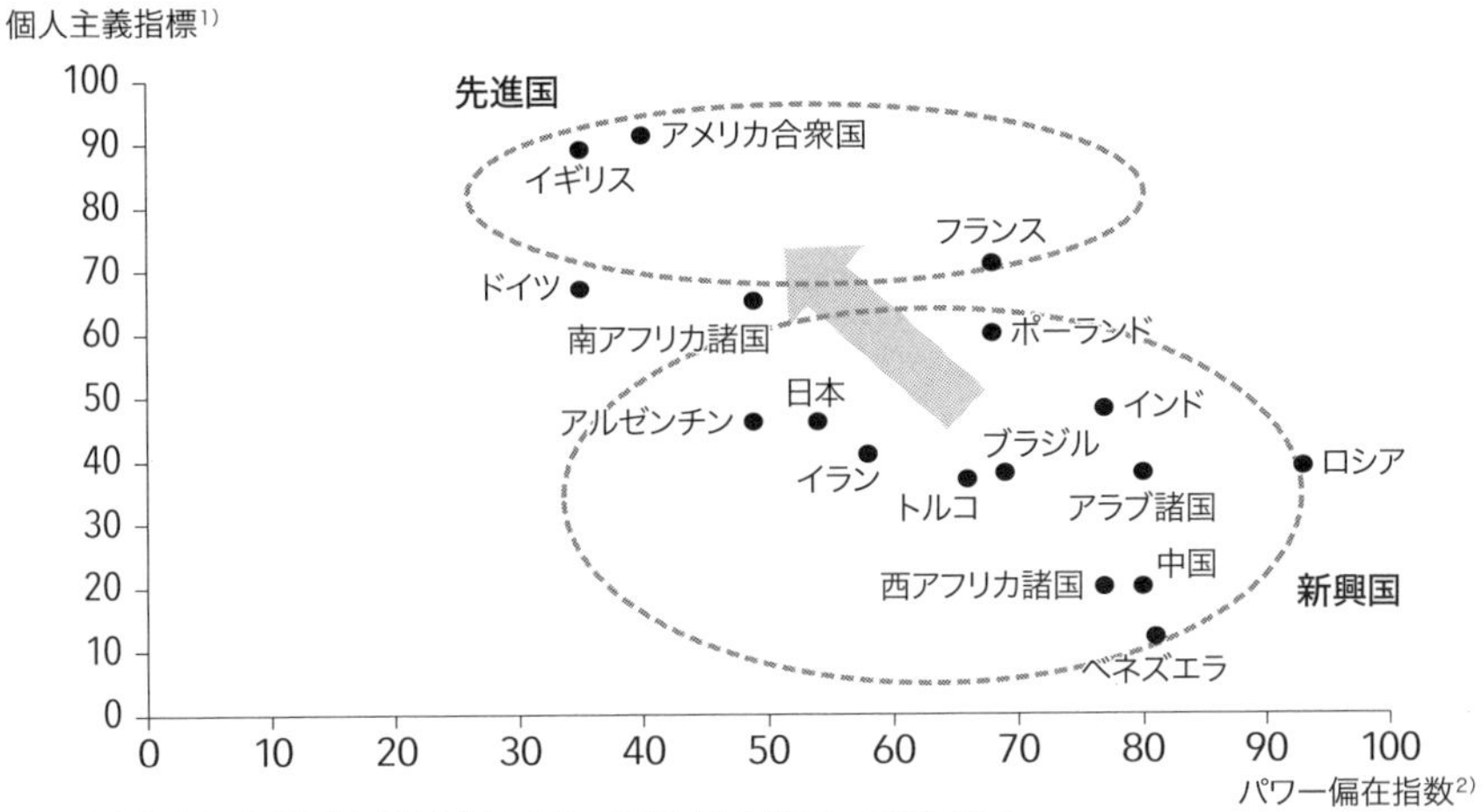

1）個人主義指標: 集団主義と個人主義という2つの相反する性質によって定義される
2）パワー偏在指数 (Power Distance Index, PDI)：権力の格差を権力がない国民がどの程度受け入れられるかの度合い
出所：Hofstede Cultural Dimensions

のなのですが、縦軸に個人主義指標という、集団主義と個人主義の程度を表すものをとり、横軸にはパワー偏在指数という、権力の格差を国民がどの程度受け入れられるかの度合いをとって、各国を示したグラフです（ちなみにホフステードのモデルでは、各国の文化の違いを六つの軸、「権力格差」「集団主義／個人主義」「女性性／男性性」「不確実性の回避」「短期志向／長期志向」「人生の楽しみ方」で数値化しています）。

このグラフを見ると、アメリカ、イギリス、フランス、ドイツという欧米先進国で個人主義が強く、このうち（フランス以外の）3か国では、パワー偏在指数が低い（国民が権力の格差を好んでいない）ことがわかります。

一方、日本と新興国は、個人主義の度合いが低く、パワー偏在指数が高い（国民が、権力の格差を受け入れている）ことがわかります。特にロシアと中国はパワー偏在指数が高くなっています。このグラフから単純に言えるわけではないのですが、先進国の方が（経済力の高い国の方が）個人主義が高い傾向にあるように見えます。

経済力の低かった国では、国家、企業、一部階級がパワーを有していました。中国は経済が成長した今でも、パワーの偏在を国民が受け入れています。今の日本では政府が国民の意見を露骨に誘導するようなことは、あまり見られませんし、大規模なメーカーが流通チャネルをコントロールし、大量広告で消費者の行動を変えることも、難しくなっています（むしろスーパーやコンビニなどの量販店の方がメーカーよりも力を持っています）。資金や情報が一部の階級に偏在するということも日本ではあまりなさそうです。

しかし、コロナ禍で皆がマスクをし続けたように、集団主義的な同調圧力は日本においてかなり強いようです。経済力が高まっていても集団主義の力が強いというのは、日本（または東アジア）の文化的な特徴なのかもしれません。

一方で、欧米人がマスクを嫌っていたのは、マスクに慣れていなかった（花粉症がなかった）こともあるでしょうが、やはり個人主義（自分のことは自分で決める）の強さのせいのようです。

インターネットの影響

経済成長とは別の要素として、現代ではインターネットの普及によって、一般個人がパワーを得るようになりました。少なくとも、一部階級に情報が偏在するという状況は、(ロシアや中国のような一党独裁国以外では)なくなっています。

インターネットの登場する前にも「パソコン通信」という、知人同士のオンラインのネットワークは存在していましたが、今のインターネットの原型が出来上がったのは、1994年にネットスケープの「ブラウザー」が登場し、ネット上に存在する多くの情報を自由に検索できるようになってからです。同じ1994年に、アメリカでヤフーの検索サービスが開始されました。その後、個人でホームページを立ち上げて、情報発信する人が徐々に現れ始め、2000年過ぎから「ブログ」というサービスが始まり、情報発信が容易になりました。

個人の情報発信が可能になったというのは、インターネットの大きな貢献です。ブログやSNSによって、誰でも情報発信できるようになったことで、(炎上問題という副作用はあるのですが)個人による意見の主張が可能になりましたし、世の中には多様な意見があるということが知られるようにもなりました。

日本にいると感じないのですが、日本ではテレビのチャンネル数が少ないままでした。アメリカは1990年代くらいからケーブルテレビで100チャンネル以上見られるようになったので、自分の好きな番組を見たい人はケーブルテレビに加入していましたし、ヨーロッパではデジタル衛星放送が可能になってから、衛星で100チャンネル以上が見られるようになり、多くの人が加入しました。

日本では(地デジ化など)デジタル放送は「高画質化」のために使われたので、チャンネル数が増えることはなく、(スカパーやケーブルテレビに加入しない限り)旧来のチャンネル数のままでした。これももしかしたら個人主義の弱さだったのかもしれません。しかしインターネットでの動画配信が増えたおかげで、日本の若者はテレビを見なくなりました。「皆が同じものを見る」テレビを見なくなるというのも、個人主義の一つでしょう。

テレビ視聴習慣が変わるとともに、広告の力も低下しました。インターネット以前は、企業の発信する広告も貴重な情報の一つだったので、消費者は広告内容を記憶しようとしていました。例えば栄養ドリンクのキャッチコピー「24時間戦えますか」は、1989年の流行語大賞に選ばれるほどにはやりましたし、以前は多くのCMソング（CMのために作成された歌）がミリオンセラーになりました（昔は100万「枚」がヒット曲の基準でした）。

その後は「万人受けする商品」ではなく、「ターゲット層」を絞った商品が売れるようになりましたが、例えば、100万人の10％がターゲットだとしても、その10万人にCMを届けるためには、100万人にCMを見せる広告料を払わないといけません。広告料のコスパが悪くなったのです。しかも現代の若者はネット動画の世代なので、CMは届きませんし、記憶もされません（買いたいものがあったら、その都度情報を検索すればいいのですから）。これも個人主義の表れでしょう。

インターネットで買い物をすることも当たり前になり、リアル店舗では買えないような珍しいものや、各々に程度が異なる中古品を売り買いすることも当たり前になりました。これもインターネットによる個人主義の進展かもしれません。

過去の経緯　アマゾンは本屋だった

皆さんはアマゾンを「何でも売っているオンライン企業」だと思っているでしょう。しかし、最初はオンライン書店からスタートしたのでした。創業者のジェフ・ベゾスは、金融機関のIT部門のエンジニアでしたが、インターネットでの商品販売（当初はeコマースと呼ばれていました）が、大きなビジネスになると予測して1995年にアマゾンを創業しました。eコマースに向く商材は何かと考えた彼は、あらゆる商品をリストアップした上で、最終的に書籍を選択しました。

書籍は、商品数が多数なので「検索」ができるインターネットだと便利そうだということと、商品がデジタルに近い（インターネットでは伝えにくい「手触りや色使い」が商品選択に関係なく、商品の一部として目次や要約を文字で紹介できる）ということが、その理由でした。

そして書籍には、卸売業者が在庫を持っていて、本屋からの返品も受け入れているという、ちょっと特殊な商習慣がありました。本屋には大量に本が陳列されているので、消費者は「お目当ての本」でなくても、「つい目についた本」を買うことがあります。つまり大量に陳列することが需要を増やすカギなのです。そこで本屋は多めに在庫を仕入れておいて、売れなかったら返品しているのです。返品される率は30％程度ありました。出版社も卸売業者も、需要創造の効果があることを理解していたので、返品を受け入れていました。

書籍のビジネスには全く経験がなかったベゾスですが、この卸売業者の仕組みが有利に働きました。彼のオンライン書店は在庫なしでも創業できたのです。顧客がアマゾンで本を注文すると、その注文を受けてからアマゾンが卸売業者に本を注文して、その本を顧客に出荷すればいいのです。また、書籍は「返品のロス」（返品された本が結局売れ残りとして処分される）の分もコストになるので、それでも利益が出るように価格が少し高めに設定されています。しかしアマゾンは在庫を持たないので「返品のロス」がほとんどありません。アメリカでは（日本と違って）書籍を値引き販売していいのですが、そうなるとアマゾンは一般の本屋よりも安く販売できます。

こうして創業したアマゾンはオンライン書店として大成功し、1997年に上場して巨額の資金を得ました。この資金を何に使ったかというと、2000年頃に全米6か所に巨大倉庫を建設したのです。当時の投資家はこの投資計画には大反対をしました。「アマゾンは身軽なネット企業だから大成功したのに、なぜ倉庫などという前時代的なものに投資をするのか」というのが理由です。

しかし、ベゾスにはアマゾンの弱点がわかっていました。自分でも参入できたのですから、オンライン書店ビジネスは誰でも参入できるということです。ライバルが増えれば際限のない値引き競争になることが目に見えていました。そこで彼は巨大倉庫に投資をし、「翌日届く」というサービスを実現させました。それ以前は配送に1週間くらいかかっても顧客は文句を言いませんでしたが、アマゾンが「翌日届く」なら、もう顧客は競合の他社から買うはずがありません。こうしてアマゾンは類似のオンライン書店を振り切ったのです。

「翌日届く」という便利さを味わった顧客は、本以外もアマゾンで買いたくなります。それこそがベゾスの考えていたことなのでしょう。もともと彼は本屋をやりたかったわけではなく、eコマースをやりたくて、その入り口として書籍を選んだわけですから。そして、皆さんご存知の、「何でも売っているオンライン企業」になっていくのです。

インターネットと企業活動

2

広告によるビジネス

インターネットによって個人が情報発信のパワーを得たことは、企業のビジネスのやり方にも大きな影響を与えました。

グーグルで情報を検索することは無料だと誰もが今では当たり前に思っていますが、これは広告料で支えられているから可能なのです。広告料というビジネスモデルは、ネットの登場前の、新聞・雑誌や民放テレビの開始時からありました。民放テレビをタダで見られるのは、途中に挟まっているＣＭを人々が見ているからであり、そのＣＭを流すために企業はＴＶ局に広告料を払っています。ヤフーが創業した頃も、同じような原理でバナー広告が登場しました。画面の上とか横とか下とかに出てくる広告をクリックすると、その広告主のサイトに飛ぶというものです。

利用者からすると、広告も画面に出てきてしまうのですが、そのおかげで情報が無料で見られます。広告主としては、多くの利用者にバナー広告を見せることもできますし、それをクリックした人には自社のウェブページでもっと詳しく商品情報を伝えることができます。

1998年に創業したグーグルは、新たなアイディアとして、検索結果に連動した広告を開発しました。これの意味は何かというと、「キーワードを入れて検索をしている人は、そのキーワードに興味があり、それに関する商品を探している可能性が高い」ということです。以前のヤフーのバナー広告はそのようなことは考えずに広告を表示させていましたが、グーグルの方法だと、「今買おうとして探している人に広告を見せる」ことになるので、広告主は高い広告料でも出そうとします。

皆さんもグーグルで何かを検索すると、画面の上や横に広告が出てくるのを見ていると思いますが、これは検索に入力したキーワードに関連した広告です。広告主は例えば「スマートロック」（暗証番号などを入れるとドアが開く仕組みで、これを既存のドアにつけることもできます）という検索ワードに関連して広告を出すための広告料を払うのですが、より高い広告料を出した会社の広告が上位に登場します。つまり、同業のライバルよりも目立ちたいなら、より高い広告料を出さないといけないのです。ここに競争を働かせていることも、グーグルのアイディアの優れていた点です。

フェイスブックもインスタグラムもユーチューブも、広告を挟み込むことで売上を得ています。これらは、どちらかというとヤフー型で、その人の過去の閲覧状況などから嗜好を推測してはいますが、グーグル型の方が「欲しいもの」「探しているもの」に関連しているので、広告効果は高い（広告料も高い）と言えます。

従来型の広告の限界

先ほども少し触れましたが、旧来型の広告は威力を失ってしまいました。テレビ広告の視聴者数は減っていますし、新聞・雑誌の購買者数も減少しています。消費者は「買いたくなってから検索する」ようになったので、その前に広告をいくら見ても記憶しようとはしてくれません（つまりスルーするわけです）。しかも、広告の「売り文句」（いいことしか言わないと思われています）よりも、他のユーザーの「コメント」や「レビュー」（玉石混交ですが、マイナスなことも書かれています）の方を重視するようになっています。

昔はそうではありませんでした。高度成長期の1970年代などは、広告（と販売網）を通じて顧客を「操作」するようなことができていました。例えば、1970年代はエアコンがまだ各家庭に普及していなかったのですが、「初回購買」の消費者は、どのエアコンがよいのかを判断する知識を持っていません。CMでよく見かける大企業のエアコンが広告されていれば、「きっといいに違いない」と思ってくれます。

その頃はヨドバシカメラやヤマダデンキなどの家電量販店はありませんでしたから、町の電器屋さん（ナショナルや東芝、日立、などの大手メーカーの商品だけを売っている店がどこの町にもありました）で買うことが普通でした。そこの店員さんに「エアコン買いたいのだけど」と言えば、「エアコンは部屋のサイズに応じて選ぶ必要がある」「エアコンには室外機があって設置工事が必要だ」などという知識も教えてくれます。広告でブランド名（「日立の白くまくん」など）がアピールされているので、「ではそれで」と注文するのです。他メーカーとの価格比較もあまりしません。実際にその電器屋さんが来て工事もしてくれます。個人に情報のパワーがなかった時代のことです。

その後、「初回購買」ではない「買い替え」になると、顧客は知識レベルが高くなっていきます。自分に必要な機能はどれで、必要ない機能はどれかがわかります。そうなると複数メーカーにまたがって機能の比較をしたくなります。価格の比較もしたくなります。そうなると、複数メーカーの製品が並んでいる家電量販店が登場してきます。CMを見ても見なくても、店頭での比較で何を買うかが決まります。個人の情報のパワーが上がったのです。

さらにネット時代になると、価格比較サイトなども登場します。そこにはユーザーのレビューやコメントなどもあります。家電量販店に行く前に、どれを買うべきかだいたい決まってしまいます。個人の情報のパワーがさらに上がったのです。

電気製品だけではなく、多くの商品で似たようなことが起きています。昔はカップラーメンやポテトチップスの新製品のテレビCMも多く見かけたものですが、コンビニで買うような顧客には、CMで見せる必要もなく、コンビニの店頭に新製品が並んでいれば気づいてもらえるわけです。メーカーとしてはコンビニ本部に新商品を仕入れてもらうために、「卸値の値引き」（コンビニとしては顧客に売る小売価格は下げずに、メーカーから仕入れる卸値を下げることで儲かる）をしないと仕入れてもらえなくなっているのですが、広告費に高いコストを払うよりは、その方が確実に売上になります。

これは個人へのパワーシフトとは違うのですが、個人に近い側にいる小売業へのパワーシフトです(個人から遠い位置にいるメーカー側がパワーを失っているのです)。


化粧品も、昔は広告費を多く使う業界でした。大手メーカーが季節ごとに新製品広告を出していました。若者もテレビを見ていた時代でした。トレンディドラマと呼ばれるジャンルがあり、毎週皆が見ていました。広告主が多くつくのでドラマの予算も潤沢で、有名な俳優が多数出演していました。

今、化粧品を買おうとする若者はネット上のサイトで比較しています。化粧品メーカーもそれをわかっているので、そうしたサイトでどう評価されているのかを非常に気にします。広告費をいくら使っても、サイト上の評価が上がるわけではありません。肌の悩みのタイプ別に消費者の化粧品購買行動が違うということもわかってきたので、そうしたタイプ別に商品開発をして情報を発信するようになってきました。それでもサイト上の評価をメーカーが変えることはできません。利用者が満足してくれて初めて好意的なコメントが増えていくのです。

これは、かなり個人の情報パワーが上がっている直接的な事例です。

ちなみに、中高年向けのアンチエイジング系の化粧品は全く状況が違うようで、通販を主力とする企業が盛んにCMを打っています。平日の昼間からテレビを見ているのは中高年女性が多いですから、理にかなっているようです。

3 リレーションシップ・マーケティング

経済のサービス化

インターネットとは全く別の流れとして、経済のサービス化という現象が起きています。モノとサービスの違いを単純な形で説明しましょう。

「カレーライスを食べたい」と思ったときに、それを実現する一つの方法は、材料とスパイス一式とコメを買ってきて自分で調理することです。これは（原始的な）「モノの経済」です。材料とカレールウ（味が調えられているもの）とコメを買ってきて自分で調理することもできます。

レトルトカレーとパックライスを買ってきて温めることでも食べられます。これも（便利になった）「モノの経済」です。コンビニで買ったカレーライスをコンビニで温めて食べることもできます。これはサービスに近い「モノの経済」です。

そして、レストランに行ってカレーを注文して食べることができます。ウーバーイーツで頼むこともできます。これは「サービス経済」ですね。

図10-2 サービス業の4つのタイプ

		サービスの対象	
		顧客	顧客の所有物
サービスの性質	有形的	① 施設型サービス 鉄道・航空 美容・医療 ホテル・レストラン	③ 所有物対象型サービス 宅配・郵便 洗濯・清掃・修理・設計 電気・ガス・水道
	無形的	② 情報提供型サービス 教育・放送 情報データベース 音楽・演劇	④ 金融・専門家型サービス 銀行・証券・保険 法務・会計 コンサルティング

出所：Lovelock, Christopher H, Services Marketing Second Edition (New Jersey: Prentice Hall), P.26より著者作成

この単純な例で言うと、「客は何もしないで食べるだけ」がサービス経済で、「客が労働の一部を自分で行う」ことがモノの経済です。経済がサービス化しているということは、「個人が忙しくなったので、自分で労働しないで、お金を払って解決する」ということです。

個人の所得水準が低い時代は、原始的なモノの経済が主体でしたが、所得水準が上がる（労働参加率が上がる）ことで、サービスに高いお金を払ってでも自分の時間を節約したいと考える人が増え、サービス化が進んでいきます。

サービス業にもいろいろな形態があるのですが、ここでは四つに分けてみましょう（図10−2）。

一つ目は「施設型サービス」とくれるもので、鉄道や航空など顧客を移動させる設備

を用いたサービス（顧客が自力で運転する必要がない）や、美容・医療など顧客の容姿や健康を変化させるサービス（顧客が自力で努力する必要がない）や、ホテル・レストランなど顧客が滞在・食事をするサービス（顧客が自分で家事をする必要がない）などが含まれます。

二つ目は「情報提供型サービス」とくくれるもので、教育・情報検索など顧客の知識を増やすサービス（顧客が自力で調べる必要が少ない）や、音楽・演劇など顧客が楽しむコンテンツ（顧客は受け身で楽しむだけでよい）などが含まれます。

三つ目は「所有物対象型サービス」とくくれるもので、宅配・郵便などの輸送サービス（顧客が自力で運ばずに済む）、洗濯・清掃・修理・設計などのサービス（顧客が自ら労働しなくて済む）、電気・ガス・水道などの公益サービス（顧客の器具を使えるようにエネルギーなどを供給する）などが含まれます。

四つ目は「金融・専門家型サービス」とくくれるもので、銀行・証券・保険などの金融サービス（顧客の資産を代わりに管理・運用する）や法務・会計・コンサルティングなどの専門家サービス（顧客の無形的な資産を活かす、または守る）などが含まれます。

こうしたサービスをビジネスとして伸ばしていく際（マーケットを作るという意味で、マーケティングと呼ばれています）には、モノとは異なる特徴が六つありますので、それも紹介しましょう。

①**無形性**：サービスは無形的なので、モノと比べると差別化が困難で、自社のサービスがどう優れているのかを「事前に」顧客に伝達することが困難です。

②**顧客の参加**：サービスには顧客が参加する場合が多く、その場合は顧客の要望の個別性が高いので、サービスの内容が標準化しにくくなります。

③**生産と消費の同時性**：サービスは、顧客の参加している「現場」で生産と消費がなされる場合が多いので、提供内容を一元的に管理することが困難です。

④**流通の困難さ**：サービスは無形的なので「在庫」しておくことが困難な場合が多く、モノの販売のような流通チャネルが作りにくくなります。

⑤**品質管理の困難さ**：サービスには無形性、個別性、現場での生産、などの要素があるため、モノを工場で検査するような形での品質管理は困難です。

⑥**価格設定の困難さ**：同じサービスでも、高価格を許容する顧客と、価格比較の厳しい顧客との差が大きいので、価格は顧客ごとに変えることが必要（であり可能）です。

リレーションシップの重要性

サービスは、無形性が高いのが大きな特徴ですが、そのためにモノと違って製品特性が「見ればわかる」ということがありません。洋服であれば、見ればわかりますが、美容師は見てもわかりません（イケメンかどうかがわかっても、美容師としての腕とは無関係です）。

知らない洋服店の広告を見て、その服が良さげに見えたら「行ってみようか」となるかもしれませんが、知らない美容院の広告を見たからといって、「行ってみようか」とはなりにくいのではないでしょうか。

この違いは「探索財」「経験財」「信用財」という言葉で表すことができます。見ればわかるモノは探索財ですが、レストランなどは経験しないと良さがわからないので経験財です。美容師も一回経験すればわかるので、経験財と言えるでしょう。外科手術の医師などは、人生で一回しか経験しない病気の場合は事前に経験できないので、周囲の評判などで判断するしかありません。これを信用財と言います。サービスの多くは経験財と信用財なので、広告を見ただけでは良さはわかりません。つまり、広告を打って新規顧客を獲得することが難しいのです。

一方、既存顧客にリピートしてもらうことは、いいサービスを提供できていれば難しいことではありません。ここで、既存顧客の経済性と呼ばれる法則が発見されています。「顧客獲得は顧客維持コストの数倍であり、顧客維持率を高めることで営業コストは下がる」という経験則です。

例えば1か月で300人の新規顧客が来る美容院Aと、1か月で300人の既存顧客が来る美容院Bがあったとしましょう。美容院Aは広告費をものすごくかける必要があります。なにしろ広告を見ただけではわからないのですから、それで来てくれる客は少ないはずで、相当の広告を打たないと300人は集められません。一方の美容院Bは広告費ゼロです。人件費や家賃など、他の費用はほぼ同じと想定できるので、儲けが大きな差になるのがわかると思います。

このように既存顧客との関係性を重視する手法をリレーションシップ・マーケティングと呼びます。モノの経済において大量広告（マスメディアに出すのでマス広告と呼ばれます）を打つ手法はマス・マーケティングと呼ばれるのですが、それとは大きく違うのです。

リレーションシップ・マーケティングはサービス業から出てきた手法ですが、今ではモノにも使われるようになってきています。それはなぜかというと、モノの世界でも広告で新規顧客を獲得することが難しくなってきたからです。

その理由は先ほど述べたネットのせいです。モノでもサービスでも新規顧客を広告で取ってくることが難しいので、いったん獲得できた顧客との関係性（リレーションシップ）は大切にしようということです。個人がパワーを持つ時代なので、個人との関係性はとても貴重になってきています。

過去の経緯　デルはなぜ急速に大手パソコン・メーカーになれたか

皆さんはデル・コンピューターのことを、昔からある大手のパソコン・メーカーだと思っていることでしょう。マイケル・デルが19歳で起業した同社は、1984年の創業ですが、1990年代のうちに大手の一角に食い込んだという急成長企業でした。

1965年生まれのマイケル・デルは、13歳の頃からパソコンを分解し、その後もパソコンを改造して友人に販売していました。16歳の夏休みのバイトでは、新聞の購読者を増やすために、結婚許可証申請者のリストや住宅ローン申込者のリストをもとに手紙を送って、18，000ドル（250万円以上）をひと夏で稼ぎました。

その彼が19歳の時に大学寮の一室でパソコン・メーカーを起業しました。デルは小売店を通さずに販売するダイレクトモデルで成長し、24歳で株式公開しました。創業当時はまだネットの時代ではなかったので、デルはカタログや電話で販売しました。

パソコンの購入者には「初心者」と「上級者」がいるのですが、カタログでパソコンを買えるのは当然上級者です（初心者は店員のおすすめがないとなかなか買えません）。

中でもデルは企業内の購入者をターゲットにしました。アメリカの大企業では、パソコンを各部署の社員が各々に買う傾向がありました。設計部の社員が欲しがるパソコンの機能と営業部の社員が欲しがるパソコンの機能は全く違うので、全社一律とはいかないのです。しかし、企業のシステム部としては自社のパソコンがバラバラでは管理もできませんし、同じソフトを全社で使おうとしても、バラバラなパソコンでは同じソフトが使えないかもしれません。

そこでデルは、大企業のシステム部と取り決めをして、どの部門にはどの機能まで認め、どの容量まで認める、などというガイドラインを決め、その企業の社員全員から注文を集めることにしました。社員は決められた範囲内で自分の必要な機能や性能を選んで注文するのです。

これを当初はカタログで、90年代半ばからはネットで行うようにしました。デルはこれと並行して個人の顧客にも販売していたのですが、個人顧客もほとんどは上級者で、購買単価も購買頻度も初心者より高いのが特徴です。

この結果、2000年頃のデルのパソコンの平均単価は、当時最大手だったコンパックの1，600ドルよりも高い2，600ドルでした。店舗で販売する大手メーカーは、上級モデルが4，000ドル近くしていました。これはその当時の最先端の機能を全て盛り込むからそうなるのですが、本当の上級者は「この機能は最先端が必要だが、この機能は自分には不要」ということがわかっているので、デルのカタログまたはサイトで、自分の必要とする機能を選んで注文できます。この結果、自分の欲しい最先端を、4，000ドルではなく2，600ドルで買うことができるのです。初心者相手では1，600ドルくらいのものしか売れないのですが、上級者をターゲットにすることで高価格のビジネス（しかも上級者は安いと思ってくれます）ができたのです。

デルは上級者だけをターゲットにしたことで、リピート購買に対応することもできました。間に小売業者を挟んでいない直販なので、顧客データは全て自社でわかっています。過去にどういう機種で、どういう機能・性能を選んだのかもわかっています。なにしろ上級者は（その時点の高性能機種を必要とするので）高い頻度でパソコンを買い替えてくれます。

さらには、企業内顧客という、まとまった数の顧客を企業ごと押さえてもいます。メーカーであっても、顧客と直接のビジネスができれば、リレーションシップを強化することができるのです。一方で多くのパソコン・メーカーは今でも家電量販店に依存しているので、他社との価格競争にさらされています。

デルの強みはこれだけではありません。在庫が最小で済むのも強みです。従来型の大手メーカーは店舗販売なので、2000年当時、自社在庫30日分、流通在庫（小売店頭などにある分）40日分を抱えているのが普通でした。パソコン・メーカーは年間に3回から4回はモデルチェンジをしていたのですが、そのたびに70日分の在庫が旧型モデルになってしまい、大幅に値下げしないと売れなくなります。一方のデルの在庫は、原材料と仕掛品が中心で、トータル6日分でした。2000年当時は半導体の価格が技術進歩のために毎月下がり続けていたので、大手は2か月以上前の高い半導体を使った機種を売っている一方、デルは今月の安くなった半導体を仕入れられたのです。

さらにデルは、部品在庫も自社では持ちませんでした。部品メーカーはデルの工場のそばに在庫置場を持ち、デルは必要な都度、そこから部品を持っていくという形にしました。デルは上位30社の部品メーカーに今どの機種がいくつ売れているかの情報を開示していました。このため部品メーカーは必要な部品を必要な数、作っておくことができたのです。

現在のデルは、すでに大手メーカーになっているので、店舗で普通に売っていますが、急成長する過程では他社とは全く違う、顧客に直接販売するリレーションシップ・マーケティングの企業だったのです。個人がパワーを持つ時代には、リレーションシップが重要になるということがわかります。

個人へのパワーシフトが起きると、個人の情報パワーは上がりますが、従来型の企業の持っていたパワーが逆に下がります。これまで業界を牛耳っていたような大企業のパワーが低下するということは、個人の側に寄った立ち位置をとる新興企業にはチャンスが訪れる可能性があります。

個人へのパワーシフトに関連したビジネスチャンスとしては、以下のような論点を考えることができます。

ビジネスチャンスについて考えよう

□日本にも個人主義の時代が来ることを想定して、子供のうちから個人の主張をできるように教育するサービスとして、どのようなプログラムが有効だと思えるか

□インターネットの時代が来ても、「日本語の壁」のせいで、同質的な日本人ばかりが日本語で投稿するSNSが流行っているが、自動翻訳が普及してくる今後、どういうSNSなら海外との交流が自然に広まるか

□地上波テレビ視聴者が高齢者ばかりになっていくが、技術的にはデジタル化でチャンネル数はもっと増やせることを前提にすると、「より特化したチャンネル」を作り、「より特化した人の役に立つ広告」で売上を立てることができるのではないか

□「何でも売っているオンライン企業」アマゾンに対抗して、何か別の価値を提供できるオンラインショッピング（特定の人には役に立つ、モノを売るだけではなくサービスもある、宅配ではない受け取り方がある、など）を立ち上げることはできないのか

□個人がパワーを持つのが本当なら、メーカーの代理として販売ビジネスを行うよりも、顧客の代理として「買い物」ビジネス（買いたいものを指示すれば、スーパーやデパートや専門店やネットなどから仕入れて届けてくれる）を行うことも、成り立つのではないか

□SNSの合間に挟み込まれている広告は、利用者からすると邪魔であり、広告が結局見られてもいないのであれば、SNS企業はこれに代わる広告方式を考案すべきではないのか（利用者に「この広告は必要・不要」と回答させることで、各利用者が受け入れ可能な広告とはどのようなものかを探ることもできるのではないか）

□顧客の製品への知識レベルが低く、コメントやレビューに書かれていることを理解するのも難しい人の場合、むしろ全社の広告を並べて比較してみたいと思うのではないか

□力を持ちすぎている小売業（家電量販店、コンビニ、ドラッグストアなど）を販売先にしてきた業界では、既存の大手メーカー（その秩序の中で相対的に勝ってきた）にとってはその枠組みから逃げ出すことはデメリットだが、（以前のデルのような）新興企業であれば、小売業に依存しない直販モデルで参入することも可能なのではないか

□サービスに高いお金を払ってでも自分の時間を節約したいと考える人（例えばワーキングマザー）が増えているのなら、いっそ「家族寮」（食事は食堂、風呂は大浴場、寝具はレンタル）が、そこそこの価格で利用できるならいいのではないか

□クルマの自動運転が可能な時代が来るのなら、サービスの自動化・無人化が可能な場合もあるはずなので、いま有人で行われているサービスを格安にできる可能性があるのではないか

□顧客とのリレーションシップが本当に貴重なのだとしたら、すでに顧客のいる企業は、自社の顧客に他社から仕入れた商品やサービスを提供することで、もっと儲けられるのではないか

□デルのように、企業内の個人という顧客をターゲットにできるのなら、もっといろいろな業界でその可能性を試すことができるのではないか

chapter 11

メガトレンド❾

ライフスタイルの多様化が進む

1 ダイバーシティは重要

女性の就業率と出生率

日本の少子化に関する議論を聞いていると、「女性が社会進出をしたから出生率が下がった」というような意見を耳にすることが多いように感じます。しかし、国別の比較をしてみると、最近は「女性の就業率の高い国は、出生率も高い」という関係になっています（図11－1下）。

アメリカ、イギリス、ニュージーランド、アイスランドなどが下のグラフの右上の方にありますが、これらの国は他国よりも就業率が高く、出生率も高いのです。図中の直線は回帰分析による近似線なのですが、これが右肩上がりということは、「女性の就業率の高い国は、出生率も高い」という関係になっていることを示しています。

しかし1980年のグラフ（上）を見ると、図中の直線は右肩下がりです。つまり、「女性の就業率の高い国は、出生率が低い」という関係でした。それが25年後には逆転したということです。

図11-1 女性の就業率と出生率の関係

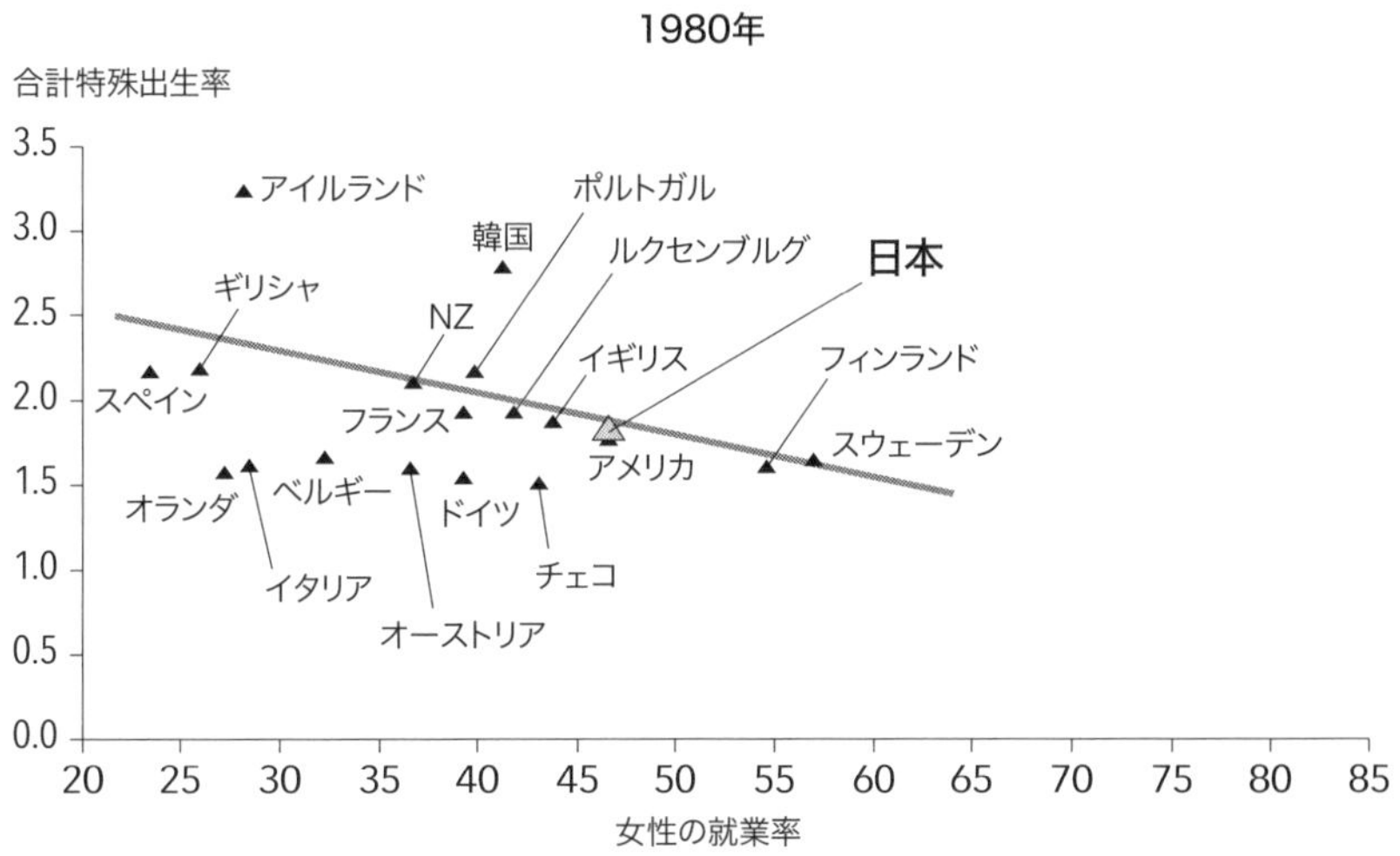

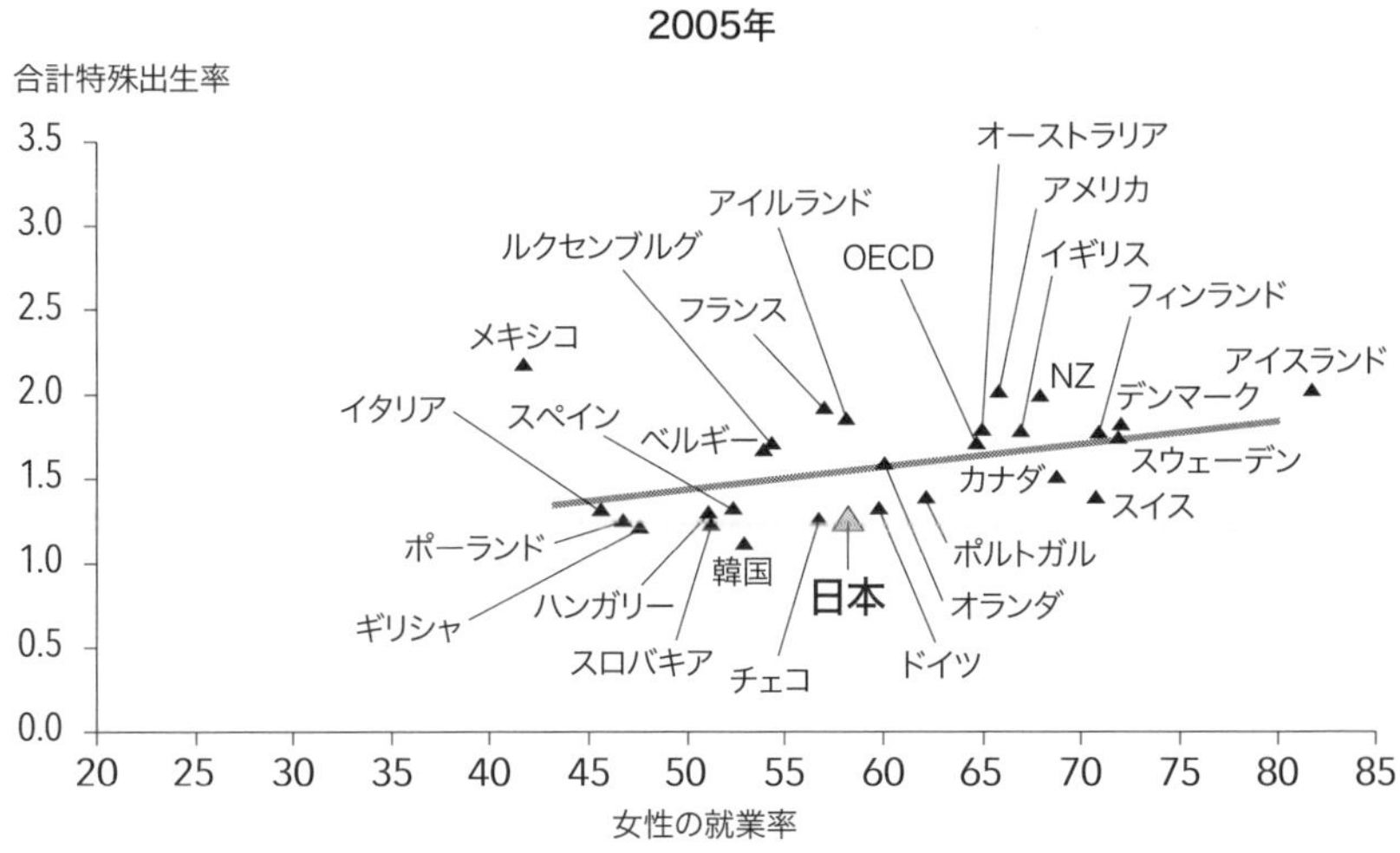

出所：OECD

上下のグラフを比べてみると、全体的に右にシフトし（女性の就業率が上がり）、下にシフトした（出生率が下がった）という変化に見えます。しかし、個別に見てみると、アメリカ、フィンランド、スウェーデン、フランス、ベルギーなどの国では「女性の就業率も上がり、出生率も上がった」のです。

つまり、1980年以降の25年の間に、制度改革などの努力をした国はいくつもあって、そうした国では「女性の就業率も上がり、出生率も上がった」のです。

日本はその逆で「女性の就業率は上がり、出生率は下がった」のでした。このため、この章の冒頭のような意見が日本では出てくるのです。

日本の問題を正しく定義するならば、「女性が社会進出をしたのに、制度が男性社会のままだったせいで、女性の負担が増えすぎ、出生率が下がった」ということです。今から40年前に社会の変革を図っていれば、ここまでひどくはならなかったと思われます。

過去の経緯　フランスの出生率はなぜ回復したか

フランスでは、1993年に1・66だった合計特殊出生率が2010年には2・02まで回復しました（その後はやや低下し2020年は1・83となりました）。1990年代に危機感を持ったフランス政府が、制度の改革を推し進めたためです。

改革の主眼の一つ目は、子供がいても新たな経済負担が生じないようにすることです。先進国では子供がいると何かと費用がかかりますが、それらを国が負担するのです。家族手当は所得制限なしで第二子以降に支給されます（日本の児童手当は所得制限ありで、第一子にも支給されます）。それ以外にも様々な手当の制度があり、例えば家族補足手当が第三子から支給されます（この手当には所得制限があり、所得の高い家庭には支給されません）。また、育児加算という制度もあり、子供を3人養育した父親と母親には年金が10％加算されます。

これに加えて、家族の人数が多いほど所得税率が下がるという制度もあります。多くの国では所得が上がると税率も上がるので、所得が1・5倍になれば納税額は例えば1・8倍になったりします。フランスの制度では、所得金額を家族の人数で割り、（その分税率が低いものが適用され）それで算出した税額に家族の人数をかけることで計算するので、所得税の金額は子供の多い家庭ほど下がります。

主眼の二つ目は、出産・保育・教育資金の負担軽減です。保育方法自由選択補足手当というものがあるのですが、これは、ベビーシッターなどの費用の一部を補填するものです。出産費用は無料ですし、学費も原則無料です。

三つ目は育児休業の充実です。就業自由選択補足手当というものがあり、育児で休業している時だけでなく、週4日勤務にしたり、1日の労働時間を減らしたりしても、一定金額を国が支給します（所得制限はありません）。

これに加えて大きな影響があったのが、1999年に制定されたPACS（民事連帯契約）です。もともとは同性カップルでも結婚した夫婦と同じような法的な支援や手当を受けられるようにと作られた制度で、婚姻よりは規制が緩いものの、法的権利がきちんとあるというものです。

この制度は異性カップルでも利用できるということになったので、多くの異性カップルが婚姻よりもPACSを選択するようになりました。PACSのカップルの子供でも、婚姻の子供と同じ手当を受けることができますから、実質的には「結婚しなくても安心して子供を産める」制度になったのです。

男性的な価値観の強さ

日本がなぜ、女性が子供を産みにくい国になってしまったのかというと、フランスのような制度を政治家も官僚も作れなかったからですが、さらにその理由は何かというと、日本には他国を大きく上回る「男性的な価値観の強さ」があるからなのです。前の章でも見たホフステードの国際比較によると、日本の男性的価値観の強さは突出しています（図11－2）。

ホフステードによると、男性性の特徴とは、業績主義社会が理想で、「強い者」「秀でた者」が支持され、欠点の修正を求める社会で、「働くために生きる」という考えです。さらに、女の子は泣いてもいいが、男の子は泣いてはならないとされ、女性の美の理想は、メディアや有名人に影響されるということです。

一方、女性性の特徴とは、福祉社会が理想で、貧しい人、弱い人を助ける、寛容な社会で、「生きるために働く」という考えです。男の子も女の子も泣いてもいいのですが、喧嘩はしてはいけないという

図11-2 男性的価値観の指数（ホフステードの文化の範囲）

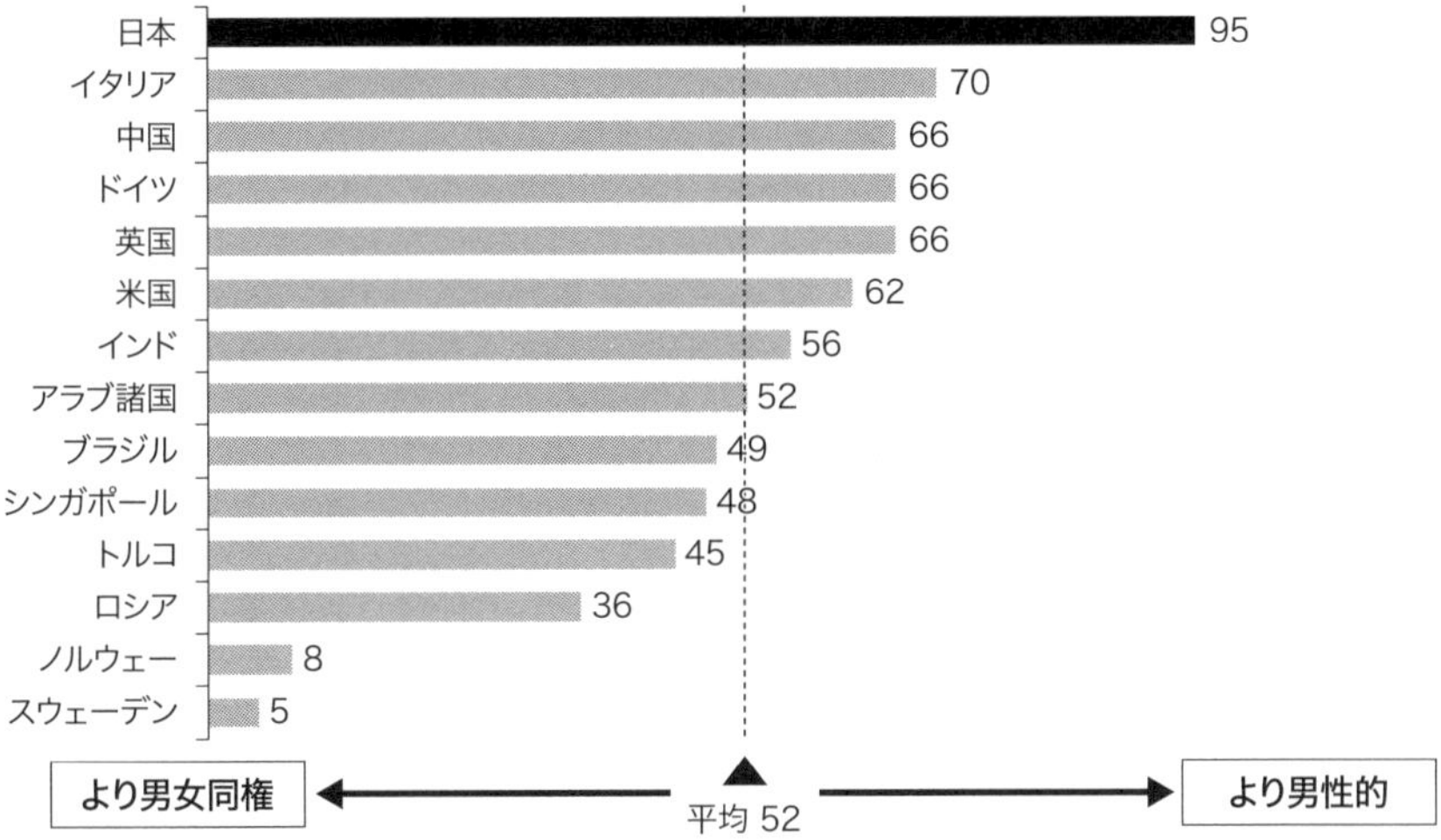

出所：Hofstede 2008

ことです。

　では、なぜ日本ではこうまで男性的価値観が強くなったのでしょうか。東アジアが同じように高いということであれば、それは儒教的な価値観のせいということもできるかもしれません。儒教というのは孔子（紀元前6世紀の思想家）の教えのことで、社会の秩序や伝統を重んじるものです。しかし、日本の男性的価値観は、東アジアの中でも突出しています。

　世界の中で、日本だけが突出している要素があるとすると、それは「終身雇用」「年功序列」「新卒主義」というような企業の雇用慣行です。これは東アジアの民族性とは関係ありません。戦後の日本で定着した、日本独自の慣行です。

　終身雇用という慣行は、もともとは戦前の

人手不足の時代に、工場の職人の転職を防ぐために一部の企業で導入されていたそうですが、戦後の高度成長期に多くの大企業が導入して定着しました（ちなみに戦前は寿命も短かったので終身という言葉でしたが、今は寿命が延びたので定年後の人生が長く、終身という言葉は実態を表していません）。

また、高度成長の時代は、どの企業も成長できていたので、従業員の人事評価をきちんと行わなくても、全員を同時に昇進させることが可能でした。そうなると、わざわざ評価に差をつけて評価の低い人のやる気をそぐことに意味がないので、全員がほぼ同時に昇進するという年功序列の慣行が普及しました。

こうなると他社に転職しようという人もあまり現れなくなるので、人材を採用する機会が学校を卒業するタイミングだけになってしまいます。こうして新卒主義も広まりました。

このような雇用慣行が定着すると、結局、中高年男性が企業の実権を握ることになります。この人たちが社内の制度を作っていくので、従来からの雇用慣行がさらに強化されていきます。そこに高度成長が重なっていたのです。高度成長の時期というのは、「欧米に追いつき、追い越せ」と言っていた時代だったので、独創性というものは必要なく、皆が同じ方向に走っていく方が都合が良かったのです。その中で会社のために長時間をささげるのが美徳という風潮も広まりました。長時間働かないといけないとなると、家庭を持つ女性にとっては、勤務を継続することは困難です。

つまり、日本が突出して男性的価値観が強いのは東アジア的な民族性ではなくて、日本企業に特有の雇用環境が原因だったのではないかと考えられるのです。こうした雇用環境が広まっているので、政治家（与党議員は保守的な家族観の支持者の投票で選ばれています）も官僚（官僚は最も前例踏襲能力の高い人々です）も、あえて先進的な政策を打ち出す必要性を感じなかったのでしょう。

その表れとして「年収百数万円の壁」というものがあります。パートやアルバイトをしていて給与収入がある人は、年収が100万円を超えると住民税がかかります（金額は自治体によって異なります）。そのちょっと手前であれば無税ですが、ちょっと超えると税金（数千円程度ですが）がかかるので、ちょっと手前に留めておく方が、手取り額は多く残ります。

次に、年収が103万円を超えると、今度は所得税がかかります（このレベルだと所得税はやはり数千円程度ですが）。

そして、年収が106万円を超えて、いくつかの条件を満たした場合、社会保険料がかかります（一万数千円程度ですが）。

さらに、年収が130万円を超えると、扶養家族ではなくなり、自分で社会保険に入らなければならないため社会保険料が必ずかかります。（この場合でも一万数千円程度ですが）。

続いて、年収が150万円を超えると、配偶者特別控除額が減り始めます。これは扶養者（お父さん）の払う税金を減らす制度ですが、被扶養者（お母さん）の収入が多いと、その減らす制度が使えなくなります（いくら負担が増えるかは扶養者の年収次第で変わります）。この制度は被扶養者の年収が201万円を超えると、完全に使えなくなります。

これらの「壁」は、お父さんが扶養者、お母さんは被扶養者（専業主婦）という役割分担を念頭に置いて税金や社会保険の制度を設計したせいで発生しています。この「壁」があるおかげで、お母さんは、年収をあえて抑えようとする（時給の低い仕事で満足する）ことになってしまいます。こうした制度が放置されてきたことは、政治家も官僚も男性的価値観に染まっていることの表れでしょう。

ダイバーシティとは何か

日本でダイバーシティ（多様性）という言葉は、男女問題のことを指すことが多いようですが、それは正しくはありません。欧米でこの言葉を使う場合は、人種、国籍、宗教などの多様性を指す方が多いくらいです。男女差別がそれほどひどくないから、という理由もあるのですが、移民を含む多様な文化の人が働く職場が普通だからなのです。逆に日本の職場は、日本人しかいないことが当然と思われているので、多様性というと、男女問題のことしか思い浮かばない人が多いのでしょう。

そもそもダイバーシティが高いと、どのような良いことがあるのでしょう。先ほど、高度成長期の日本では、「欧米に追いつき、追い越せ」なので独創性は必要なく、皆が同じ方向に走っていく方が都合が良かったと説明しました。では、欧米に追いついた後は、どうすればよいのでしょう。

追いかける目標がなくなってしまうと、過去の自分たち（それも大成功していた時代の自分たち）が基準になるので、「前例踏襲」の意思決定ばかりが行われるようになります。「前例踏襲」が根付いた企業では、新しい意見は排除されますし、独創性の高いアイディアもまた握りつぶされてしまいます。ダイバーシティの低い日本企業では、特に「前例踏襲」が深く根付いてしまうので、革新（イノベーション）が起きにくくなります。ダイバーシティの高い企業であれば、新しいアイディアがより尊重され、イノベーションが起きやすくなり、新たなビジネスチャンスをつかんで成長できるようになるはずです。

そう考えると、日本企業に欠落しているダイバーシティの要素は「中途採用」の人ということがわかります。社内のほぼ全員が新卒入社で、他社に勤務した経験がないのですから、新たなアイディアが出てくることはまずないでしょう。日本以外の国では、中途採用が空気のように当たり前なので、それをダイバーシティの要素に含めて考える必要性が全くありません。

もう一つ、「若手の抜擢」という要素もあります。年功序列という概念のない海外企業では、優秀な若手が抜擢されるのも、空気のように当たり前のことなので、その重要性をわざわざ指摘する人はいません。

皮肉なことですが、高度成長期の日本企業は、他国に例を見ないようなダイバーシティの低さ（人種、国籍、宗教の多様性はなく、女性も中途採用者も若手も活躍しない）が功を奏して「追いつき、追い越せ」を実現しました。しかし、その副作用として、他国に例を見ないような「前例踏襲」主義を定着させてしまい、イノベーションの全く起きない企業が多数生み出されてしまったのです。

家族構成と世代間のギャップ

2

専業主婦は減っていく

日本の男性的価値観の強さの原因は日本企業の雇用環境の影響ではないか、ということを見てきました。その一方で、今、日本政府は女性活躍を推し進めようとしています。数多くの高齢者を年金や健康保険で支えるためには、現役で働く（保険料を納めてくれる）人数を増やさないといけないからで、そのためには女性が仕事を続けてくれないといけないからです。

企業も今から人手不足に陥ることが予見できているので、女性に活躍してもらわないと困るようになっています。家庭の側から見ても、お父さんの給料だけで一家を支えていく収入は得られていないので、共働きをせざるを得ません。もちろん、女性自身が社会で自己実現をしたいと考えるようになっていることが、その前提にあります。

こうして、日本でも女性活躍は進んでいくのですが、そこに立ちはだかる男性的価値観の強さがまだ残っているというのが問題です。

図11-3 日本における世帯構成の変化

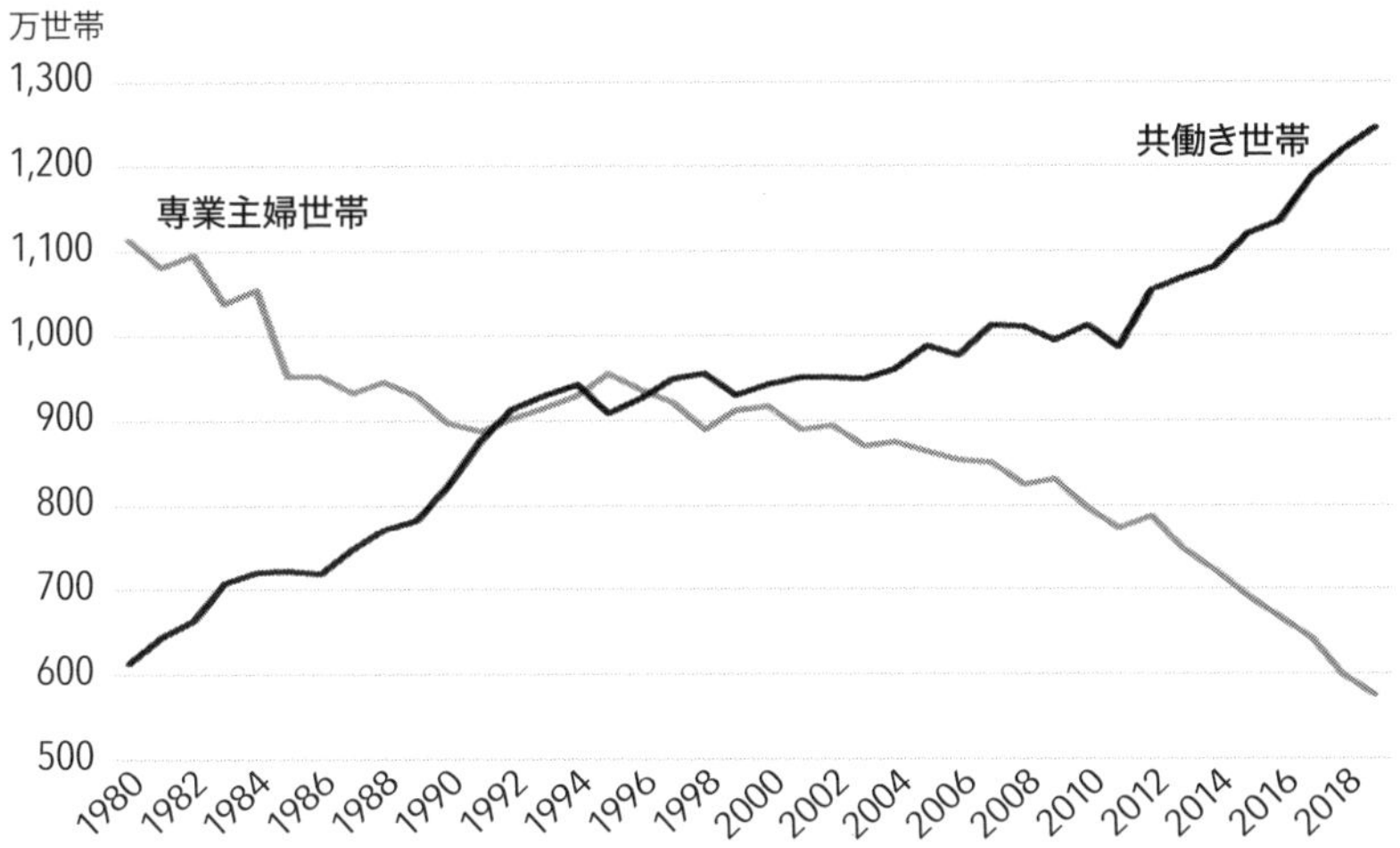

出所：厚生労働省「厚生労働白書」、内閣府「男女共同参画白書」、総務省「労働力調査特別調査」、総務省「労働力調査（詳細集計）」

役所の作る資料などでは「標準的な世帯」として父母と子供2人というような世帯を用いて説明することが多いですが、これなども男性的価値観の強さの表れでしょう。

第1章の図1－6でも見た通り、「夫婦・子あり」の世帯は全体の4分の1程度でしかありません。

また、消費者向けのビジネスをしている企業でもよく見られる現象なのですが、役員や部長の年代だと、自分の奥さんが専業主婦なので、世の中の多数派は共働きだと理解しないままに事業計画を進めようとしがちです。「前例踏襲」（昔はその事業計画で成功していた）主義の典型的な落とし穴と言えるでしょう。

実際、共働き世帯と専業主婦世帯の数を、過去40年で見てみると、きれいに逆転していることがわかります（図11－3）。今いる専業主婦も、多くは中高年でしょうから、若者だけで見れば、ほぼ専業主婦はいなくなっているというのが実情です。

読者のほとんどは、デパートの婦人服売り場を、平日の昼間に見に行ったことはないと思いますが、お客さんはほとんどいません。レストランフロアが高齢者でごった返していても、宝飾品売り場がインバウンド外国人であふれていても、婦人服売り場にいるのは店員ばかりだったりします。

30～40年前だったら、婦人服売り場には30代の専業主婦が来ていて、レモンイエローのワンピースなどを買っていたのでしょう。今、30代の女性の多くは平日の昼間は職場にいるので婦人服売り場には来ませんし、職場で着るためにはレモンイエローの服は買いません。

スーパーマーケットのチラシをいくつも比較して、「今日はあっちの店の方が卵は安いわ」などと言って安い方の店に行くのが、「賢い主婦」だと昔は言われていました。しかし今の共働き主婦は、チラシを見比べるほど暇ではありませんし、買い物に行くのは仕事が終わった後の7時過ぎです。あまりに広い店では買い物に時間がかかってしまいますから、むしろ狭い店でさっと買い物をしたいくらいです。こうしたことがわかっていれば、スーパーの経営者は大型店を減らして、小型店を数多く出すことを考えるはずです。そうなっていないとしたら、「前例踏襲」（昔は大型店で成功した）の落とし穴に落ちているのです。

この本の第2章では、「社会課題はビジネスチャンス」になると言いました。共働き主婦（子供がいればワーキングマザーです）は、本当に課題だらけの生活をしています。共働きをしないと家計は支えられませんが、社会の制度も、会社のカルチャーも、家族（夫）の態度も、小売業のビジネスも、昔ながらの専業主婦を前提としたようなスタイルが残りすぎています。

ライフスタイルの多様化が進んでいるということは、昔ながらのビジネスのやり方では不自由を感じている顧客が多くいるということです。そうした課題を解決できれば、新たなビジネスチャンスになります。

単身世帯は増えていく

第1章の図1－6では、単身者が増えていることもわかります。理由としては、晩婚化によって若年層の単身比率が増加していることと、高齢化によって独居高齢者の比率が増加していることがあります。日本でコンビニエンス・ストアが登場したのは1973年で、急成長が始まったのは1980年頃からですが、この頃のコンビニは「独身の若者（特に男性）」をターゲットにしていると言われていました。セブンイレブンのレジを開けるボタンは、年齢と性別で10種類あったのですが、これによって、どのような顧客がどの商品を買ったのかのデータが分析できるようになっていました。家庭の主婦（1980年であればほぼ専業主婦）はスーパーで安売りの商品を買うので、コンビニには来ていませんでしたし、中高年男性も、買い物は奥さんがするものなのであまり来ていなかったのでしょう。

しかし、独身男性にとってコンビニはまさに便利（コンビニエンス）な存在でした。カップラーメンやスナック菓子や男性雑誌などが多く店頭に並んでいて、「がっつり系の弁当」が多く売られていたのは、レジのボタンで主力顧客層を判断できていたためなのです。

つまり、独身男性の「困りごと」を解決したのが、1980年頃のコンビニだったわけです。24時間開いているので、おなかがすいたときに買いに行けばよいのですし、料理ができなくても、買ったものはすぐに（温めるかお湯を入れれば）食べられるのです。課題を解決することがビジネスチャンスになった例ということができるでしょう。

一方、独居高齢者の「困りごと」は誰がどうやって解決しているのでしょう。今のコンビニには、がっつり系以外の弁当や惣菜もあるので、それを買っていればいいのでしょうか。しかし独居高齢者は、独身男性とは違って都会にいるとは限りません。歩いていける範囲にはコンビニがないという人も多いでしょう。そこで最近は「宅配の弁当」というサービスが出てきています。

そのまま食べられる常温の弁当（毎日の宅配が必要です）もありますが、電子レンジで温める冷凍の弁当の宅配（何食分かをまとめて配達します）もあります。また、高齢者には様々な持病がありますので、それに合わせたメニューが用意されていたり、柔らかく調理されていたり、というサービスもあります。

例えば糖尿病の人向けの弁当は、コンビニではなかなか売れません。人数が少ないですし、いつ誰が買いに来るかわからないものを仕入れても、売れ残りの廃棄になるとコンビニの損失になってしまうので、「特殊な人」向けの商品はコンビニには向いていません。糖尿病の人にとっても、もしコンビニに行ってみて売り切れていると困るので、確実に入手できる宅配の方がありがたいのです。

糖尿病を持つ独居高齢者というのは、人口全体から見るとかなり狭い顧客層ですが、「困りごと」が非常に強いので、いったん顧客になれば、ずっとリピートしてくれる顧客です。

職場に若い世代が増えていく

第5章の人口問題のところで説明した通り、ベビーブーマー（第二次世界大戦後の生まれ、日本では「団塊世代」と呼ばれます）は人口が多く、この世代は世界中で戦後のカルチャーに大きな影響を与えていました。上の世代（戦前生まれ）よりも民主的な意見が強い傾向にありますが、戦後の経済成長の成功体験が強く、ダイバーシティに関しては保守的です。

この下の世代（60~70年代生まれ、海外ではX世代、日本では「バブル世代」などと呼ばれます）は、ベビーブーマー世代の影響を強く受けてきたので、価値観は似ているとされます。

しかし、より若い世代（80~90年代生まれ、海外ではY世代、日本では「氷河期世代」から「ゆとり世代」にかかっています）では、より多様な価値観を重視する傾向になっています。ダイバーシティを尊重し、環境や社会課題に対する関心が強いとされています。転職に対しても否定的ではなく、一緒に働くと楽しい同僚がいることが重要と考えています。

さらに若い世代（90~00年代生まれ、Z世代）は、より多様な価値観の持ち主であり、生まれた頃からネットがあり、スマホで育った世代なので、個人主義が強いとも言えます。昔は若者が消費を支えると言われていたので、企業は若者の嗜好の分析をかなり行っていたのですが、今の若者はリサイクル、リユースの志向も強く、モノの消費にはあまりお金を使わなくなっているようです。

図11－4は、各国の労働力年齢における世代構成比を見たものです。2025年には全ての国でY世代以下が過半数になります。最も低い日本とドイツでも61％、高いインドやブラジルでは75％近くが、Y世代以下です。

X世代以上は比較的古い考えなのですが、それが少数派に転じ、ダイバーシティを尊重するY世代以下が多数派となるのです。年功序列の強い日本の場合は、X世代以上は数の上で少数派でもパワーをまだ持つかもしれません。しかし、若い世代の人口減少が続き、人手不足が定着していく中では、若い世代をひきつけられる職場が勝ち残ることになるため、若者にとって働きやすい職場にしていかないといけなくなります。若い人たちにとっては、いいことです。

図11-4 各国の世代構成（労働力年齢における構成比）

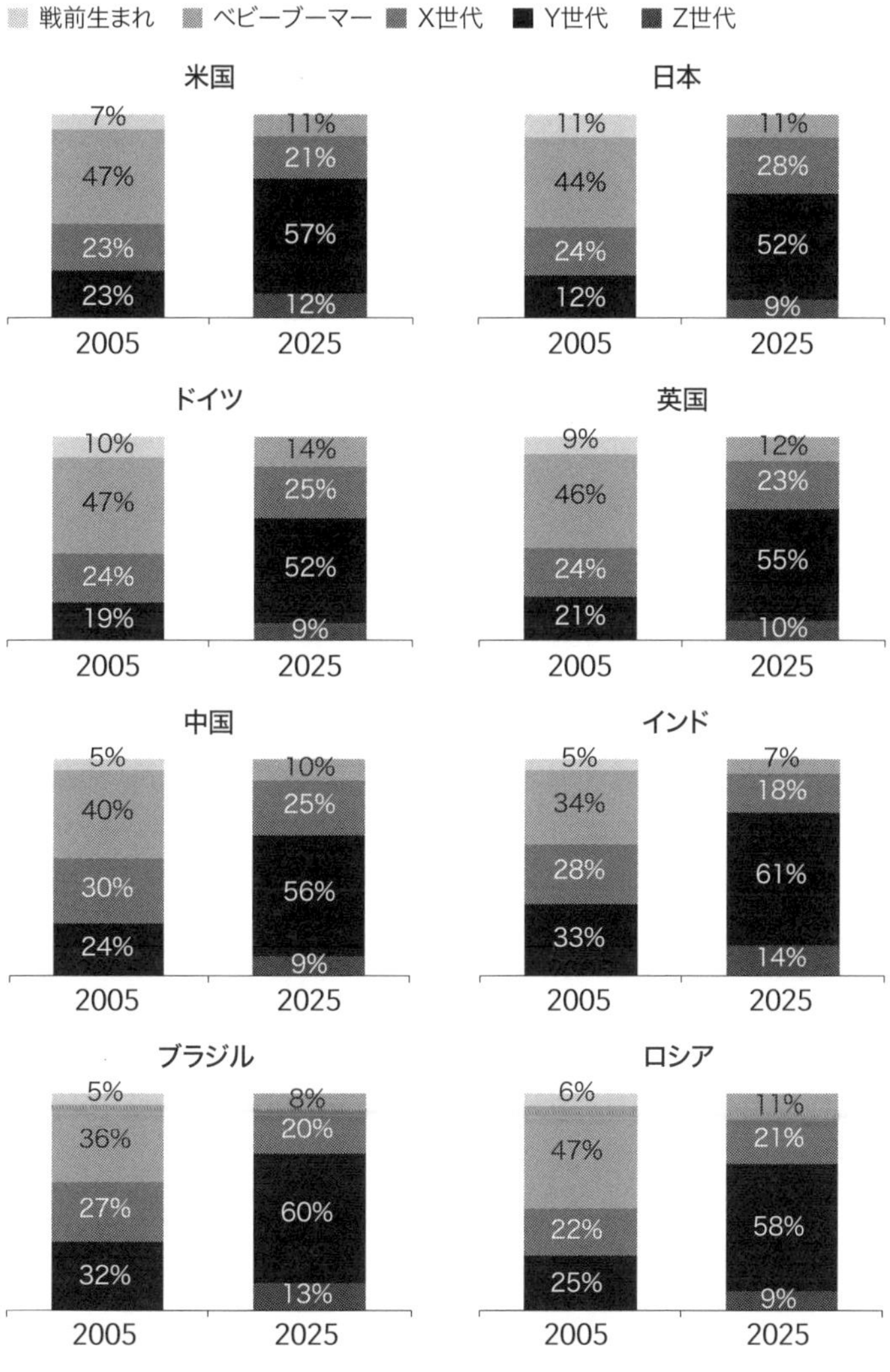

出所：US Census Bureau International Database

3 ライフスタイルを切り開く

ダイバーシティを受け入れる

この章では、日本企業のダイバーシティの低さ（人種、国籍、宗教の多様性はなく、女性も中途採用者も若手も活躍しない）について説明しました。かつてはそれで「追いつき、追い越せ」を実現できたのですが、今はイノベーションのなさにつながっています。しかも、人口構造上、これからの日本は若者の人口がどんどん減っていきます。「24時間戦えますか」だった古い世代の価値観のままでは職場は成り立ちません。

では、今後の日本の職場はどうなっていくべきなのでしょうか。それはダイバーシティを受け入れることなのですが、先ほども述べた通り、日本では、性別、国籍、宗教、言語などの他に、新卒／中途という問題と、年齢による不利益が生じています。

日本の企業では「あうんの呼吸」とでも言うべきコミュニケーションが成り立っているのですが、これは文化と文脈を共有している「同質性の高さ」ゆえです。明文化したルールはないのに、皆が従っている手順があり、それは長年の経験から編み出され、口伝えで伝承されているのです。これでは中途採用の人（ましてや外国人）には何も理解できませんし、その伝承を受ける「非公式な人脈のネットワーク」（飲み会ですね）に入れない若者や女性も活躍できません。

1980年代の日本企業の強みを分析した『知識創造企業』という書籍（野中郁次郎他　東洋経済新報社）では、日本企業の強みは、ミドルアップ・ダウン（中堅社員が上と下を巻き込む）と暗黙知（文章化されていない知識が共有されている）にあると指摘しました。ちなみにこの書籍で言う中堅社員とは30代です（80年代はそういう時代でした。今の30代は、「上の世代がつかえている」のでまだ若手です）。転職が一般的で、人種や国籍も多様な欧米企業では、必要な情報は全て明文化して共有しないと伝わりません。また多くの欧米企業はトップダウンもしくはボトムアップの意思決定が主流で、ミドルはできれば削減したい「無駄な階層」とされがちです。

今後の日本の職場は、（欧米ほどではないにせよ）多様な価値観とライフスタイルの人たちの集合体になるわけですから、過剰な暗黙知に頼ることはやめるべきですし、長時間労働を強いることもやめるべきです。日本人だけの価値観で世界を見ていてはグローバルな市場では戦えませんし、なによりも「前例踏襲主義」では、古い時代の前提のまま新しい時代で戦うことになってしまいます。

一握りの「日本人、男性、新卒入社、高齢者、フルタイム勤務、日本語のみ」の社員だけが出世するようでは、若者が活躍し、グローバル人材やデジタル人材が育つような企業になれるはずはありません。外国人でも、女性でも、若者でも、育児や介護中の人でも、日本語が不自由な人でも活躍できる職場になっていないといけません。

ここで学生の読者に、ダイバーシティの進んでいる企業を見極めるポイントを教えておきましょう。就活の面接などの時に「中途採用の人は活躍していますか」と質問してみるのです。「ええ、うちの部長も中途入社ですし、私も中途入社ですよ」という答えが返ってくるか、「いやあ、うちにはいないですよね。中途なんか採ってもすぐに辞めちゃいますしね」という答えが返ってくるのかです。

前者であれば女性も若者も外国人も活躍できますが、後者であれば新卒入社の高齢男性しか活躍できません（だから中途入社がすぐ辞めるのです）。「女性は活躍していますか」と質問しても、それは想定問答に入っているので、形式的な模範回答しか返ってこないでしょう。

ちなみに、今の説明の中にはＬＧＢＴＱの話は入れていません。実は職場における最大のＬＧＢＴＱ問題は、「家族手当」です。男女の結婚でないと様々な手当が受け取れない仕組みになっている企業がかなり多いのです。これを、どのような家族でも手当を出すと変更できれば、あとは（トイレ問題はあるものの）比較的解決可能なはずです。そもそもハラスメント問題が起きない会社になっていれば（そのためには日本人高齢男性幹部の比率が下がっていないといけないのですが）、ＬＧＢＴＱ問題で仕事上の活躍が阻害されることはないはずです。

新しい職業観への変化

日本企業の古い価値観では、「会社に全てをささげる」ような忠誠心の高さが美徳と受け止められていました。しかし、今の若い世代には、そのような考えの押しつけは通用しません。

そこで、ワーク・ライフ・バランスという言葉が日本でも使われるようになってきました。この言葉は、「全体の時間のうちの何割をワーク（仕事）にあてて、何割をライフ（私生活）にあてるのか」の配分の問題だと考えられがちです。しかし本当の意味は実は違います。「仕事以外の生活も充実することで活力が生まれ、仕事の効率が上がる」、そして「仕事の効率が上がるので仕事以外の時間を作り出すことができる」という好循環が起きることを目指すのです。つまり、仕事の成果も、私生活の充実度も、両方増えていくということです。

コロナ禍でリモートワークが取り入れられましたが、欧米と比べると日本での普及率は低く、コロナの収束（2類から5類への移行）とともに下火になってしまった感があります。その背景にあるのは、「リモートワークを嫌う上司」の存在と、「仕事の成果」を測る仕組みの不在です。上司がリモートワークをなぜ嫌うのかというと、部下同士の仕事や、部署間の仕事がリモートで進行していくと、上司の存在価値（判子を押して案件を承認する）がなくなってしまうからです。

また、リモートでは上司が部下を評価できないという問題も起こるのですが、これは本当に仕事をしているのかがわからないからです。昼寝していても成果が出ていれば構わないのですが、成果を測る仕組みがないので上司が困るのです。

多くの企業では、勤務時間を測っていて、「ちゃんと出勤していたかどうか」は見ています。人事評価もしているのですが、年功序列で動いている企業の場合、人事評価の違いでは昇格も昇給も差がつきません。

この数年の間に日本では「ジョブ型雇用」「メンバーシップ型雇用」という言葉が使われるようになったのですが、日本的な雇用管理は仕事の成果を測らないところに特徴があり、それを指して「メンバーシップ型雇用」などと呼ばれるのです。

メンバーでありさえすれば、年功序列で昇格・昇給できますし、人事部が辞令を出せば、どの部門にもどの勤務地にも転勤させられます。どの能力をどの程度高めればいいのかの目標を定義しないので、どの能力がどの程度高まったかの成果を評価することもできません。

「ジョブ型雇用」というのは日本以外の全ての国の仕事のやり方のことで、どの仕事をするのかを事前に定義し、どの能力をどの程度高めるのかの目標も定めます。このため無関係な部署に突然転勤させられるようなことは起こりませんし、どの部署に勤務するかわからないままに就職の内定をとるようなこともありません。

この数年で、日本では若手の人手不足問題が顕在化してきたので、最近は「職種別採用」を行う企業も増えてきました。どこに配属になるかわからない企業よりは、自分の希望の部署に配属してくれる企業を選ぶというのは、当たり前のことのように思えるのですが、その当たり前のことがようやく起こるようになってきました。若い人にとっては、いい方向に世の中が動いているのです。

学び直しも重要

日本的な雇用環境では、学生時代に何を学んだのかはあまり重視されてきませんでした。今の役員や部長の大学生の頃は、大学に行かないのが当たり前で、試験前にノートのコピーをもらって一夜漬けで勉強して単位をとっていたものです。会社で必要な知識は会社で身につければよいのであり、終身雇用と年功序列なので、入社後にゆっくり勉強していればよかったのです（あくまでも、もう部長や役員になった世代の場合は、ですが）。

今も男子大学生には、そうした考えがまだあるように思われます。自分の父親もそうだったので、自分も入社後に学べばよくて、４０歳くらいになれば役職に就けるようになるだろうというような考えです。

一方、女子大学生はそうはいきません。結婚と出産と育児を３０代までにするとなった場合、育児休業から復帰したときに「あの人はぜひわが部署に復職させたい」と元上司に思われるか、「あの人は補助的な仕事ばかりだったからね」と思われるかは大きな違いです。転職しようとした際にも「私はこういう実績があります」と言えるのか「私は補助的な仕事でした」としか言えないのかは大きな違いです。このため、女子の方が若いうちに即戦力になれる努力をしないといけないのですが、本当は男子にとっても同じことです。

会社に入ってから学べばよいという考えも危険です。前例踏襲の意識が強い会社では、古くからの仕事のスタイルを今でも続けていて、世の中から置いていかれている可能性があります。なにしろ、社内のほぼ全員が他社での勤務経験がないのですから、自社が遅れているという自覚もありません。そうい

図11-5 **4年制大学への25歳以上の入学者の割合（2015年）**

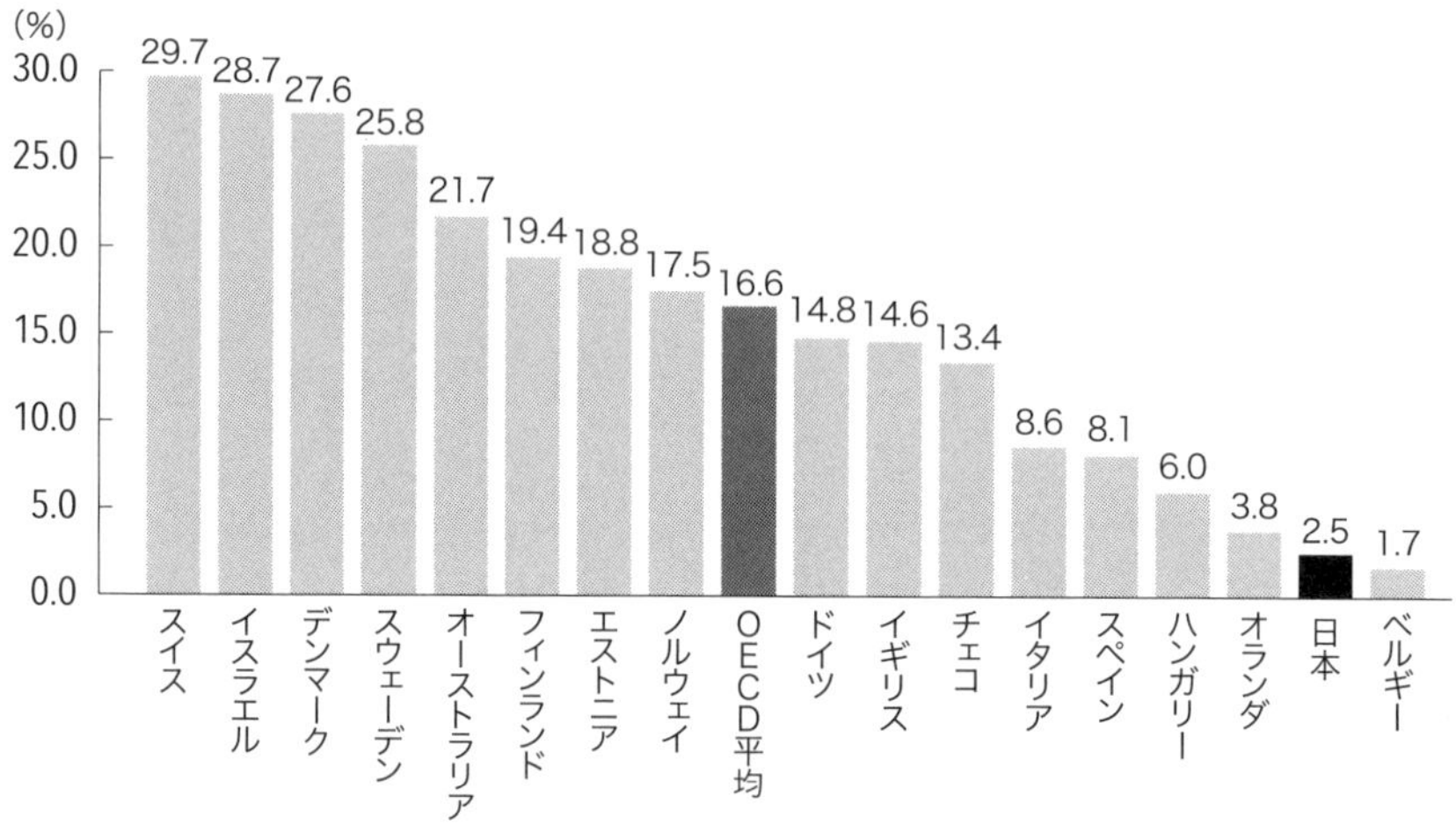

出典：文部科学省 第3回人生100年時代構想会議資料（OECD「Education at a Glance (2017)」および文部科学省「平成27年度学校基本調査」に基づき作成）

う先輩社員たちから学んでいて大丈夫でしょうか。

日本では、社会人が学ぶという機会が非常に限られています。図11－5は、25歳以上が大学で学ぶ割合を各国で比較したものですが、日本は著しく低いことがわかります。仕事で必要な知識は会社で学べばよいという、終身雇用と年功序列の影響ではないでしょうか。

しかしグローバル化やデジタル化は今後も続くのですから、大学卒業時までの学びだけで、2060年（もしくはもっと先）まで社会で活躍できるでしょうか。いったん社会に出て、「ああ、これを学んでおくべきだった」と思ったものは、「学び直し」すべきなのです。

日本で最近になってリスキリング（Re-Skilling）という言葉が使われるようになり

ましたが、ここでも誤解があるようです。従来型の発想の延長で行くと、企業が社内研修のメニューとしてデジタル化などの科目を導入するという意味で考えがちですが、それだと「目的」が不明確になりがちです。社員にとっては、面倒なことが一つ増えただけで、その研修を受けたらどういうメリットがあるのかがわかりません。

もし「あなたの部署は業績不振で閉鎖されますので、他部署で生きていけるように新たな知識を身につけてください」と言われれば必死に勉強するでしょう。これは「目的」が明確です（残念なストーリーではありますが）。「あなたの仕事は当社では不要になりましたので、他社で生きていけるように新たな知識を身につけてください」も、「目的」が明確です（さらに残念なストーリーではありますが）。「あなたが今の部門でさらに業績を上げるには、この知識が必要なので身につけてください」であれば、いいストーリーですが、そのようなことは本人が一番気づいているはずなので、人事部に言われなくても独学で勉強するでしょう。

これからの時代に必要な「学び直し」とは、本人がその必要性（つまり「目的」）を自覚し、自発的に学ぶことです。会社がその費用を負担することはいいことです（しかし、会社で費用を負担して知識がついたら転職されてしまうのであれば、出し惜しみするかもしれません）。費用を会社に依存することすらせずに、自発的に、自分の必要な知識を、何歳になっても身につけるということが、今後必要になるのです。

「学び直し」には、言われたからやるのか、自発的にやるのかという違いと、会社が資金を出すか、個人が資金を出すかの違い、今の仕事に必要だからやるのか、新しい仕事を見つけるために必要だからやるのかの違いがあります。自発的に、自分で資金を出すのであれば、今の仕事に役立つものでも、新しい仕事のためになるものでも、有意義になるでしょう。

実は、人間の成長は（特にビジネスに関係する能力の成長は）何歳になっても可能です。日本の学歴社会の悪い点は、18歳時点の成績の良さで一生の能力の評価が決まってしまうかのように誤解されていることです。

前例踏襲型の職場に入ってしまって、自分の頭で考えなくなる人は、（18歳時点の成績がいくら良くても）成長がそこで止まってしまいますし、逆にいろいろな挑戦をし続けている人は、（18歳時点の成績が悪くても）何歳になっても成長しています。

転職という機会は、新しい挑戦で成長する機会でもあるということですし、それをきっかけに新しい知識を学ぶことも、さらに成長することにつながります。

ライフスタイルが多様化していくと、旧来の画一的なライフスタイルを前提にしていたビジネスでは対応できなくなります。それでも前例踏襲型の大企業は、かつての成功体験があるので旧来型のビジネスから脱却できません。そうなると、新たに起業したビジネスの方が、多様化したライフスタイルに応えるサービスを提供できるかもしれません。

ライフスタイルの多様化に関連したビジネスチャンスとしては、以下のような論点を考えることができます。

ビジネスチャンスについて考えよう

□働く母親（ワーキングマザー）の負担を減らす上で、父親の家事参加をもっと増やす必要もあるが、父親の家事参加を後押しするようなサービスをビジネスにすることはできないか

□フランスのような制度を日本でも導入しようとなった場合、それに伴うビジネスチャンスとしては、どういうものが考えられるか

□日本は新卒主義が行き過ぎた結果、大学卒業時の就活が人生を賭けた一発勝負になってしまったが、アメリカのビジネススクール（経営学大学院）のように、社会人が当たり前に入学して学ぶような機会を作るにはどうしたらよいか

□年収百数万円の壁は、冷静に考えると無意味（最初からもっと高い年収を目指せば、そのような低い壁は無関係）なはずだが、いま百万円程度で働いている女性パートを大々的に戦力化する（収入も倍増する）ビジネスが出てきてもよいのではないか

□日本でも転職は徐々に普通のことになりつつあるが、起業が普通のことになるように、「将来起業したい

人に的を絞った採用活動をする」とアピールすれば、成長する気のある人材を集められるということはないか

□標準的でない世帯の例としてシングルマザーがあるが、シングルマザーの様々な困りごとを解決して収入を増やすことを手助けできれば、それはビジネスチャンスになるのではないか

□持病のある人の他に、アレルギーに悩む人（子供）も食事などで困りごとを多く抱えているが、そういう人に的を絞った宅配のサービスもあるはずではないか

□若者が人手不足になる一方で、定年後の高齢者が余ってしまうという問題も起きるが、より高齢の人たちが住む農村の集落に数年駐在して世話役をするというような人材派遣を、自治体の予算を使って行うことは可能か

□ダイバーシティを促進するために女性管理職比率の目標値が示されるようになった時に、適任の年次の女性が社内にいない場合、社外から受け入れることが選択肢になるが、そのような人材を育成してあっせんするサービスがありうるのではないか

□私生活の充実と言っても、子育て世代では、親が趣味の時間をとることが難しいが、子供を週末の間に体験合宿として預かることで、親の自由時間を確保することが、サービスとして成り立つのではないか

□日本の伝統的企業が今すぐにジョブ型雇用に転換するのが難しいのは、部下を評価するスキルのない上司のせいであるが、そうであれば、上司を教育する「学び直し」も必要ではないか

□社会人の学び直しは、国内でやらないといけないわけではないので、グローバル人材を目指す人向けに、海外で他国の外国人とともに学ぶプログラムなども有効ではないか

chapter 12

メガトレンド⑩

生産性向上と省人化

1 生産性がさらに高まる

機械化と自動化

生産性という言葉は、どれだけのインプットに対してどれだけのアウトプットが得られるのかという意味で使われますが、国の経済に関して使う場合は、経済的な成果に対する投入労働量のことを指し、「一人当たりGDP」や「生産時間当たりGDP」などで測ります。

デジタル化が進行することで生産性は、今後さらに高まっていくと予測されています。また、新興国の生産性が今後高まり、先進国に追いついていくことも想定されています。研究開発への投資額が増えることで、新たな技術が開発されていくことになり、それでさらに生産性が上がっていくでしょう。生産性向上を追求する流れは今後も続いていくと考えられます。

これまでの生産性向上は、作業の機械化と自動化が中心となっていて、人間が危険で複雑な作業をしなくてもよくなるという効果をもたらしてきました。工場内の作業が機械化されて、均質性と品質の高さ、生産時間の短縮化、生産プロセスの単純化、業務フローの簡略化などが実現しました。

重く巨大な物体や、非常に熱いまたは冷たい物体などを扱う業務も機械化されました。また、海中、宇宙、核施設内などの危険な場所での作業もロボットが行うようになりました。

工場で生産された製品の品質検査も、人が目視するのではなく、センサーを用いて自動で行えるようになりました。

こうした機械化・自動化においても、近年ではデジタル技術が組み合わせられてきています。昔は人が機械を操作していましたが、今では反復的な作業はプログラム化されているので、人が付きっきりで操作をする必要がなくなっています。ロボットの技術を用いて、人間の手の動きを機械で再現することも可能になっていて、手作業と同じことを遠隔操作でできるようにもなっています。

いわゆるホワイトカラー職場（工場ではなくオフィスでの事務）でもコンピューターによる自動化・省人化は起きています。昔は支社から本社に紙で報告資料を郵便で送り、それを本社で転記してまとめていたのですが、郵便がファックスに置き換えられ、さらに電子メールの添付ファイルに置き換えられました。それでもしばらくは支社からのデータを本社でパソコンに打ち込むという人手の作業があったのですが、それも自動化されるようになりました。自動化することによって人手による転記の誤りも激減しました。

日本のホワイトカラー職場は生産性が低いという批判を多く受けていたのですが、それも改善してきています。生産性の低さというのは、残業代目当てに仕事をゆっくりやるような人がいたことも理由の

図12-1 年間労働時間と労働生産性の推移（1985-2017）

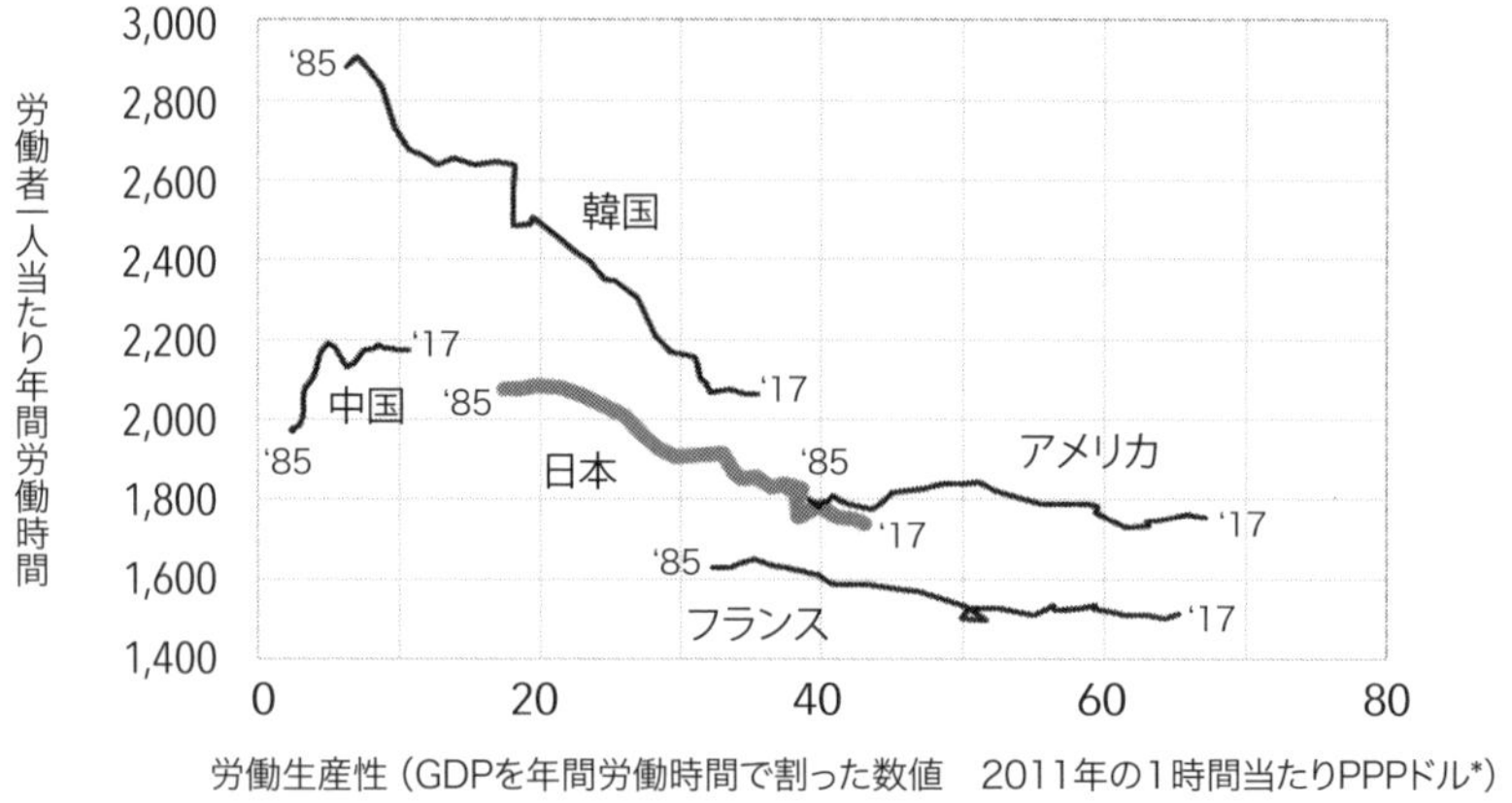

＊：PPPとは購買力平価による換算のこと
出所：Penn World Table 9.1

一つでしたが、そうした無駄なことをしているとブラック職場と呼ばれて敬遠されてしまうので、なるべく残業はしないようにしようという努力もされてきました。

図12－1は各国の生産性を比較したグラフです。縦軸は、労働者一人当たり年間労働時間です。日本は1985年の約2100時間から2017年には1700時間台に低下し、アメリカと同レベルにまでなりました。

横軸は、GDPを年間労働時間で割った数値です。日本は1時間当たり約17ドルから約43ドルへと高まりましたが、アメリカの約66ドル、フランスの約63ドルよりはまだだいぶ低い状態です。

日本の生産性も向上してきてはいますが、新興国の生産性の向上スピードは速く、先進国に近づいていくことになります。工場では古い機械を置き換えるのではなく、最初から最新型の機械を利用できますし、事務の仕事でも、デジタル化の恩恵を最初から受けられるので少ない人数で業務を行えます。

また、先進国よりも人件費が安いこともあるので、先進国企業の「バックオフィス業務」（顧客や製品を直接扱う仕事ではなく、売上データや原価計算の管理や、請求書・領収書などの作成、給与や税金の計算などの仕事全般を指します）を海外で行うということもできます。フィリピンなどの英語圏の国では、アメリカのコールセンター業務（顧客からの電話の問い合わせに応答する仕事）を海外で代行することも実際に行われています。

過去の経緯　科学的管理法の始まり

本格的な大量生産によって生産性が上昇したのは、20世紀の初頭のことでした。産業革命による蒸気機関などの発明は18世紀後半から19世紀にすでに起きていたのですが、機械を動かす人間の働き方は変わらないままでした。

1900年頃、フレデリック・テイラーというエンジニアは、製鉄会社の現場で労働者たちが「働くふり」に時間をとり、故意に作業を遅らせていたことに気づきました。労働者たちは、仕事を速くやるより、ゆっくりやることが自分達の利益になると信じていたのです。なぜなら、もっと速く、多くできるなら、作業単価（例えば部品を一つ作るのにいくらの報酬を得るのか）が切り下げられてしまうからです。現場の上司はどのくらいの時間で一つの仕事ができるかを知りませんでした。

そこでテイラーはストップウォッチで時間を計測しました。その結果、どの仕事に何人必要かがわかり、業務のスケジュール化や、在庫管理ができ、財務が整えられました。生産性が大きく向上し、従業員数が120人から35人へと減った会社もあったり、コストが10分の1、20分の1に下がることもしばしばあったりしました。工場のコストは下がり、(残った人の)賃金は上がりました。

テイラーが導入した仕組みの中に、達成賃金率というものがあります。例えば部品を1時間に10個作る目標があり、それ以下の場合は1個当たり10セントの賃金単価、目標を上回った場合には1個12セントの賃金単価にしたとします。1日72個(1時間9個×8時間)作った従業員は7・2ドルもらえますが、1日88個(1時間11個×8時間)作った従業員は8・8ドルではなく10・56ドルもらえるということです。

彼の編み出した「科学的管理法」は、機械的に人間を管理しすぎているという批判もありましたが、多くの工場経営者が進んで取り入れ、生産性を大きく向上させました。

それとほぼ同じ頃、ヘンリー・フォードはミシガン州のハイランド・パークに25ヘクタールの巨大な自動車工場を建設して、「流れ作業」の「組み立てライン」を導入しました。複数の作業工程に分業して、各々の従業員は特定の工程のみを担当するという方式です。他業界ではすでに始まっていた方法ですが、これを自動車生産に応用したのです。

1913年に発電機の生産で組み立てラインを導入したところ、以前は一人の労働者が20分で1個のペースで作っていたのが、29の作業に分割したことで、13分10秒で1個に早まり、さらに組み立てラインの高さを20センチ上げたところ、7分で1個にまで早まりました。フォードは「労働者の側が思考しなくてはならないような必要性を最小限にし、労働者の動きを最小限に抑えること」を目指し、それを実現したのです。

彼はモデルTという一つの車種しか製造しないと宣言し、大量生産によるコスト削減を目指しました。1908年に850ドル（年間6000台生産）だったモデルTは、1916年には360ドル（年間60万台生産）にまで価格が下がり、その分大きな売上を上げることに成功し、当時世界最大の自動車メーカーに上りつめました。

テイラーやフォードが、大量生産を実現したのは今から約100年前のことでした。彼らの手法はアメリカ中に広まりましたが、その副作用として、アメリカでは「工場労働者は頭を使うな、手を動かせ」という考えが定着してしまいました。

第9章で見たように1950年代以降、日本ではエドワーズ・デミングの指導の下で「統計的品質管理」が取り入れられましたが、これは「QCサークル」という、工場労働者が自ら考えるという、アメリカ本土とは正反対の手法で不良品を減らし、品質と生産性を高めるやり方でした。高度成長期以降に日本が輸出で欧米市場を席巻したのは、アメリカの工場の品質が（機械的な労働管理のおかげで）高くなかったという事情もあったのです。

ＩｏＴによる自動化

ＩｏＴ（モノのインターネット）とは、インターネットがコンピューター以外の機械につながることを指す言葉です。もともとのインターネットは、「コンピューターをつなぐ」もので、「携帯電話をつなぐ」こともその延長線上です。一方、ＩｏＴとは、外出中にスマホからエアコンをオンにするとか、カーシェアの車のカギをスマホで解錠するなどのように、モノとネットがつながることを指します。

家電がネットにつながることくらいでは、あまり便利ではないかもしれません（実際、今のところあまり普及していません）。しかし、企業向けの場合は、ＩｏＴで低コスト化、省人化などの効果があると理解されれば、（その効果以内の）金額を対価として支払う可能性は高いのです。

例えば、ネットにつなぐことで機械の故障（の予兆）を素早く察知して点検するとか、ネットにつないだトラックなどを自動運転化して省人化を実現するなどです。

特に、土木工事の業界では、いま深刻な人手不足です。道路や橋や河川工事など、役所が発注する公共工事は数が多いのですが、工事業者が人手不足なので、入札不調（工事に応募する業者がいない）が起きています。

ショベルカーなどの建設機械を作っているコマツは、ショベルカーの自動運転の技術を開発していたのですが、それでは工事の一部しか自動化できませんでした。そこでどうしたのかというと、ドローンを飛ばして測量をして、それを三次元の図面にして、ネット上にあるその図面の通りに工事ができるようにショベルカーを自動操作して、最後に出来上がりをまた撮影するというように、工事の全てをデジタル化しました。

この結果、測量にかかる人数が減り（二人で1週間かけていた作業が30分で終わるようになりました）、熟練を要する図面作成が自動作成になり、これまた熟練を要するショベルカー操作も自動化され、ショベルカー操作のために目印を設置するという作業が不要になって人員が削減でき、工事の結果をカメラで撮影して報告書を作成する業務までもが自動化されました。

これから多くの業界で人手不足が深刻化していきますが、このようにＩｏＴを活用することで、今までより一段上のレベルでの自動化・省人化が可能になるのです。

デジタルの活用がさらに進む

2

中国のインターネット事情

ネットの活用という点で見ると、先進国よりも新興国の方が有利という側面もあります。既存の手段がすでに便利になっている先進国では、ネットを使わなくても済む場合も多くありますが、既存の手段がない場合は、一気にネットが普及します。わかりやすい例で言うと、固定電話を使うことなく、最初からスマホを手にするということです。

中国はすでにネット大国になっています。インターネット利用者数で見るとすでに世界一です。ＩＴＵ（国際電気通信連合）によると２０２１年の中国は１０億４０００万人、インドが２位で６億５０００万人、３位の米国が３億１００万人です。

アメリカではＧＡＦＡと呼ばれる企業（グーグル、アップル、フェイスブック、アマゾン）がネットのビジネスで極めて存在感が大きいですが、中国ではＢＡＴ（バイドゥ、アリババ、テンセント）が巨大企業となっています。これは中国政府が海外のネット企業の進出を（海外の思想や情報が入ってくることを防ぐために）認めていないためです。

図12-2 各国のeコマース市場規模（2021年）（単位10億ドル）

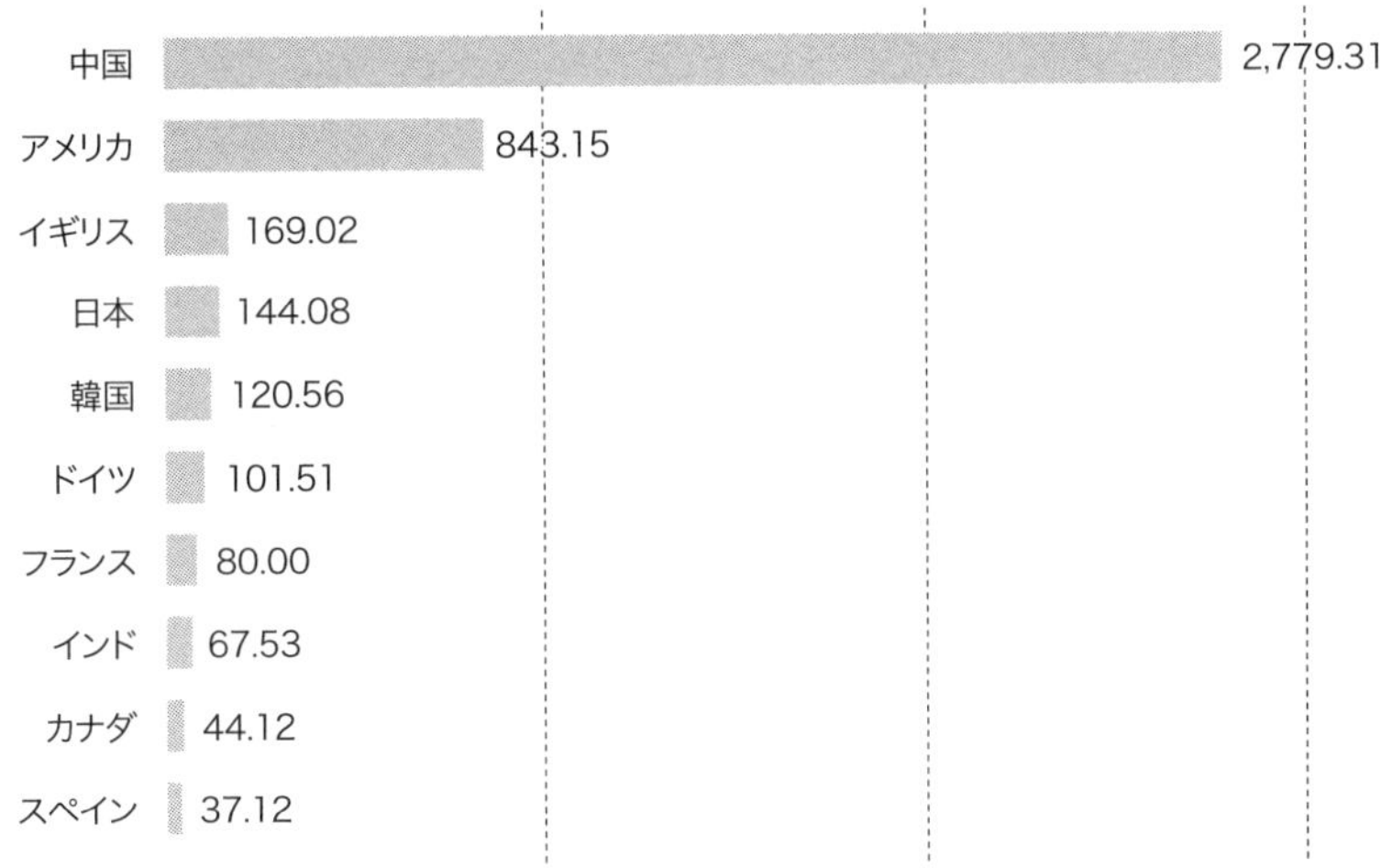

出所：eMarketer

こうしてネット系企業が急成長したこともあって、中国のeコマースの市場規模は、世界最大になっていて、2021年のデータでは、アメリカの3倍以上になっています（図12－2）。人口が多いというだけでなく、リアルの店舗が充実していない地方部ではネットの買い物の方が便利で、さらにアリババがかなり積極的なプロモーションを行って普及に努めたという事情があると考えられます。

キャッシュレス決済

その中国のアリババではアリペイ、テンセントではウィーチャットペイという電子マネーがよく使われています。キャッシュレス決済というとクレジットカードが伝統的な手段ではあるのですが、中国はその段階を飛ばして電子マネーが使われるようになりました。

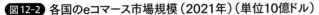

図12-3 各国のキャッシュレス決済の状況（2017）

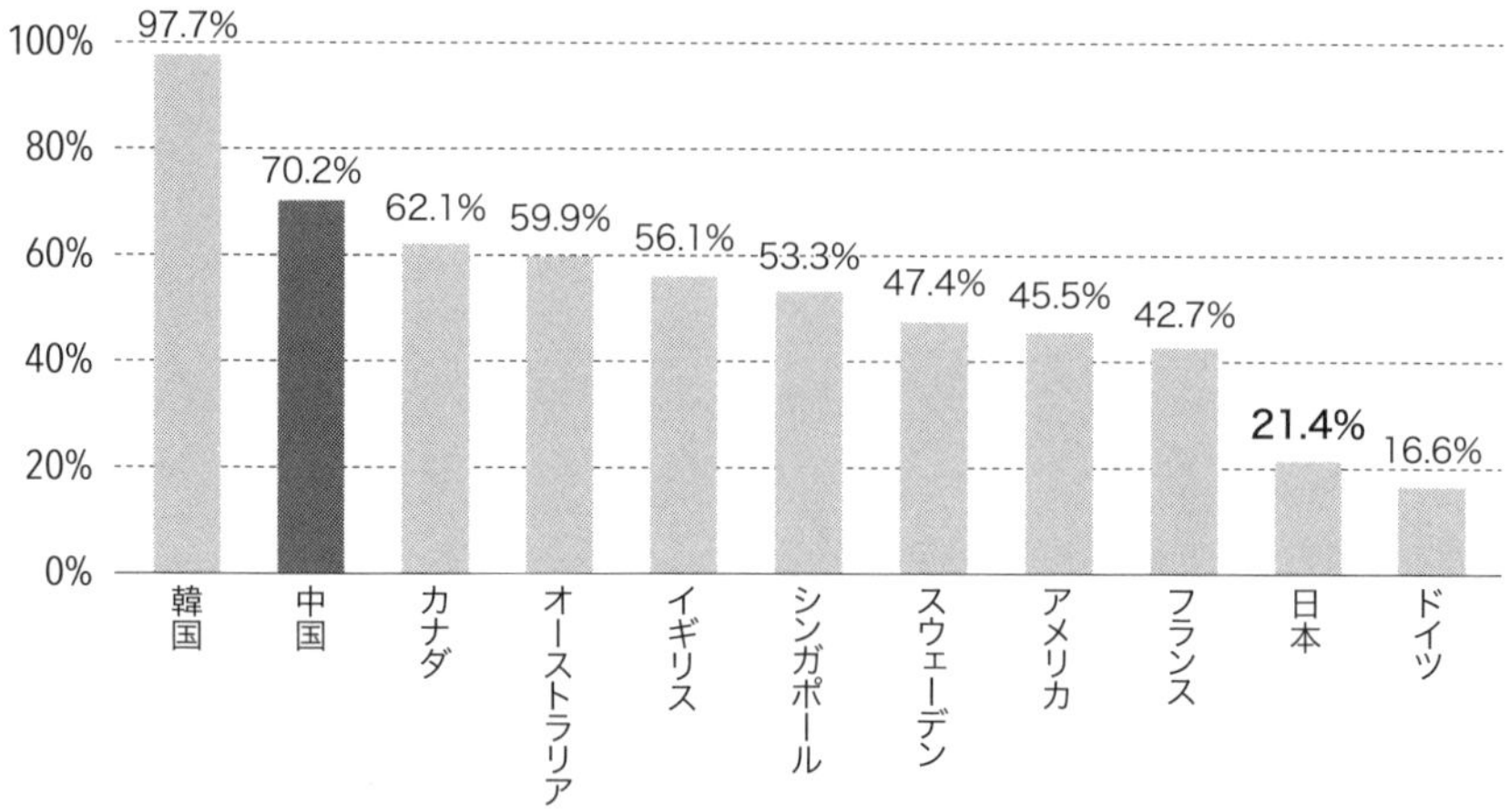

出所：一般社団法人キャッシュレス推進協議会
出典：世界銀行「Household final consumption expenditure（2017年（2019/12/19 更新））、BIS「Redbook（2017年）の非現金手段による年間支払金額から算出
※中国に関しては、Euromonitor Internationalより参考値として記載

これらは二次元バーコードを店に提示して店がスキャンするか、店が提示した二次元バーコードをスマホで読み取るかして、店舗で使うことができますし、アプリや決済用画面を通じて、オンラインでの買い物にも利用することができます。

図12－3は、2017年時点の各国のキャッシュレス決済の状況を示しています。中国が約70％と高いのですが、それを上回るのは韓国の約98％です。日本は約20％でした。

この頃から日本ではインバウンドの旅行客を呼び込もうとしていたのですが、海外からの旅行客が不満に感じる点の一つは、日本は現金しか使えない店が多いということでした。

そこで内閣官房や経済産業省などがキャッシュレス決済推進を2018年に始めたのです。政府が主導して、2020年6月末まで

「キャッシュレス・ポイント還元事業」を実施したり、ペイペイなどの事業者が巨額の費用を投じたキャンペーンを実施したりしました。その結果2022年には日本のキャッシュレス決済の比率は36％にまで上がりました（増えた分の多くはクレジットカードでしたが）。

なぜ日本ではキャッシュレス決済が進展していなかったのでしょうか。それは現金が安全だったからです。逆にキャッシュレス決済が進んできた国は、キャッシュが不便だったのです。韓国は2009年まで、1万ウォン（約1000円）が最高額紙幣でした。中国も、100元（約1500円）が最高額紙幣です。アメリカには100ドル札もあるのですが実際に流通している最高額紙幣は、20ドル（約3000円）です。アメリカには高額な紙幣を出さない理由は、偽造が怖いからなのです。アメリカはそもそも犯罪発生率も高いので現金は持ち歩くなと言われますし、韓国は財布が大きくないと、十分な現金を持ち歩けませんでした。

もともとキャッシュが不便だった国ではクレジットカードが利用されていました。店からするとクレジットカードの手数料は高い（アメリカでは買い物額の2％程度）上に決済用端末を導入しないといけないのですが、カードが使えないと利用者が来店しなくなるので、導入せざるを得ません。中国の二次元バーコード決済は、二次元バーコードを貼るだけでもよく、手数料率も安い（0・6％）ので、店からすると導入が簡単です。これなども古い技術を飛ばして新技術が普及した例と言えます。

古い技術が先に普及している場合、新しい技術がとって代わるのは難しい場合があります。電子マネーは、利用者が増えないと、店が端末を置いてくれないのですが、端末が普及しないと利用者も増えません。このため端末を用いる電子マネーは苦戦しました。こうした中、日本である程度普及した交通系の電子マネーは、ちょっと特殊な理由で普及しました。鉄道会社が改札の無人化（人件費削減）のために大きな投資を行ったのですが、この投資は人件費を削減できたことで回収できました。その一方、通勤・通学客が交通系カードを持ち歩くようになり、利用者数が多くなったので、鉄道以外の店舗も端末を置くようになってきたのです。

技術の課題　仮想通貨と暗号資産

電子マネーと似た用途で「仮想通貨」「暗号資産」と呼ばれるものもあります。これは、ブロックチェーンと呼ばれる技術をベースにしたもので、複数のコンピューターによりデータを共有することで、改ざんを防ぎつつ、電子的に金銭的価値を交換できるようにする技術のことです。インターネット上でやりとりできる財産的価値であり、不特定の人に対して、代金の支払い等に使用できます。どこかの国の法定通貨（円とかドルとか）とは独立していて、国際間の送金などにも用いることができます。勝手に通貨を増やすことはできませんが、「マイニング」をすると対価として通貨を受け取れます（取引データの「ブロック」に「いつ」「誰が」「どのくらいの量を取引したのか」という情報が書き込まれるのですが、この取引を承認する作業を「マイニング」と呼びます）。

仮想通貨として有名になったのがビットコインですが、これは通貨の供給があまり増えない構造のため、買い手が増えると価格が高騰します。このため、投機目的の売買が急増し、価格が乱高下しました。

あまりに価格が不安定なので、決済手段としては利用できない状態になったのです。このため「仮想通貨」という言葉が実態を表さなくなってしまい、最近では「暗号資産」と呼ばれるようになりました。技術的にはユニークなものなので、将来的にはさらに使いやすい決済手段に進化するかもしれません。

ギグワーカーとシェアリングエコノミー

デジタル化によって働き方も変わりました。その一つがギグワーカーと呼ばれるものです。ギグとは、バンドに臨時メンバーとして有名アーチストなどの入った演奏のことを指すのですが、臨時で働く人のことを「ギグワーカー」と呼びます。

皆さんもご存知のウーバーイーツは、配達員を「雇用」していないので、配達員は「ギグワーカー」です。働きたい時だけスマホでログインすれば、どこに何を運ぶかの指示が来ます。相当多くの人がギグワーカーとして登録されていないと、サービスが成り立ちませんが、ウーバーイーツの配達員になりたがる人も多いようで、希望者の多い地域では募集停止になることもあります。他の宅配にも登録する人も多いようで、その方が配達件数（つまり収入）を増やせます。人が足りない時は配達の報酬が上がることもあります（顧客が払っている配達料よりも高くなります）。

飲食店は、店で出しているメニューと同じものを配達用に提供することが多いのですが、掲示した価格よりも安い代金をウーバーイーツから受け取ることになっています。これだと飲食店は損をしているようですが、そうではありません。飲食店は変動費（材料費）が３０％程度と低いので、ウーバーイーツから価格の65％しか受け取れなかったとしても、65％－30％＝35％が追加的な収益ということになります。出前を安く受けた方が利益を稼げるわけです。

利用者も便利、配達員も稼げて、飲食店も稼げるとは、いいことずくめのようですが、そうなのでしょうか。実は競争相手がいる場合は、ウーバーイーツの運営会社は儲からないのです。店舗代金は他社より多めに払わないと店舗が参加してくれませんし、配達員報酬を上げないと他社のものを運んでしまいます。なによりも利用者を増やすために相当の広告費での競争になってしまいます。

ウーバーという会社が2009年に創業した際の最初のビジネスはアメリカでの「ライドシェア」と呼ばれるクルマのビジネスでした。ウーバーに登録したドライバーは自分のクルマを運転して、利用者のもとに向かい、利用者の目的地まで乗せていくのです。つまりタクシーのようなサービスです。

アメリカは、タクシー運転手の評判が悪いことで有名で、車は汚い、運転は荒い、英語は通じない（中南米の出身者がドライバーに多い）など、いろいろ問題があるのです。ウーバーのライドシェアの方が、アプリで呼べる便利さもあるのですが、ドライバーの質が高く、車がきれいというのも特徴です（ちなみに、日本では自家用車に客を乗せることは違法なので、日本にはライドシェアは参入できず、タクシー会社がウーバーに似たアプリを取り入れました）。

このビジネスもまた、競争相手がいると儲からないという問題があります。競争相手が登場すると、アプリで提示される運賃の安い方を利用者は選びます。ドライバーも運転手報酬の高い会社の方を選びます。システムなどに巨大な投資をしていたこともあり、ウーバーは2022年の時点ではまだ黒字化していません（2023年の第2四半期に初の営業黒字を達成しました）。

もう一つ、ギグワーカーに似た仕組みで、シェアリングエコノミーと呼ばれているサービスを紹介しましょう。エアビーアンドビーという、民泊を仲介するサービスです。この会社は２００８年創業で、個人の提供する「家」を、利用者に貸し出すビジネスです。自分の部屋を共有するのでシェアリング（共有）エコノミーと呼びます。提供者は、自宅の余った部屋を貸す場合と、民泊用に投資した部屋を貸す場合があります。利用者は指定された場所（待ち合わせ場所、または暗証番号付き郵便受けなど）でカギを受け取って入室します。（ちなみに日本では、２０１８年の民泊新法で民泊の対象が狭く定義され、年間営業日数が１８０日以内、管理業者に必ず委託するなどの条件が付いたので、あまり普及していません）。エアビーアンドビーは、２０２０年１２月に上場した後も赤字だったのですが、２０２２年度に黒字化しました。

ＡＩが人間の仕事を奪うのか

デジタル化の究極の姿は、人工知能（ＡＩ）です。この言葉は古くから存在していて、多くの学者が研究を重ねてきたのですが、最近になって利用が始まってきました。最近の進化の一つは、大量のデータからパターンを認識させるディープ・ラーニングという手法が、大量の計算のできる機械が開発されたことで実用化してきたことです。例えば、チェスや将棋など、過去の棋譜を学習することで「勝ち方」を学習するのですが、最近は全ての駒の動きを全て計算できてしまうので、過去の人間が考えつかなかったような打ち手が登場するようになったそうです。
また、自動運転車などは、多数のカメラで撮影した画像をＡＩが認識して、走るべき場所、避けるべきものを瞬時に識別できるようになってきました。医療では、レントゲン画像などから、病気の原因を特定することが人間の医師よりも正確にできるようになったり、小売では店内の多数のカメラから何をかごに入れたかを認識する「自動レジ」が登場したり、製造では、完成した製品の検査を画像で自動判断できるようになったりしています。

２０２３年には、チャットＧＰＴというＡＩが話題になりました。これは、ユーザーが打ち込んだ質問文章を判断して、その答えに相当するものを大量に蓄積したデータの中から探し、わかりやすい文章にして返すというものです。以前の自動生成の文章がぎこちなかったのに対して、チャットＧＰＴの場合は、返す文章を機械がさらに検証して、通じやすい文章にしています。これまでとは段違いにレベルの高い言葉で返事を返すようになったので、世の中が大騒ぎになりました（答えの中身が正しいかどうかのレベルはまだ高くないので、今は「うそのことをまことしやかに話す」という段階ですが、今後はもっと中身が正しくなっていくのでしょう）。

こうなると、いよいよＡＩによって、人の仕事が奪われていくのではないかという危惧が持たれるようになります。しかしこの変化は、例えて言えば、馬車の時代から高速道路の時代に一気になるような感覚に近いかもしれません。馬車の時代の仕事（機械化されていない職人の仕事）の多くは消滅しましたが、高速道路の時代の仕事（長距離に人や物を移動させる仕事）が増えた結果、世の中の仕事の量はむしろ増えました。同じように考えれば、ＡＩの時代が来ても、世界の仕事の量がそれほど減るわけではなく、仕事の中身が大きく変わるということになるでしょう。前例踏襲だけをやっていればよかった仕事は、ＡＩによって本当に存在価値がなくなるでしょうが、新たな価値を生み出す仕事や、困りごとを解決する仕事は増えていくでしょう。

過去の前例を踏まえて判断するというような業務は、ＡＩが最も得意とするところです。一方、ＡＩが（少なくとも今）苦手としているのは、新しいイノベーションを思いつくことと、お金を儲けたいという欲を持つことです。ということは、前例踏襲型のサラリーマンはＡＩに置き換えられてしまう一方、起業家は生き残ることになるでしょう。

その一方、日本では若者の人口が減っていくので、人手不足が続きます。人口減少とＡＩの進展のどちらのスピードが速いのか、ということになるのですが、今のところ日本では、若い労働力が減る分をＡＩで補う、または若い労働者が嫌がる仕事をＡＩが代行するという使い方になるでしょう。

日本の政府がチャットＧＰＴの利用に前向きだと言われていますが、これは、中央官庁の仕事の多くが低付加価値で、優秀な学生に敬遠され始めているからなのです（特に、野党議員からの質問を前夜に受け付けて、一晩のうちに徹夜でその回答を文章に書いて与党や官僚に渡すという仕事などは、チャットＧＰＴで数分あればできることです）。

このように、意味のない低付加価値な、しかし時間だけはかかるという仕事に優秀な若者を貼り付けるわけにはいきません（その若者たちが離職してしまいます）。こういった形で、「嫌な仕事」「くだらない仕事」が自動化されていくと考えれば、世の中はいい方向に向かっていくでしょう。

生産性をさらに高めていこうとすると、デジタルの力を借りることが必須になっていきます。その意味では、デジタル関連の職場に行くことで将来の機会が広がる可能性があります。従来型の企業の中でデジタル人材として活躍することも可能ですが、デジタルを用いて新たに起業したビジネスの方が、より高い生産性を実現できるかもしれません。

生産性の向上と省人化に関連したビジネスチャンスとしては、以下のような論点を考えることができます。

ビジネスチャンスについて考えよう

□日本のホワイトカラー職場の生産性を上げるには、書類を電子に置き換えるのではなく、書類を発生させなくても済む方が望ましいので、そうしたレベルでの新たなサービスは考えられないか

□ＩｏＴを用いることで、建設業だけでなく、農業なども大きく生産性が向上する可能性があるが、どういうサービスを提供すればよいか

□ＩｏＴは個人向けにはビジネスになっている例が今のところあまりないが、個人の困りごとを解決するためにＩｏＴを使える余地は本当にないのか

□中国のネットショッピング普及率がこれだけ高いということは、日本の商品も中国のサイトで販売する余地がもっとあるということではないのか（それを阻む要因があるならどう解決すればよいのか）

□キャッシュレス決済の日本での普及を阻んでいる要因の一つは加盟店が手数料を取られることにある（現金だと取られない）が、加盟店手数料以外の収入で補うことができれば、加盟店手数料を引き下げてもっと普及するのではないか

□ギグワーカーの出番は、食事の宅配だけではなくて、買い物代行（前日に注文されれば翌日夜に届けるなど）でもありうるのではないか

□労働人口の減少をAIで補おうとするなら、無人で応対するコールセンターのようなビジネスが必要になるのではないか

chapter 13

ビジネスモデルを考える

1 「困りごと」起点で考える

第3章から第12章まで、10のグローバルな社会課題について考え、各々についてビジネスチャンスとなりうる論点について提示してきました。これらをヒントに、ぜひ、新たなビジネスチャンスについて考えてください。

ビジネスチャンスについてアイディアを思いついたとしたら、それでどう儲けるのかを考えないといけません。第2章の最初のところでは「どういうビジネスが儲かるのか」について少し説明しました。その要点は、**「過当競争では儲からない」**ということでした。他社と同じような製品で価格競争をして、量販店で販売するというのが、儲からないビジネスの典型的なパターンです。

過当競争から抜け出して「儲かるビジネス」にする方法とは、コストダウンまたは製品企画力で「圧倒的な能力を身につける」ことと、「ライバルが入ってこないようなビジネスを選ぶ」こと、「交渉力の強い買い手がいるビジネスはやらない」ことです。

そして、もう一つの方法は、**「顧客の困りごと」を「独自のやり方で解決」すること**です。本章では、「困りごと」起点でビジネスモデルを考えるという方法について、説明しておきたいと思います。

事業コンセプトを決める

決めるべきことは、**「どのような新規事業」を、「どのような顧客」に、「どのように提供」するのか**です。

中でもまず、「どのような新規事業」なのかを決めないといけないのですが、そのためには、「今までにない」着眼点で、「困りごと」を解決するということが必要で、しかも、顧客が「高い価格でも払う」ような価値がある事業であることが重要です。

「困りごと」起点のアプローチの良い点は、小さな困りごとでも、大きな社会課題でも、基本的には同じ思考プロセスを踏んでいけばいいという点です。身の回りで自分が感じる「困りごと」でも新規事業は立ち上げることができます。

一方、グローバルな社会課題になると、「社会的正義感」だけで事業を立ち上げようとしてしまいがちですが、それではなかなかビジネスとしては儲かりません。**そのグローバルな社会課題があることによって誰が何で困っているのかを具体的に考えることで、その「困りごと」の解決をビジネスにすることができる**ようになります。

例えば、従来の製造方法ではどうしても二酸化炭素を排出してしまう企業（例えば製鉄業）を特定して、その企業の「困りごと」を具体的に解決するということです。漠然と二酸化炭素を減らそうというだけではビジネスにはなりません（技術起点でのビジネスモデルの考え方は次の節で紹介します）。

「困りごと」起点のアプローチのもう一つの良い点は、「高い価格でも払う」顧客を想定できる点です。「困りごと」が深刻であればあるほど、その人（企業）はお金を払ってでも解決したいと思っているからです。

この際、お金に余裕のある人の「困りごと」を解決するというビジネスを選択することができれば、比較的容易に利益を上げることができます。

逆に貧困にあえぐ人の「困りごと」を解決する場合は、マイクロファイナンスなどの手法を用いて、貧困からの脱出を支援しないといけません（その分、ビジネスとして儲けるには難易度が高くなります）。貧困な人は様々な「困りごと」を抱えているので、その一つ一つを解決してあげたくなるとは思うのですが、根本原因である貧困からの脱出が最も重要なのです。

「困りごと」アプローチをとる際に最も重要なのは、**その顧客の立場に立って考える**ことです。従来型のビジネスが陥りがちな問題点は「売り手側の都合でビジネスを考える」ことです。わが社の主な販路はコンビニだから、この新規ビジネスもコンビニで展開しようというのでは、わが社の都合でしかありません。もしそれが、農村部の高齢者向けの製品だとしたら、コンビニという販路は、買い手側の都合にはふさわしくないでしょう。

ここで紹介している「困りごと」アプローチとは、デザイン思考と呼ばれているアプローチをもとにしているのですが、その**デザイン思考とは何かというと、「使われ方」を徹底的に理解しようというものです。**建物のデザインを考えるとわかりやすいのですが、見た目に斬新な建築物を作っても、そこに入居する人が使いにくいのでは、建築物としての価値がありません。ですから建築のデザイナーに求められるのは、入居者（利用者）がその建物をどう使うのかを理解することで、その理解を踏まえた上で、見た目の斬新さを取り入れるということです。見た目だけでデザインしてはいけないのです。

このアプローチは、サービス業とも親和性が高いので、サービスのデザインにも活かされています。サービスは顧客が参加して成り立つ場合が多いので、顧客がサービスを使う際に不都合を感じるような要素がないようにデザインしておく必要があるのです。

メーカーが製品を販売するときには、自社の製品の「使われ方」をあまり考えずに、メーカー側の発想のみで設計してしまう場合が多くあります。例えばｉＰｈｏｎｅには取扱説明書がありません。その一方で、以前の携帯電話には大抵、分厚い取扱説明書がついていました。様々な機能を使うためにはどのボタンをどの順番で押すのかを本で説明しないといけなかったからですが、そういう設計をしてしまったこと自体が問題だったわけです。アップルは「使われ方」を重視しているので、見た目のデザインだけではなく、操作も直感的でシンプルなものにデザインしたのです。

ターゲット顧客を狭く定義する

次のステップは、**ターゲット顧客は誰で、どのような「困りごと」を持っているのかを、より具体的に定義する**ことです。どのような顧客層かを、人口統計的（年齢・性別・職業・地域・家族構成など）に定義したり、行動特性的（生活環境、職場環境など）に定義したりすることが一般的です。

デザイン思考では顧客像を考える際に「ペルソナ」を設定することが多くあります。例えば「北川圭子さん、33歳独身、川崎市ワンルーム在住、都内オフィスに通勤、趣味はヨガと海外旅行、ペットはトイプードル、でもペットと一緒に行ける場所が少ないのが悩み」など細かく設定していきます。これは開発にかかわる人々が同じイメージで顧客像を描けるようにするという工夫でもあり、なるべく「狭く」ターゲット顧客を絞り込む工夫でもあります。

なぜ、「狭く」定義する必要があるのでしょうか。それは「本当に困っている人」を特定したいからです。顧客ターゲットを広く設定すると、顧客数が多くなるので売上が多くなりそうな気がしますが、新規のビジネスを立ち上げる場合には、ターゲットがぼけてしまうのは良くありません。みんなにとってそこそこ便利というビジネスでは、結局誰も顧客になってくれないからです。逆に「本当に困っている人」が少人数でも飛びついてくれるビジネス（しかも高価格でも許容してくれる）であれば、早期に顧客が獲得でき、利益を上げることができます。

ターゲットを「狭く」定義し、「本当に困っている人」の「困りごと」を独自のやり方で解決するビジネスがもし作れたとしたら、その人たちが共通に抱えている別の「困りごと」もあるはずなので、それを次のビジネスにすることができます。

また、最初の「困りごと」に関して、「本当に困っている人」の周辺にいる「やや困っている人」にも広げていくことができます（サービス内容をやや変更して価格を下げるなどすることになるでしょう）。つまり、最初のビジネスは（顧客ターゲットを「狭く」定義して）小さく立ち上げても良くて、立ち上がって以降に徐々に広げていくということで構わないのです。

このステップで重要なことは、**そのターゲット顧客の「困りごと」はどの程度の深刻さなのか、どの程度の広がりをもっているのか、そして、既存の商品やサービスではなぜ解決できないのかを深く理解すること**です。このためには対象となる人々に個別のインタビューを繰り返して、「なぜ」既存の手段ではだめなのかを明確化することが重要になります。この個別インタビューで深掘りした顧客像を具現化したのが先ほどの「ペルソナ」になるわけです。

顧客層の「困りごと」が理解できた上で、その解決手段を考えることになるのですが、その際に、旧来型の「モノの製造販売」ではなく、「サービス業」に進化するなどして、従来よりも踏み込んで価値を提供できるかを考えることが重要になります。

「モノの製造販売」は問題解決の手段を顧客に販売するだけ（顧客が自分で作業を行う）ですが、「サービス業」は問題解決そのものを提供する（顧客は自分で作業しない）わけですから、より高い価格をつけてもよいはずです。また、デジタル化など、従来は利用できなかった技術をどう活用できるかを考えることで、昔はできなかったことが今なら実現できるという場合も多くあります。

価格を設定する

儲かるビジネスモデルを考える上で非常に重要なのが、価格設定です。いくら素晴らしいビジネスモデルでも、価格が安ければ儲かりません。一方、価格が高すぎても顧客が増えません。価格設定においては、三つの側面から考える必要があります。

方法1は顧客から見たときの価値です。顧客の「困りごと」を解決してあげた場合、その顧客はいくらのメリットを得たと感じてくれるでしょうか。そのメリットよりも安い価格であれば、顧客はそのサービスに価格を払ってくれます。具体的には、**その「困りごと」によって、顧客にどの程度の「損失」（または「手間」）が生じているのかを理解する**ことが必要です。その「困りごと」を顧客が自力で解決すると、いくらの費用または手間がかかるのかということです。

もう一つ考慮しておくべきことは、ターゲット顧客にとって、**「支払いやすい」形式**はどういうものかです。モノの販売であれば、1台いくらという価格設定ですが、サービスの販売であれば一回いくら、または月額いくらという価格設定になります。「月額いくら」で低価格にした方が、負担感が少なく感じる場合もあるので、そうした「価格の感じ方」も理解しておくことが重要です。

方法2は、自社にとっての費用です。費用を上回る価格をつけなければ赤字になってしまいますから、**価格は費用より高く設定**しておかないといけません。

方法3は、**競合や代替との関連性**です。そもそも「困りごと」アプローチは既存の手段では解決できないものをビジネスにしているはずですから、競合や代替がいないはずなのですが、全くいないということもないでしょうから、従来型の代替手段がいくらで提供されているのかを考慮に入れる必要はあるでしょう。もちろん、代替手段よりは高い価値を提供しているはずなので、代替手段より高い価格設定で構いません。

ここで方法2について、少し詳しめに説明をしておきましょう。そのサービスを提供する場合、どういう費用がかかりそうかということですが、店舗型ビジネスの場合は、店舗を作るための支出（資産への投資）が大きくかかります。

一方、通販型ビジネスの場合は、新規顧客を獲得するための支出（広告）が大きくかかります。

また、有人型ビジネス（店舗でも通販でも）の場合は、人員を雇うための支出（正社員の固定費とパートの変動費）がかかります。

費用については、固定費と変動費に分けて考えることが重要です（第8章の図8－2の損益分岐点分析と同様の考え方をします）。変動費とは、売上が増えると比例的に増える費用のことで、原材料費や運送費などです。原材料5000円の商品に3000円という価格をつけることはありえないですよね。パートの人件費など（来客の多い時間にシフトに入ってもらう）も変動費です。パート店員が1時間に平均5人の顧客にサービスをする場合、時給1000円だとしたら、顧客一人当たりの変動人件費は200円です。

一方の固定費は、売上にかかわらず必ずかかる費用のことです。例えば本社の正社員の給与は、売上が多くても少なくても固定的にかかります。固定費には、設備投資も含まれます。ただし、工場や店舗の設備への投資に1億円かかり、その設備は10年使えるという場合、年間の「費用」（減価償却費と呼びます）は1000万円と見なします。もし、こうした固定費に毎年1億円かかるのであれば、顧客当たりの「価格マイナス変動費」が1万円となるように価格設定をした場合、顧客数が年間1万人以上にならないと、黒字にならないということです。

ぎりぎり黒字というだけではビジネスとして成功したことにはならないのですが、赤字では明らかに失敗です。なので、**方法2（費用を上回る価格）というのは最低限の基準で、方法1（顧客が感じる価値より安い価格）が上限の基準**と考えてください。

技術起点で考える 2

第3章（地球温暖化関連）と第4章（天然資源関連）では、技術革新によってビジネスチャンスを手に入れられる可能性が多くあるということを説明しました。では技術革新でどう儲けるのかを考えないといけません。

ここで考えておくべきポイントは、**技術同士の代替関係**です。もし、自分たちの技術革新が非常にユニークで、他の技術とは比べ物にならないくらい優れているなら、悩む必要もなく、大儲けできることでしょう。しかし、グローバルな社会課題を解決するとなると、いろいろな技術分野の人たちが懸命に革新を起こそうとしています。

代替技術を理解する

ここでも、最初に決めるべきことは、**「どのような新規事業」を、「どのような顧客」に、「どのように提供」するのか**です。なので、基本的には「困りごと」起点アプローチと同じです。自分たちの持っている技術が誰の何の「困りごと」に応用できるのかは、自分たちが最も詳しいので問題ないのですが、

その同じ「困りごと」をターゲットにしている他の技術はないのか、を理解しておくことが、技術起点の場合は必要です。

例えば「水素貯蔵体」に使えるかもしれない未発表の物質を研究していたとしましょう。この場合、他の水素貯蔵体にはどのような技術があるのかを理解することがまず必要です。水素はそのままでは貯蔵が難しいので、液体水素にするとか、アンモニアに変えるとか、ＭＣＨ（メチルシクロヘキサン）や水素化マグネシウムに変えるとか、様々な可能性があります。すでに発表されているものは理解できているでしょうが、自分たちと同様に未発表の技術を研究している人たちが世界中にきっといます。未発表の代替技術を全て網羅することは難しいでしょうが、研究論文などを見ておくことは必要でしょう。

また、水素貯蔵体以外の代替技術も理解しておくことが必要です。水素がなぜ必要なのかの一つの理由は、太陽光発電の昼間の余剰電力を夜までためておく方法が必要だからです。昼の余剰電力で水素を作り、それを貯蔵して、夜に水素で発電するという使い方です。この場合の代替技術は、まず蓄電池です。蓄電池の技術革新もすごいスピードで起きています。また、揚水発電も代替技術になります。昼の余剰電力で水をくみ上げて、夜に水力発電をするのです。他にも昼の余剰電力を活かす技術は出てくるかもしれません。

水素が必要な理由は他にもあります。自動車向けのエネルギーに使いたいということです。世界の自動車メーカーのほとんどがバッテリー式の電気自動車（ＢＥＶ）に全面的にシフトすることを表明していますから、これがまず最大のライバルです。

ＢＥＶに弱みがあるとすれば、利用する電力が本当にカーボンフリーとは限らないということです。石炭発電の電力でＢＥＶを動かしても、二酸化炭素排出削減にはなりません。しかし、ガソリンスタンドにとって代わる給電ステーションがもし順調に増えていくとなれば、「まずはＢＥＶへのシフトをすべきで、発電のシフトはその後でも構わない」という風潮になるでしょう。そうなると、水素が一発大逆転をするために必要なのは、「水素ステーションがなくてもいい」という技術革新を起こすことかもしれません。

常温で安全に貯蔵・運送できる水素貯蔵体が安価にどこでも販売できるようになれば、大きな意味があります。逆に言うと、専用の水素ステーションが必要な程度の技術革新であれば、給電ステーションが先に普及してしまった場合には、水素にはもう出番は回って来ないということになります。

ターゲット顧客を定義する

技術起点の場合も、次のステップは、ターゲット顧客は誰で、どのような「困りごと」を持っているのかを、より具体的に定義することです。

ふたたび水素貯蔵体の場合を考えてみましょう。自分達の水素貯蔵体技術が（他の水素貯蔵体技術と比較して）どのような用途に向いているかも考えた上で、どの企業のどの困りごとの解決に向けて用途を開発するのかを考えることが必要です。そして、できるだけ早期に、当該企業に働きかけて、自社技術を用いた利用技術を開発してもらうことが必要です。そうしないと、他の水素貯蔵体技術の方が顧客を先に開拓してしまうからです。

例えばエンジンのメーカーは、このままＢＥＶシフトが進むと仕事がなくなります。水素の使い道の一つに水素エンジンがあるのですが、水素をエネルギー源として動力を供給できるのであれば、エンジンのメーカーに自分たちの水素貯蔵体を活用した水素エンジンを開発してもらうということが必要です。その水素エンジンが自動車に搭載されるかもしれませんし、自動車以外の機械（農業機械や建設機械）に搭載できるかもしれませんし、工事現場などの発電機にも利用できるかもしれません。

エンジンでなくても、水素は燃料電池に使えますから、自動車部品メーカーや化学品メーカーなどの中で燃料電池の開発を始めている企業向けに、自分たちの水素貯蔵体を活用するのに適した燃料電池を開発してもらうこともありうるでしょう。

ガソリンスタンドの運営会社も、ガソリンが売れなくなるので困っています。水素が安全かつ安価に貯蔵・運送できるようになれば、ガソリンスタンドを通じて（カートリッジなどの形状で）水素を供給し、使用済みのカートリッジを回収するというビジネスを、（給電ステーションに転業した上での副業として）手掛けてくれるかもしれません。水素自動車が普及しなかったとしても、農業機械や建設機械や発電機向けに水素カートリッジが使えるとなれば、そのための供給ルートとしてガソリンスタンド向けの販売を行うことが考えられます。

太陽光発電会社も困っています。むしろここが本命でしょう。昼間の余剰電力の活用法が見つからないと、太陽光が本格普及しないかもしれないからです。自分たちの水素貯蔵体技術を使った蓄電センター（昼の余剰電力を水素貯蔵体に変えて貯蔵し、夜になったら電力に戻す装置）を開発して、メガソーラー施設向けに販売できれば、太陽光発電会社は昼も夜も電力を安定的に販売できるようになるでしょう。もちろん、この水素貯蔵体技術が蓄電池よりも安価にならないと採用してもらえませんが。

電力会社は、実は困っていないかもしれません。太陽光発電は昼の余剰電力の問題があるから切り札にならないという状態のままでいてくれた方が、原発再稼働の意見を通しやすくなるからです。なので、自分たちの水素貯蔵体技術を電力会社に売り込みに行っても、「面白そうですね、共同研究しましょう」と口で言うだけで、わざとゆっくり対応して、開発を遅らせようとする危険性があります。

価格を設定する

技術起点のビジネスモデルでも価格設定は重要です。しかし、代替技術が存在する場合は、その代替技術よりも安く提供できないといけません。先に述べた方法1で、顧客から見たときの価値を考えるにしても、顧客はより安い手段がないかの比較をするので、あまり高い価格は受け入れてくれません。結局、方法3で、代替よりも高い価値を提供できているかが重要で、そうであれば代替よりも高い価格がつけられます。そうでない場合、方法2でコストから価格を設定し、しかもさらに自社のコストを引き下げる努力をしないといけません。

方法2の中でも、最初は薄い利益で我慢し、徐々に利益率を上げていくというアプローチがあり得ます。なにしろ最初のうちは採用してもらわないといけないので、価格を安く設定することが必要になります。もし自分たちの水素貯蔵体技術を用いた機器が世の中に増えてきたら、だんだんと需要量が増えていきますから、それに合わせて生産コストが下がっていくことが期待できます。加えて、技術革新がさらに進んでいくことで、大きくコストが下がることも期待できるでしょう。生産コストの低下幅より少なめの価格低下を行う（または価格は維持する）ことで利益率は徐々に上がります。

＊　＊　＊　＊　＊

この章では、ビジネスチャンスを思いついた場合に、どうやってビジネスモデルを着想していくことができるかのアプローチを紹介しました。もちろん、実際に起業する場合には、もっときちんと経営学や会計学を勉強してもらった方がよいのですが、逆にビジネスモデル着想法という学問はあまりないので、ここで紹介したアプローチを参考にしてみてください。

chapter 14

自分の未来を切り開くには

この本は「若い人」向けに書きました。「若い人」の多くは、「このままだと世の中は悪くなっていきそうだ」と考えてきたかもしれません。確かに、日本はバブル崩壊以降、ずっと経済が低迷してきていましたし、この先は少子化と高齢化が起こる上に、地球環境はどんどん悪くなり、エネルギーの無駄遣いもできなくなっていきます。

しかし、この本で解説してきたことは、**「世界は大きな社会課題であふれている」**ということと、**「社会課題を解決することはビジネスチャンスそのものである」**ということでした。1970年代に、あと30年で石油は枯渇すると予言されていたのですが、ビジネスが進化し、技術革新が起きたことで、石油の枯渇という社会課題は解決しました。光化学スモッグなどの公害問題も1970年代には大きな社会課題でしたが、ビジネスの進化と技術革新によって、その社会課題は解決しました。同様に、今から30年後にかけて起こっていくような社会課題も、ビジネスによって解決することが可能なのです。

企業は「儲けを最大化する」ために仕事をしているのですが、他社とは違う「役に立つ」貢献をすることで、大きな儲けが得られるわけです。「社会課題」が大きければ大きいほど、大きなビジネスチャンスになるのですから、より大きな儲けになります。なので、**「意外と世の中は明るくなっていく」**と、考えることができるのです。

個人としての未来はどうなる

世の中は、大きな社会課題ばかりですが、それらを解決することで、より明るい未来が開けるようになります。この点に関しては、ある程度楽観的に考えても大丈夫でしょう。これまでもビジネスが社会課題を解決してきたわけですから、今後も解決していくと期待できます。

では、個人としての将来はどうなるのでしょうか。厳しいことを一つ言いますが、「ぼーっと生きていたら、明るい未来は開けない」。逆に「自分の能力を高める努力をこれからずっとしていけば、明るい未来が開ける」と考えてください。

実は、昭和の高度成長期には、「ぼーっと生きていても、明るい未来」が見えていました。日本中が好景気に沸いていて、業界内の最下位の企業でも十分な利益を生み、成長もしていました。組織はどんどん大きくなり、役職のポストもどんどん増え、誰もが同期と差がほとんどつかずに課長や部長に昇進できました。しかし、それは高度成長期という例外的な時代の話です。

バブル崩壊以降の大企業は「終身雇用」「年功序列」という、高度成長期の雇用慣行をそのまま維持してきましたが、中身は全く違うものになりました。高度成長期にはほぼ全員が部長や課長になれたのですが、バブル崩壊以降は、組織は成長せず、役職のポストもほとんど増えなかったので、なかなか部長や課長にはなれなくなりました。それでも「終身雇用」なので解雇はされないわけですから、「ぼーっと生きてきた中高年」でも雇用は安泰でした。

ただし、その実態は「社内失業者」と呼ばれる状態の社員を多く抱えているだけにすぎません。グローバル化にもデジタル化にも取り残されて、「仕事のできないオジサン」と陰口をたたかれながら、定年までしがみついているのです。これが明るい未来でしょうか。

幸いなことに、皆さんのような若い世代は人口がとても少ないので、企業の側も貴重な戦力だと考えるようになります。「仕事のできないオジサン」はこれからどんどん退職する年齢に差しかかるので、自然と（大量に）減少していきます。その減少する人数よりも少ない人数しか若い世代の社員を採用することができないのですから、まさに貴重な戦力です。せっかく採用した戦力を、みすみす他社に転職させてしまってはもったいありません。そのためには「できる人は若くても抜擢する」というポリシーに転換することが必要になります。

女性の抜擢も今後は加速するはずです。女性管理職の比率を公表するようにという圧力は今後どんどん高まっていきます。外部の圧力がなかったとしても、自主的にこの比率を公表できないような企業はブラックの烙印を押される時代になるでしょう。

女性管理職比率を上げようとしたら、今までよりも若い年次の人を管理職に抜擢することが必要になります。女性だけを抜擢するのは男女平等に反しますから、男性も同様に若い年次の人を管理職に抜擢することになるでしょう。つまり、男女ともに、若くて優秀な人は抜擢されるようになっていきます。

もちろん、企業間の温度差はかなりあるはずですから、本当に若い男女が抜擢される活き活きとした会社と、なかなか抜擢が進まない旧態依然の会社に二極化するかもしれません。そうなると、旧態依然の会社を飛び出して、活き活きとした会社に転職しようとする若者が増えるようになります。なので世の中全体で見れば、やはり若手が抜擢される方向にシフトしていくでしょう。

では、抜擢される若手になるにはどうしたらいいのでしょうか。それが「自分の能力を高める努力をずっとしていく」ことなのです。

人間はいつまでも成長する

「若い人」にありがちな誤解は、「人間は、若い時にしか成長できない」と考えてしまうことです。22歳までは勉強して成長し、22歳以降は会社で下積みを積んでいけばいつか年功序列で出世する、という人生設計は、全くの間違いです。

高度成長期でもそんなことはありませんでした。むしろ高度成長期は、若手にもどんどん難しい仕事を割り当てないといけなかったので、皆が早く成長をしていたくらいです。

バブル崩壊以降の停滞期でも、成長の速い人と遅い人の能力の格差は結構ついています。同じ会社の中ではそれほど差がついていないかもしれませんが、若手が伸びる会社とそうでない会社（上がつかえている会社）では、人の成長スピードにかなりの差がつきます。

学歴社会という現象は日本だけのものではなくて、欧米にも新興国にもあります。特に欧米の場合は、難関大学は卒業することがすごく大変なので、その間に努力をするようになり、努力をする習慣を身につけた人が大学卒業後も能力を成長させるというパターンになります。ですから、若手が抜擢されるというパターンにもなりやすいのです。さらに、欧米の経営学大学院の修士（MBA）は、20代の数年間でビジネス経験を積んでから、社会人大学院生として入学することが一般的ですから、成長意欲の高い人には、25歳以降でも大きな成長の機会があるのです。

一方、日本の学歴社会というのは、18歳の時点で難関の大学に合格したら、「難関大学合格者」というブランドが手に入るので、その後は何の努力をしなくても、いい企業に入れて早く出世できる、というような幻想を抱く人が多いようです。日本で若手の抜擢が進まなかった理由は、努力をしなくなってしまう若者の側（特に難関大学卒の若者）にも責任があるのかもしれません。

では皆さんは、これからどうやって自分を成長させていけばよいのでしょう。それはまず、自分の成長を他人任せにしないことです。企業の人事部の研修プログラムを受講すれば自動的に自分が成長するとは考えない方がいいです。自分が身につけたい能力は何なのか、それはどこで身につけられるのか（独学でよいのか、社会人大学院のようなところに行くのか、もしくは違う経験のできる企業に転職するのか）を自分で考えることが必要です。

起業家という人生について考えてみる

日本の多くの大学生は、あまり深く考えずにサラリーマンという人生を選択する人が多いようです。実際のところ、サラリーマン以外のことを大学卒業直後からできるような人は少数派でしょうから、消去法的に、サラリーマンしか選択肢がないのかもしれません。

しかし、「まずはサラリーマンをやってみて、その後に起業してみよう」と考えるのもいいのではないでしょうか。そういう心構えでいると、若いうちに身につけなければいけない能力が、より具体的にイメージできるようになるかもしれません。結果として、起業家にはならずに、起業家が作った会社に転職することになるかもしれませんが、それはそれで有意義な転身になるでしょう。

この本では、10のグローバルな社会課題について見てきて、それらをもとにビジネスチャンスについて考えてきました。ビジネスチャンスという「強い追い風」が吹く分野があるということは、自分が起業して、そこに陣取ることができれば「明るい未来に近づく」ことができるわけです。

逆に言うと、1950年代から活躍してきたような大企業の多くは「今の強み」（言い換えれば過去の遺産としての強み）を温存させることを優先させてしまうわけですから、むしろ「強い向かい風」が吹く環境にいると見た方がいいでしょう。しかも、その大企業の中で「前例踏襲」という習慣をどっぷりと身につけてしまうのですから、より守旧派の人間になってしまう危険性があります。そうなると個人としての成長スピードは非常に遅いものになってしまいます。

今から大学生になる皆さんも、今大学生の皆さんも、もう大学を卒業した皆さんも、社会人として活躍中の皆さんも、「自分の未来を切り開くのは自分だ」という気概を持って、自分を成長させ続ける環境に身を置くように考えてください。

もし人生の岐路に立って迷うことがあったら「どちらの選択肢を選んだ方が、自分は成長できそうか」という判断基準を持つようにしましょう。成長しなくなる方の道を選ぶのではなく、成長できる方の道を選ぶようにすれば、自分の能力は高まりますし、その結果としていい仕事をできるようになりますし、収入も高くなることでしょう。ぜひ頑張ってください。

おわりに

この本は、書き終わってみたら、かなり分厚いものになってしまいました。「若い人」に読んでもらうための本なのに、この厚さだと手に取ってもらえないかもしれません。しかし、あまり薄いものにしてしまって、中身が伝わらないのであれば、それも困ります。

一方、なるべく手短に要点を書こうとしたので、各々の論点に対する説明が十分ではない箇所も多くあったと思います。その不十分な点は読者の皆さんが調べて、考えてもらえればいいかなと期待しています。

問題解決に必要な「心構え」

実は、あとがきを書く段になって、書き足りない点があることに気づいてしまいました。「社会課題の解決がビジネスチャンスだ」と繰り返し書いてきたのですが、問題解決に必要な「心構え」については、書いていませんでした。

では、それは何かというと、「ＷＨＹ」を問い直すということです。問題解決をしようとするときに、多くの人は「ＨＯＷ」の問いを立てようとします。しかし、それでは問題の本質を解決できません。

簡単な例で説明します。お母さんが5歳の子供の体調の変化に気づいたとしましょう。熱が出ていて、皮膚に発疹が出ています。

ここで「HOW」に飛びついてしまうと、「冷えピタ」と「ムヒ」を買うことになります。しかし、それで問題は解決するでしょうか。ここで「WHY」を考えるのです。

「なぜ、このような体調の変化が起きたのか」という問いを立てるのです。

次に、その問いに対して「暫定的な答え」（これを仮説と言います）を考えます。「もしかして、はしかにかかったのではないか」と。

この仮説を検証するために、お母さんは、「最近はしかにかかった子は周囲にいないのか」という調査をしようと考えます。その調査の結果（調査するまでもなく思い出すでしょうけど）、よく遊んでいた友達が最近はしかにかかったというデータを得ます。

よって仮説は正しそうだ（検証された）と考えます。

そうなるとお母さんの取るべき打ち手は、子供を病院に連れていくことです。最初に「HOW」に飛びついていたら、問題は解決できなかったでしょう。

この例のように単純な場合は、一瞬のうちに判断ができます。しかし、社会課題というレベルのものは、なかなかそうはいきません。どうしても「HOW」の問いを立ててしまうのです。

たとえば、地方振興というテーマの場合、「田舎の町がどうしたら賑わいを取り戻せるのか」という問いを立てることになりますが、これは「HOW」の問いです。これに対して、比較的うまくいっていそうな他の町の事例を勉強して、それを真似すればいいと考えます。しかし、我が町の置かれている状況と、他の町の状況は違うので、ただ真似しても失敗してしまうでしょう。もしくは、「田舎らしさを失うことで、賑わいを取り戻す」（つまり都会に侵略される）という、望ましくない結末になってしまうかもしれません。

「ＨＯＷ」の問いに対しては、いろいろ思いつく打ち手を並べた上で、その中で効果がありそうで、かつ実現可能そうなものを選ぶということをします。「望ましい打ち手」が見つからなかった場合は、相対的にマシな打ち手を選ぶことになります。

では「ＷＨＹ」を考えてみましょう。「なぜ、我が町は賑わいを失ってしまったのか」と。それに対する暫定的な答えとしては、例えば「若者が都会に出て行ってしまうから」となります。また、「都会の若者は田舎に来たがらないから」という仮説も立てられます。たぶん（調査するまでもなく）両方とも正しそうな気がします。

では、そうした現象はなぜ起きるのでしょうか。「①田舎には産業がないから」「②（楽しそうな）都会に出るのに不便だから」「③田舎にいると、しがらみが強いから」などのサブ仮説が立てられます。それらの仮説が本当なのかどうかを検証した上で、それらはなぜ起きているのかをさらに考えると、より根源的な問題点に行き着くでしょう。

①に関して言うと、「農業では食べていけないから」「過疎の町に企業は進出してこないから」などの理由が考えられますが、今ではこれらはある程度解決可能です。小規模農業では儲からなかったのですが、耕作放棄地などを集約して農業ベンチャーを始める人たちは増えてきています。また、過疎の町で

もＩＴ系の仕事はリモートでできます。解決可能な理由が見つかったら、ここから「ＨＯＷ」を考えます。「どうすれば農業ベンチャーを振興できるのか」「どうやったらＩＴ系の人たちを集め、育てられるか」などの問いを立てることができるでしょう。

②に関しては果たして本当でしょうか。今の通信技術をもってすれば、どこにいても娯楽を得ることはできそうです。「リアルに人と接しないと楽しくない」という感情は皆が持つでしょうが、「多くの人とリアルに接するからストレスがたまる」ということも同時に起きています。田舎暮らしが注目を集めつつあるということは、「都会は住みにくい」（家賃も高いですし）と考える人が増えているということでしょう。つまり②の問題は、「都会は住みにくい」と考える人にとっては、通信技術をうまく使うことで、解決可能でしょう。さらには、無人運転で都会に出ていけるようになるかもしれません。

では③はどうでしょう。田舎から都会に出ていく人は、多少なりとも田舎のしがらみを嫌っていて、都会の自由さに憧れているのでしょう。しかし②で見たように、都会には都会のストレスもあるので、合う人も合わない人もいます。一方、都会から田舎に来たいという人が逡巡するのは、「移住しても地元の人に受け入れてもらえないだろう」と考えるからです。残念ながらこの問題は「解なし」です。「田舎の良さを保ちながら町おこしをしたい」と地元の住民が考えるなら、「田舎の良さ」イコール「しがらみの強さ」なので、しがらみの強さを解決してしまうと、田舎の良さが消えてしまうかもしれないのです。しがらみが強いからこそ文化が守られてきたということです。都会から町おこしの人を呼んできても挫折してしまうのは、地元の人による「田舎の良さを守りたい」気持ちが、「しがらみを守りたい」

気持ちと結びついてしまうからなのです。

とは言うものの、①と②の問題は解決できそうで、③のうち都会に出ていく人の何割かは「都会のストレスより田舎のしがらみのほうがマシだ」と考えてくれそうなので、これだけでもいいではないかと割り切ることもできます。都会から田舎に来るのをためらう人の問題は、解なしなのでいったんあきらめましょう。

しかし、単なるUターンだけではあまり人口は増えませんよね。出ていった人の何割かしか戻ってくれないのですから。では、Uターンした人が子供を多く生んで育ててくれたら、どうでしょうか。仮に、出ていった人の30％がUターンしてくれたとして、そのうちの半分が配偶者を他地域から連れてきてくれたとして、残りの半分は地元で配偶者を見つけたとすると、出ていった人の45％が入ってきたことになります。この45％（カップルの数で言うと22・5％）が3人の子供を作ったとしたら、子供が67・5％になるので、親と合わせると102・5％になります。これは単なる机上の計算ですけれど、出口の光は見えた気がしませんか。

日本の政府は少子化対策を長年やってきたことになっています（日本の歴代少子化担当大臣の数は2007年以降で26人もいます）。しかし、少子化の「WHY」については、ちゃんと考えてこなかったのではないでしょうか。本書の第5章でも説明しましたが、人口が都市に移動することと、教育費が高くなることで（どの国でも）出生率は低下します。加えて、第11章で述べたように、日本の場合は長時間労働の習慣が根強く、女性が家事も行わないといけない男性的価値観も強いので、少子化が加速します。この長時間労働の問題も実は都市部の企業に特有の話です。なので、都市部の人々にいくら補助金を積んでも、根っこの問題が解決しないので、少子化は解決できません。

こうした「WHY」の問いから出てくる示唆は何でしょうか。少子化対策の補助金を積むのなら、田舎暮らしへの補助金も積んで、Uターンして子だくさんを目指す人を増やせばいいということになります。

ではそのための「HOW」は何でしょうか。フランスのような家族手当、家族補足手当、育児加算、税率低減、出産・保育・教育資金の補助、などを、地方部で多め（インパクトを打ち出すには2倍でも3倍でもいいかもしれません）に払うようにするという打ち手が考えられます。子育ての施設やサービスを充実させている自治体を「特区」に認定して、そこの住民だけ補助金が多くなるという打ち手もあるでしょう。それは不平等ではないかという反論もあるかもしれませんが、「特区」住民に加算されるのは「移住手当」相当分であると主張できないものでしょうか。

「HOW」を考える際には、実現可能性も考慮しないといけないので、若干の妥協はしないといけないでしょうが、「WHY」の根源が「少子化しやすい都市部への人口集中」にあると定義できれば、「子育てしやすい地方部への移住を促進する」という方針は間違っていなくて、その実現のためにどの程度の妥協をするかを考えるということになります。

この案を考えていくと、先ほど解なしだと、いったんあきらめた「Uターン以外の人」の田舎移住も、この制度ができれば加速するかもしれません。「しがらみの強さ」をある程度受け入れても余りあるメリットを移住者が実感してもらえればいいのですし、「都会の人の移住が嫌い」という住民の多い自治体は「特区」になることをあきらめればいいだけです。

＊　＊　＊　＊　＊

「ＨＯＷ」の問いがあったとしても、それを「ＷＨＹ」の問いに置き換えて、本当の原因を掘り下げるということは、日常の仕事の中でも重要なことです。日本の大組織（役所も企業も）では、年功序列のせいで前例踏襲の圧力が強いので、前例の中から「ＨＯＷ」の答を探せばいいという仕事のスタイルになりがちです。しかし、この本で述べてきたような１０の大きな社会課題が今後数十年も続くという中で、前例踏襲型のカルチャーのままでは立ち行かなくなってしまいます。

幸か不幸か、日本は若者の人口が減っていくので、職場の中での若者の発言力は高まっていくでしょう（優秀な若者に転職されてしまっては困るのですから）。転職が当たり前の時代になり、起業も当たり前の時代になれば、大組織の前例踏襲型のカルチャーも多少は弱まるでしょう。

若者の皆さんが「ＷＨＹ」をまず考えるという心構えをもって、「社会課題はビジネスチャンス」だととらえ、前例踏襲から脱して、新しい技術の開発やビジネスモデルの構築に能力を注いでもらえれば、未来はきっと明るいものになります。

岸本義之

２０２３年１１月

参考資料

本文中に示した説明のうち、さらに深く調べたい場合は、以下の書籍やサイトを参考にしてください。また図表については各々に出所を示してあります（英文資料から引用して和訳したものは、英文資料の出所を示してあります）ので、サイト等で確認してください。

第1章

・景気循環の波（キチン、ジュグラー、クズネッツ、コンドラチェフ）については、嶋中雄二「景気循環から見た日本経済の現状と展望」(月刊資本市場　2019年９月No. 409)を参照してください。
www.camri.or.jp/files/libs/1340/201910021124538867.pdf

第2章

・マイケル・ポーターの戦略論としては、『競争の戦略』（ダイヤモンド社 新訂版1995年)、『競争優位の戦略』（ダイヤモンド社 1985年)が原典の邦訳です。

第3章

・IPCCの評価報告書は、環境省のウェブページで和訳を見ることができます。
第4次はwww.env.go.jp/earth/ipcc/4th_rep.html
第6次はwww.env.go.jp/earth/ipcc/6th/index.html

・森林資源の減少問題に関してはFAO（国際連合食糧農業機関）の“Global Forest Resources Assessment 2020”の邦訳が、林野庁のウェブページで見ることができます。
www.rinya.maff.go.jp/j/kaigai/attach/pdf/index-5.pdf

・二酸化炭素回収技術（CCS）の用語説明は、資源エネルギー庁のウェブページを参照してください。
www.enecho.meti.go.jp/about/special/johoteikyo/ccus.html

・排出権取引（または排出量取引）の用語説明については三井物産のウェブページを参照してください。
www.mitsui.com/solution/contents/solutions/forest/50

・燃料電池および水素エンジンの用語説明については三井物産のウェブページを参照してください。
www.mitsui.com/solution/contents/solutions/storage/55

・合成燃料の用語説明については、資源エネルギー庁のウェブページを参照してください。
www.enecho.meti.go.jp/about/special/johoteikyo/gosei_nenryo.html

・太陽光発電とFIT制度に関する資源エネルギー庁の説明は、ウェブページを参照してください。
www.enecho.meti.go.jp/category/saving_and_new/saiene/solar-2019after/future.html

・太陽熱利用システムに関しては、資源エネルギー庁のウェブページを参照してください。
www.enecho.meti.go.jp/category/saving_and_new/attaka_eco/index.html

・風力発電の用語説明については三井物産のウェブページを参照してください。
www.mitsui.com/solution/contents/solutions/re/60

・地熱発電の用語説明については産業総合研究所のウェブページを参照してください。
www.aist.go.jp/aist_j/magazine/20230719.html

・水力発電の用語説明については三井物産のウェブページを参照してください。
www.mitsui.com/solution/contents/solutions/re/56

・海洋エネルギーの用語説明については佐賀大学海洋エネルギー研究所のウェブページを参照してください。
www.ioes.saga-u.ac.jp/jp/ocean_energy/

・マイクロプラスチック問題については、MUFGファースト・センティアサステナブル投資研究所「マイクロプラスチック汚染：その原因・影響と投資家にとっての課題」を参照してください。
www.mufg-firstsentier-sustainability.jp/content/dam/sustainabilityinstitute/assets/research/FSI_Sustainability-Investment-Institute-Report_abbreviated.pdf

第4章

・シェールガスなどについては本村眞澄「非在来型化石燃料の現状と展望」（石油天然ガス・金属鉱物資源機構 2012）を参照してください。
oilgas-info.jogmec.go.jp/_res/projects/default_project/_project_/pdf/4/4778/1210_motomura.pdf

・原油価格の推移に関してはENEOSホールディングスのウェブページを参照してください。
www.hd.eneos.co.jp/ir/library/market.html

・日本の原発の稼働状況については原子力規制委員会のウェブページを参照してください。
www.nra.go.jp/jimusho/unten_jokyo.html

・小型モジュール炉（SMR）については日本原子力産業協会のウェブページを参照してください。
https://www.jaif.or.jp/journal/study/smr/top.html

・核融合研究に関しては文部科学省のウェブページを参照してください。
www.mext.go.jp/a_menu/shinkou/fusion/

・石炭火力発電の課題に関しては、資源エネルギー庁のウェブページを参照してください。
enecho.meti.go.jp/about/special/johoteikyo/hikouritu_sekitankaryoku.html

・バイオマス発電の用語説明に関しては、三井物産のウェブページを参照してください。
www.mitsui.com/solution/contents/solutions/lowc-fuel/D8KSZ

・水素貯蔵の用語説明に関してはアイアール技術者教育研究所のウェブページを参照してください。
engineer-education.com/hydrogen_storage-method_material/

・温度差熱利用／ヒートポンプに関してはヒートポンプ・蓄熱センターのウェブページを参照してください。
www.hptcj.or.jp/study/tabid/102/Default.aspx

・メタンハイドレートに関しては産業総合研究所のウェブページを参照してください。
www.aist.go.jp/aist_j/magazine/20220727-2.html

・カーボンリサイクルとメタネーションの用語説明に関しては資源エネルギー庁のウェブページを参照してください。
www.enecho.meti.go.jp/about/special/johoteikyo/methanation.html

・分散型電源については日本電機工業会のウェブページを参照してください。
https://www.jema-net.or.jp/Japanese/res/dispersed/010.html

・送電ロスのデータについては東京電力のウェブページを参照してください。
www.tepco.co.jp/corporateinfo/illustrated/electricity-supply/transmission-distribution-loss-j.html

・電気料金の国際比較に関しては、資源エネルギー庁のウェブページを参照してください。
www.enecho.meti.go.jp/about/whitepaper/2018html/2-2-4.html

・全固体電池に関しては産業総合研究所のウェブページを参照してください。
https://www.aist.go.jp/aist_j/magazine/20220720.html

第5章

・合計特殊出生率の世界比較に関してはグローバルノートのウェブページを参照してください。
www.globalnote.jp/post-3758.html

・認定農業者数に関しては、農林水産省のウェブページを参照してください。
www.maff.go.jp/j/kobetu_ninaite/n_seido/nintei_zyokyo/r4b.html

・日本の人口構成に関しては、総務省のウェブページを参照してください。
www.stat.go.jp/data/jinsui/

第6章

・日本からの移民の経緯に関しては国際協力機構のウェブページを参照してください。
www.jica.go.jp/domestic/jomm/outline/index.html

・日本の在留外国人の人数に関しては出入国在留管理庁のウェブページを参照してください。
www.moj.go.jp/isa/publications/press/13_00033.html

・自動運転のレベル分けに関しては国土交通省のウェブページを参照してください。
www.mlit.go.jp/common/001226541.pdf

第7章

・富士ゼロックスの小型機開発の話に関しては、日本ブーズ・アレン・アンド・ハミルトン編『戦略経営コンセプトブック2000』(東洋経済新報社 1999年) の第2章3を参考にしました。

・セメックスの底辺層向けビジネスの話はポール・レインワンド他『なぜ良い戦略が利益に結び付かないのか』(ダイヤモンド社 2016年) の第6章を参考にしました。

・ユニリーバのインドでのBOPビジネスについてはインディアノートのウェブページを参照してください。
indianote.asia/unilever_social

・グラミン銀行のマイクロファイナンスについてはJICAのウェブページを参照してください。
www.jica.go.jp/bangladesh/bangland/cases/case20.html

第8章

・リカードの比較優位説に関しては日経のウェブページを参照してください。
reskill.nikkei.com/article/DGXMZO03464810Q6A610C1000000/

・米国の対日貿易赤字に関しては外務省のウェブページを参照してください。
www.mofa.go.jp/mofaj/gaiko/tpp/pdfs/us_akaji_hiritu.pdf

第9章

・戦後日本の品質向上とデミングの貢献については、スチュアート・クレイナー著『マネジメントの世紀』(東洋経済新報社 2000年) の第5章を参考にしました。

・TPPの経緯については内閣官房のウェブページを参照してください。
www.cas.go.jp/jp/tpp/tppinfo/kyotei/tpp11/index.html

第10章

・ホフステードの文化の範囲については、ホフステード・インサイツ・ジャパンのウェブページを参照してください。
https://hofstede.jp/intercultural-management/

・アマゾンの創業時の話については、ポール・レインワンド他『なぜ良い戦略が利益に結び付かないのか』(ダイヤモンド社 2016年) 第2章を参考にしました。

・サービス・マーケティングについては、岸本義之『金融マーケティング戦略』(ダイヤモンド社 2005) で詳しく解説しています

・デル・コンピューターの創業時の話に関しては、日本ブーズ・アレン・アンド・ハミルトン編『戦略経営コンセプトブック』(東洋経済新報社 1998年)の第5章3と、スチュアート・クレイナー著『マネジメントの世紀』(東洋経済新報社 2000年) の第10章を参考にしました。

第11章

・フランスの少子化対策の事例については、内閣府のウェブページを参照してください
https://www8.cao.go.jp/shoushi/shoushika/whitepaper/measures/w-2005/17webhonpen/html/h1420500.html

・フランスの少子化対策の事例については東洋経済のウェブページも参照してください。
toyokeizai.net/articles/-/647840

・フランスのPACSの用語説明に関してはアンサンブルアンフランセのウェブページを参照してください
info.ensemblefr.com/emi-23.html

・年収百数万円の壁については東京証券取引所のウェブページを参照してください
money-bu-jpx.com/news/article029802/

・暗黙知などの説明については、野中郁次郎・竹内弘高『知識創造企業』（新装版、東洋経済新報社 2020）を参照してください

第12章

・科学的管理法とフォードの大量生産の話は、スチュアート・クレイナー著『マネジメントの世紀』（東洋経済新報社 2000年）の第1章、第2章を参考にしました。

・コマツのスマート・コンストラクションの取り組みについては、ポール・レインワンド他『ビヨンド・デジタル』（ダイヤモンド社 2022年）の第3章を参考にしました。

・仮想通貨と暗号資産の用語説明に関しては全国銀行協会のウェブページを参照してください。
www.zenginkyo.or.jp/article/tag-g/9799/

・ライドシェアの用語説明に関しては自動運転ラボのウェブページを参照してください。
jidounten-lab.com/u_rideshare-rule-japan

著者紹介

岸本 義之 きしもと よしゆき

武庫川女子大学経営学部 教授
東京大学経済学部卒業、米国ノースウェスタン大学ケロッグ校MBA、慶應義塾大学大学院経営管理研究科Ph.D.。
外資系コンサルティング会社マッキンゼーのマネージャーおよびブーズ・アレン・アンド・ハミルトン（現PwCコンサルティングStrategy＆）のパートナーとして、金融・サービス・自動車・消費財・小売などの業界のマーケティング領域のコンサルティングに多く従事してきた。早稲田大学大学院経営管理研究科客員教授、エーザイ社外取締役などを経て現職。
著書に『メディア・マーケティング進化論』（PHP研究所）『金融マーケティング戦略』（ダイヤモンド社）などがある。

BOW BOOKS 021

グローバル メガトレンド10
社会課題にビジネスチャンスを探る105の視点

発行日　2023年11月30日　第1刷

著者　岸本義之
発行人　干場弓子
発行所　株式会社BOW&PARTNERS
https://www.bow.jp　info@bow.jp
発売所　株式会社 中央経済グループパブリッシング
〒101-0051　東京都千代田区神田神保町1-35
電話 03-3293-3381　FAX 03-3291-4437

ブックデザイン　遠藤陽一（DESIGN WORKSHOP JIN）
図表　岸和泉
編集協力＋DTP　BK's Factory
校正　鴎来堂
印刷所　中央精版印刷株式会社

BOW BOOKS

時代に矢を射る　明日に矢を放つ

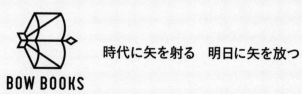

001 リーダーシップ進化論
人類誕生以前からAI時代まで

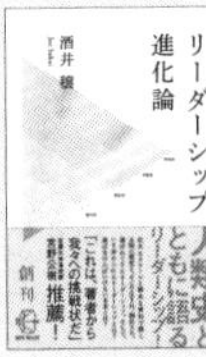

酒井 穣
2200円｜2021年10月30日発行
A5判並製｜408頁

壮大なスケールで描く、文明の歴史と、そこで生まれ、淘汰され、選ばれてきたリーダーシップ。そして、いま求められるリーダーシップとは？

002 ミレニアル・スタートアップ
新しい価値観で動く社会と会社

裙本 理人
1650円｜2021年10月30日発行
四六判並製｜208頁

創業3年11ヶ月でマザーズ上場。注目の再生医療ベンチャーのリーダーが説く、若い世代を率いる次世代リーダーが大切にしていること。

003 PwC Strategy&のビジネスモデル・クリエイション
利益を生み出す戦略づくりの教科書

唐木 明子
2970円｜2021年11月30日発行
B5判変型並製｜272頁

豊富な図解と資料で、初心者から経営幹部まで本質を学び、本当に使える、ビジネスモデル・ガイド登場！

004 哲学者に学ぶ、問題解決のための視点のカタログ

大竹 稽／
スティーブ・コルベイユ
2200円｜2021年11月30日発行
A5判並製｜288頁

哲学を学ぶな。哲学しろ。ビジネスから人生まで生かしたい、近代以降デカルトからデリダまで33人の哲学者たちによる50の視点。

005 元NHKアナウンサーが教える 話し方は3割

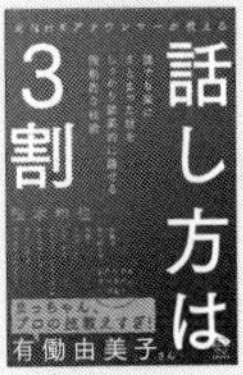

松本 和也
1650円｜2021年12月25日発行
四六判並製｜248頁

有働由美子さん推薦！

「まっちゃん、プロの技、教えすぎ！」

スピーチで一番重要なのは、話し方ではなく、話す内容です！

006 AI時代のキャリア生存戦略

倉嶌 洋輔
1760円｜2022年1月30日発行
A5判変型並製｜248頁

高台(AIが代替しにくい職)に逃げるか、頑丈な堤防を築く(複数領域のスキルをもつ)か、それとも波に乗る(AIを活用し新しい職を創る)か？

007 創造力を民主化する
たった1つのフレームワークと3つの思考法

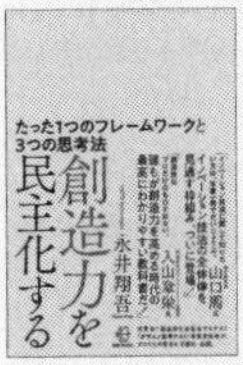

永井 翔吾
2200円｜2022年3月30日発行
四六判並製｜384頁

本書があなたの中に眠る創造力を解放する！　創造力は先天的なギフトではない。誰の中にも備わり、後天的に鍛えられるものだ。

008 コンサルが読んでる本 100＋α

並木 裕太 編著
青山 正明+藤熊 浩平+
白井 英介
2530円｜2022年5月30日発行
A5判並製｜400頁

ありそうでなかった、コンサルタントの仕事のリアルを交えた、コンサル達の頭の中がわかる「本棚」。

科学的論理思考のレッスン

009

高木 敏行／荒川 哲
2200円｜2022年6月30日発行
A5判横イチ並製｜212頁

情報があふれている中、真実を見極めるために、演繹、帰納、アブダクション、データ科学推論の基本を！

朝日新聞記者がMITのMBAで仕上げた 戦略的ビジネス文章術

010

野上 英文
2420円｜2022年7月30日発行
四六判並製｜416頁

ビジネスパーソンの必修科目！　書き始めから仕上げまで、プロフェッショナルの文章術を、すべてのビジネスパーソンに。

わたしが、認知症になったら
介護士の父が記していた20の手紙

011

原川 大介／加知 輝彦 監修
1540円｜2022年9月30日発行
B6判変型並製｜192頁

85歳以上の55％が認知症!?本書が、認知症、介護に対するあなたの「誤解・後悔・負担・不安」を解消します。

グローバル×AI翻訳時代の新・日本語練習帳

012

井上 多恵子
2200円｜2022年9月30日発行
B6判変型並製｜256頁

外国人と仕事するのが普通となった現代のビジネスパーソン必携！　AI翻訳を活用した、世界に通じる日本語力とコミュニケーション力。仲野徹氏絶賛!!

人生のリアルオプション
仕事と投資と人生の「意思決定論」入門

013

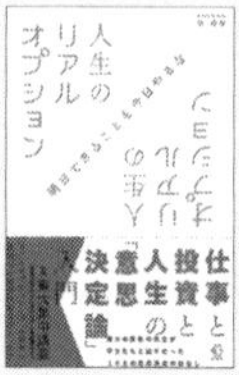

湊 隆幸
2420円｜2022年11月15日発行
四六判並製｜320頁

「明日できることを今日やるな」　不確実性はリスクではなく、価値となる。私たち一人ひとりがそのオプション（選択権）を持っている!!

こころのウェルビーイングのためにいますぐ、できること

014

西山 直隆
2090円｜2022年12月25日発行
四六判並製｜320頁

モノは豊かになったのに、なぜココロは豊かになれないんだろう…幸せと豊かさを手にしていく「感謝」の連鎖を仕組み化！

「幸福学」の前野隆司氏推薦!

コンサル脳を鍛える

015

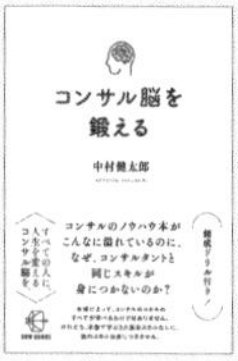

中村 健太郎
1980円｜2023年2月25日発行
四六判並製｜256頁

コンサル本が溢れているのにコンサルと同じスキルが身につかないのはなぜか？　その答えは「脳の鍛え方」にあった!?　すべての人に人生を変える「コンサル脳」を。

はじめてのUXデザイン図鑑

016

荻原 昂彦
2640円｜2023年3月30日発行
A5判並製｜312頁

UXデザインとは、ユーザーの体験を設計すること。

商品作りでも販売現場でもアプリやDXでも…あらゆる場面でUXデザインが欠かせない時代の武器となる一冊!

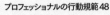

BOW BOOKS

時代に矢を射る　明日に矢を放つ

WORK と LIFE の SHIFT のその先へ。
この数年、時代は大きく動いている。
人々の価値観は大きく変わってきている。
少なくとも、かつて、一世を風靡した時代の旗手たちが説いてきた、
お金、効率、競争、個人といったキーワードは、もはや私たちの心を震わせない。
仕事、成功、そして、人と人との関係、組織との関係、
社会との関係が再定義されようとしている。
幸福の価値基準が変わってきているのだ。

では、その基準とは？　何を指針にした、
どんな働き方、生き方が求められているのか？

大きな変革の時が常にそうであるように、
その渦中は混沌としていて、まだ定かにこれとは見えない。
だからこそ、時代は、次世代の旗手を求めている。
彼らが世界を変える日を待っている。
あるいは、世界を変える人に影響を与える人の発信を待っている。

BOW BOOKS は、そんな彼らの発信の場である。
本の力とは、私たち一人一人の力は小さいかもしれないけれど、
多くの人に、あるいは、特別な誰かに、影響を与えることができることだ。
BOW BOOKS は、世界を変える人に影響を与える次世代の旗手を創出し、
その声という矢を、強靭な弓（BOW）がごとく、
強く遠くに届ける力であり、PARTNER である。

世界は、世界を変える人を待っている。
世界を変える人に影響を与える人を待っている。
それは、あなたかもしれない。

代表　干場弓子